Herausgeber
Kurt Rommel

ABC des Glaubens

45 Hauptbegriffe
als Antworten für fragende Christen

Quell Verlag Stuttgart

Dieses Buch bietet die textliche Weiterentwicklung einer Artikelserie der Redaktion des »Evangelischen Gemeindeblatts für Württemberg« durch Hauptschriftleiter Pfarrer Kurt Rommel (Hrsg.)

ISBN 3 7918 2065 6

1. Auflage 1976
Einbandgestaltung: JAC
Satz und Druck: Quell Verlag Stuttgart

Inhalt

Vorwort

Wir können nicht oft genug und nicht lange genug in Gottes Schule gehen, um in ihr das ABC des christlichen Glaubens zu buchstabieren. Als Hilfe dazu wurde im »Evangelischen Gemeindeblatt für Württemberg« eine Reihe von Artikeln unter dem Thema »Das ABC des Glaubens« veröffentlicht. Zunächst wurde jeder einzelne Artikel mit Fragen, ausgewählten Bibelstellen und Literaturangaben versehen und zur Weiterarbeit angeboten. Gruppen und Gemeinden fanden sich bereit, mit dem ABC zu arbeiten, nahmen also den Vorschlag auf. Andere wieder wollten diese Reihe als Buch haben, das hiermit vorgelegt wird.
Allerdings: Die schon veröffentlichten Artikel wurden inzwischen weiterentwickelt. Die Fragen gaben den Anlaß dazu, die Probleme weiterzudenken. Die meisten Verfasser der einzelnen Aufsätze entsprachen der Bitte (soweit sie in ihren Gemeinden oder in ihrem Arbeitsgebiet die Möglichkeit dazu hatten), mit den Fragen zu arbeiten. So entstand eine Vielfalt von »Fortsetzungen«, die gelegentlich auch Leserbriefe aufgreifen und verarbeiten. Diese »Fortsetzungen« wurden durch zusammenfassende Thesen ergänzt. Ergänzt wurden auch die Literaturangaben.
Alles zusammen: Artikel, Bibelstellen, Literaturangaben, Fragen, Beantwortungen und Schlußthesen, sollen nun nichts in sich Geschlossenes darstellen, sondern sollen anregen, weiterzumachen, weiterzudenken, weiterzureden, weiterzuglauben, weiterzuhoffen und ja nicht stehenzubleiben. Die Vielfalt der über 40 Autoren spiegelt die Vielfalt unserer Kirche wider. Jeder Autor ist ein Glied seiner Kirche und damit ein Gesprächspartner anderer. Kein einzelner Autor hat die Wahrheit für sich allein. Und alle zusammen sind mit den vielen Frommen und Zweifelnden, den Suchenden und Fragenden unserer Kirche auf dem Weg vom Glauben zum Schauen. Wir sehen hier alles nur als Stückwerk, so sehr wir auch versucht sind, dieses unser Stückwerk als endgültiges Werk anzusehen.
So will das Buch einzelnen helfen und Gruppen anstoßen. Es will Fragenden Antworten geben und Sicheren Fragen stellen und auf diese Weise ein Wegbegleiter sein.

Das Buch hätte nicht entstehen können, wenn nicht das Redaktionsteam des »Evangelischen Gemeindeblattes für Württemberg« bei der Planung und Gestaltung der Reihe mitgeholfen hätte. Darum danke ich den Herren Dr. Albrecht Kircher, Fritz Mack, Horst Keil und Johannes Kuhn herzlich, dazu der umsichtigen Sekretärin Fräulein Ursula Kalenbach. Ebenso herzlich ist dem Quell Verlag zu danken für seine Bereitschaft, das »ABC des Glaubens« als Buch zu veröffentlichen.

Kurt Rommel

Einleitung: Glauben heute

Vom Glauben reden heute viele Menschen, nicht nur Christen und nicht nur fromme Menschen. Uns geht es um christlichen Glauben und um christliches Glauben. Dies sind zweierlei Bedeutungen von Glauben: der Glaube und das Glauben. Die eine Bedeutung meint Glaube als Inhalt, als Person, als Gegenüber: also Jesus Christus selbst. Die andere Bedeutung ist Glaube als Vorgang, der sich auf den Inhalt, auf die Person, auf das Gegenüber bezieht, also: »Ich glaube an Jesus Christus.«

Der Inhalt des Glaubens ist uns überliefert, über die Jahrhunderte hinweg. Er ist ein Stück Tradition, ein Stück der Überlieferung. Diesen Glaubensinhalt gibt es auch ohne uns. Der Vorgang des Glaubens war wohl schon immer ein Vorgang, aber jeweils eben ein Vorgang bei ganz bestimmten Menschen. So ist es auch heute, daß ich als ganz bestimmter Mensch, mit meiner Geschichte, in meiner Umwelt, mit meinen Problemen, mit meinem Schicksal glaube. Der Vorgang des Glaubens geschieht bei mir. Ich bin dabei. Ohne mich gibt es diesen Vorgang nicht. Und weil jeder Mensch eine eigene Persönlichkeit ist, jeder Mensch anders ist, und auch jeder Christ anders ist, wird der Glaubensvorgang immer wieder anders, das heißt vielfältig aussehen müssen. Im Zuge des Glaubensvorgangs wird dann der Glaubensinhalt angenommen. Darum also besteht zum Beispiel ein Unterschied zwischen dem Glauben eines schwarzafrikanischen und dem eines deutschen Christen. Das liegt nicht am anderen Inhalt des Glaubens, sondern an der anderen Aneignung, am anderen Vorgang des Glaubens, bedingt durch die Umwelt, die Geschichte, die Bildung und die Erfahrung.

In diesem ABC finden sich sowohl Stücke, die den Glaubensinhalt, als auch Stücke, die den Glaubensvorgang betreffen. Unter den Buchstaben des ABC stehen Artikel, die den weiten Raum des christlichen Glaubens abschreiten.
Wir sind der Meinung wie Immanuel Gottlieb Kolb am Anfang des 19. Jahrhunderts, der einmal sagte: »Man vergesse doch ja nie, daß

man im Lernen und nicht im Können ist, und lasse sich nicht mutlos machen. Letzteres ist vom Teufel.«
Glauben lernen, das Gegenüber und den Vorgang besser kennenlernen: dazu wollen diese Artikel anreizen und helfen. Keiner hat je ausgelernt, weder die Konfirmanden noch die ältesten Gemeindeglieder. Nicht nur, weil es Kolb gesagt hat. In der Schule des Glaubens lernen wir nie aus. Es ist wie in einem riesigen Garten, den wir erkunden wollen. Wir empfinden ihn schon beim ersten Anblick als schön und interessant, und der kleinste Spaziergang zeigt uns die Pracht dieses Gartens. Bei jedem weiteren Spaziergang aber entdecken wir neue Schätze und Kostbarkeiten. Nur der, der in dem Garten wandert und sich umsieht, lernt ihn immer besser kennen. Wer ihn nur von außen betrachtet, bleibt bei einem allgemeinen, unverbindlichen Urteil, das ihm selber und anderen nicht hilft. Dieses Mühen um Kenntnis des Glaubensinhalts kann dann zum Erkennen, zum Glauben, zum Glaubensvorgang führen. Es ist wünschenswert. Es ist sogar Ziel aller christlichen Gemeindearbeit. Denn wenn wir tausendmal wissen, daß Jesus geboren ist, und nicht wollen, daß er auch bei uns und für uns geboren ist, nützt uns alles Wissen nichts. So meinte es einmal einer, dem ganz wichtig war, daß der Funke vom Kennen zum Erkennen, vom Wissen zum Glauben überspringt (Angelus Silesius). Aber ohne Kenntnis ist Erkenntnis kaum möglich, so sehr neben Kenntnis auch Erleben und Erfahrung wichtig sind.

»Glauben — wie macht man das?« so fragte Fernsehpfarrer Sommerauer vor Jahren und versuchte darauf Antwort zu geben. Und: »Morgen wird man wieder glauben!« ist ein katholischer Buchtitel, der Hoffnung ausstrahlt. Frage und Hoffnung sind da. Aber Glauben kann man nur lernen, und morgen wird man nur dann glauben, wenn man in der Schule des Glaubens bleibt. Man darf nicht vorher austreten, auch wenn man harte Nüsse zum Knacken bekommt.
Die härtesten Nüsse haben die süßesten Kerne. Durch diese Schule des Glaubens gingen Menschen, die die Botschaft von Jesus Christus weitertrugen. So ging der Glaube weiter um die Welt, und die Gemeinde der Glaubenden wuchs. Matth. 28, 18-20 finden wir den Tauf- und Missionsbefehl Jesu, in dem es heißt: ». . . gehet hin und lehret (= machet zu Jüngern) alle Völker . . . und lehret sie halten alles, was ich euch befohlen habe.« Interessant ist ja, daß das griechische Wort, das wir üblicherweise mit Jün-

ger übersetzen, eigentlich Schüler heißt. Wir verstehen dann, daß wir aus dieser Schule Jesu nie entlassen sind, weil Christen immer Jünger Jesu und darum doch auch immer Schüler Jesu bleiben wollen. Aus dieser Schule also werden wir nie entlassen — außer wir treten selber aus ihr aus. Selbst die Lehrer, für die wir (nach dem Hebräerbrief) dankbar sein und deren wir gedenken sollen, bleiben immer Schüler. Und nur als solche Schüler können sie überhaupt Lehrer sein.

Kurt Rommel

Abendmahl

Glauben heißt: sich ganz auf Jesus einlassen. Wer Jesus kennenlernen will, kommt am Abendmahl nicht vorbei. Jesus hat während der kurzen Zeit seiner öffentlichen Wirksamkeit gepredigt und gelehrt, von Dämonen befreit und geheilt, in die Nachfolge gerufen und neues Leben gewirkt. Er ist schließlich für die Sache und für die Menschen, für die er gelebt hat, an einem Kreuz gestorben. Dies alles sind einzelne Gesichtspunkte seines Lebens. Das Ganze seines von vielen Zeitgenossen als erlösend empfundenen Lebens ist wie in einem Prisma gesammelt in dem, was wir mit dem Wort Abendmahl ausdrücken:
Sein Leben lang ergriff er, sooft die äußeren Umstände dies zuließen, zu und bei Gastmahlen die Initiative. Sooft und solange er konnte, teilte er sein Leben mit andern bei Tisch. Er lud den Levi (Matthäus) zu sich und lud sich selbst bei Zachäus zu Gast. Vorurteilslos setzte er sich mit Menschen ganz verschiedenen Schlags an einen Tisch, vornehmlich mit solchen, die das Ansehen in den Augen der Menschen und angeblich auch in den Augen Gottes eingebüßt hatten. Aber auch mit Pharisäern hielt er gemeinsame Brotzeit. Bei Tisch fühlte er sich für die jeweilige Runde verantwortlich: auf eine wunderbar beglückende Weise, seinen Jüngern weit über Karfreitag und Ostern hinaus unvergeßlich (die Emmausjünger, Luk. 24), brach er das Brot und ließ den Kelch reihum wandern. Zumeist hielt er eine Tischrede oder brachte sonst durch einen Tischspruch, durch eine Frage, durch eine Geschichte, wie sie sich alle Tage ereignen kann (»Gleichnis«), durch die Art seiner Gesten, kurz: durch die Art seiner Anwesenheit die Menschen der Tischrunde an den heilsamen Krisenpunkt ihres Lebens.

Zum Beispiel Zachäus
oder: Der Schock der Freude

Da war zum Beispiel Zachäus (Luk. 19). War es schon überraschend genug, daß aus einer großen Menge erwartungsvoller Menschen Jesus sich ausgerechnet ihn vom Baum gegriffen hatte, so war es für den verhaßten Zöllner vollends ein Schock, daß Jesus ausgerechnet bei ihm einkehrte, sich mit ihm an einen Tisch setzte und auf die eindeutigste Weise ihm seine Freundschaft anbot: er brach ihm das Brot und trank mit ihm. Ein Schock der Freude war dies: In Jesu Freundschaftsangebot erkannte Zachäus Gottes offene Arme. Er erlebte: in diesem Menschen Jesus kommt Gott selber zu mir. Sooft Jesus sich mit jemandem an einen Tisch gesetzt hat, sooft er bei jemandem zu Gast war — so oft hat er das Abendmahl »eingesetzt«; anders ausgedrückt: so oft bestand für seine Gäste, die sehr oft seine Gastgeber waren, die Möglichkeit, daß aus dieser Tischgemeinschaft ein Mahl des Heils wurde.

Einsetzungsworte und Wiederholungsbefehl

Selbst wenn im Neuen Testament die ausdrücklichen Abendmahlseinsetzungsworte (mit Wiederholungsbefehl) völlig fehlen würden, so wäre Nachfolge Jesu heute ohne Tischgemeinschaft in seinem Namen, seinem Sinn und seiner Kraft eigentlich nicht möglich. Nun sind uns an vier Stellen im Neuen Testament zusätzlich Berichte von einem letzten Mahl Jesu mit seinen Jüngern aufbewahrt: bei Mark. 14, 22ff, bei Matth. 26, 26ff, bei Luk. 22, 17ff, durch Paulus 1. Kor. 11, 23ff, teils mit, teils ohne ausdrücklichen Wiederholungsbefehl. Damit weiß das Neue Testament das Abendmahl wie die Taufe ausdrücklich als von Jesus eingesetzt, und so gehört das Abendmahl nach evangelischem Verständnis wie die Taufe zu den beiden (einzigen) Sakramenten.

Wie die ersten Christen Abendmahl feierten

Nach Prof. Eduard Schweizer, Zürich, sind in den Abendmahlseinsetzungsworten drei theologische Motive wirksam:
»a) Das Herrenmahl blickt zurück auf das, was schon geschehen ist. Es ist Verkündigung des Todes Jesu ... Es sind die jüdischen Vorstellungen von Stellvertretung und Sühnopfer, die hier nachwirken ...
b) Das Herrenmahl weist in die Gegenwart. Jede Feier ist eine neue Bekräftigung des Bundes Gottes mit seiner Gemeinde. In ihm tritt ja die Gemeinde in Tischgemeinschaft mit ihrem erhöhten Herrn ...

c) Das Herrenmahl schaut voraus in die Zukunft. Es ist die Vorwegnahme des kommenden Messiasmahles und wird darum in eschatologischem (endzeitlich-endgültigem) Jubel gefeiert.«
Wenn die Gemeinschaft der ersten Christen auch nicht immer so harmonisch blieb, wie in Apg. 2 geschildert, so geht doch aus diesem Kapitel und den schon genannten klar hervor: Die frühen Christen feierten das Mahl des Herrn als ihren Vollgottesdienst möglichst oft. Um einen Laib feierten sie Jesu *einen* Leib; einander den Kelch des neuen Bundes reichend, genossen sie Jesu volle Anwesenheit. Mit seinem Blut hatte er den neuen Bund besiegelt. Aus einem Kelch trinkend, nahmen sie diesen Bund — die volle Zugehörigkeit zu Gott — in Anspruch.

Der traurige Verfall der Abendmahlsfeiern

Die Geschichte der Abendmahlspraxis der letzten 1900 Jahre könnte unerfreulicher, haß- und bluterfüllter kaum erdacht sein, als sie tatsächlich ist. Die vielfältigen Gründe dieses Verfalls sind alle auf eine Ursache zurückzuführen: grober Glaubensungehorsam gegenüber dem einen Herrn der Kirche. Anstatt möglichst oft fröhlich und gemeinsam die Gemeinschaft mit Christus zu feiern, wurden schon in den frühen Gemeinden Sondererleuchtung und -auslegungen und damit zusammenhängend Extra-Grüppchen oft mehr geachtet als der erhöhte Herr.
Statt an einem Tisch sich gegenseitig zu bereichern und, wo nötig, auch in Frage zu stellen, aß man bald an getrennten Tischen. Diese Schande der Spaltung hängt über der Christenheit bis auf den heutigen Tag. Evangelische, Orthodoxe und Katholiken tun sich schwer, sofern sie auf ihre Dogmen mehr geben als auf den auferstandenen Herrn, ihres Herrn Mahl miteinander zu feiern.

Wie wir auf Jesu Geheiß und in seinem Namen sein Mahl feiern sollen

Aus dem bisher Gesagten geht klar hervor: Jesus möchte, daß wir sein Mahl möglichst oft feiern — in liturgischen Formen und in freieren, die dem Gemeinschafts- und Festcharakter manchmal noch mehr gerecht werden, mit oder ohne volle Mahlzeit, mit oder ohne gegenseitigen geistlichen Austausch etwa anhand einer

Bildmeditation. Wo immer es sich machen läßt, sollten wir Jesu Mahl feiern: in Predigtgottesdiensten oder im Anschluß daran, bei Gehbehinderten als Hausabendmahl, am Vorabend der Hochzeit, als Altenabendmahl, am Bett eines Sterbenden (aber ohne Zwang), auf unsern Freizeiten, Kirchengemeinderatswochenenden, Synodaltagungen. Wenn wir uns die Zeit nehmen und in einer dem jeweiligen Kreis gemäßen Form Jesu Mahl halten, wird diese Zeit nicht verlorene Zeit sein. Wir werden beglückende Erfahrungen mit Gott machen — und miteinander. Auch über Konfessionsgrenzen hinweg: bei offener Kommunion, wenn eine Konfession das Mahl gestaltet und Glieder andrer Konfessionen dazu einlädt, oder bei Interkommunion, wenn Glieder verschiedener Konfessionen das Mahl gemeinsam gestalten. Besonders Mischehenkreise, ökumenische Kreise, Schalom-Gruppen wie in Holland oder etwa die Brüder in Taizé waren und sind in dieser Hinsicht bahnbrechend. *Hansmartin Kapp*

Ausgewählte Bibelstellen

Matth. 9; 26, 26ff; Mark. 2; 14, 22ff; Luk. 5; 15; 19; 22, 17ff; 24; Joh. 6; 12; Apg. 2, 42; 1. Kor. 11, 23ff

Ergänzende Literatur

Gassmann, G./Lienhart, M. (Hrsg.): Um Amt und Herrenmahl. Ökumenische Dokumentation 1, Frankfurt/Main 1971

Jeremias, J.: Die Abendmahlsworte Jesu. Göttingen 1967

Löw, H. (Hrsg.): Abendmahl in der Tischgemeinschaft. Neue Möglichkeiten zur Feier der Eucharistie. Kassel 1971

Schweizer, E.: Artikel »Abendmahl« in: Theologie für Nichttheologen, hrsg. von H. J. Schultz. Stuttgart 1968

Schweizer, E.: Jesus Christus im vielfältigen Zeugnis des Neuen Testaments. Siebenstern-Taschenbuch 136, Hamburg 1972

Evangelischer Erwachsenenkatechismus. Gütersloh 1975. S. 1104ff

Fragen zum Thema

1. Wann waren Sie das letzte Mal bei einem Abendmahl — und aus welchem Anlaß?
2. Wie müßte nach Ihrer Meinung eine Mahlfeier gestaltet sein, bei der Sie nach Jesu Willen gerne und oft dabei wären?

Gespräch über die Fragen (in Gemeindegruppen)

Die Antworten sind selbstverständlich stark vom Abendmahlsangebot der letzten Monate in der Gemeinde Mössingen bei Tübingen abhängig: sie enthalten Kritik, Bejahung und Verbesserungsvorschläge dieses Abendmahlsangebotes.
Dieses Angebot ist zunächst kurz aufzuzeigen. Gelegenheit, das Mahl des Herrn zu feiern, hatten unsere 7200 Gemeindeglieder zunächst einmal selbstverständlich an den landeskirchlich dafür vorgesehenen Sonn- und Feiertagen (1. Advent, Weihnachten, Altjahrabend, Landesbußtag, Gründonnerstag, Karfreitag, Ostern, Pfingsten, Buß- und Bettag), und zwar sowohl in altgewohnter Form mit gemeinsamem Kelch um den Altar als auch in neueren Formen.
Dazu kamen Abendmahle mit den Neukonfirmierten, im Rahmen von Gemeindefesten zwei Jugendabendmahle, ein alljährlich besonders liebevoll und festlich gestaltetes Altenabendmahl, des weiteren zu später Stunde in der Heiligen Nacht ein Abendmahl in Verbindung mit einer Christmette (mit Hirtenspiel). Auf Wunsch eines jungen Paares feierten wir eine Trauung als Abendmahlsgottesdienst. Den gemeinsamen Gottesdienst zum Bibelsonntag mit allen christlichen Kirchen und Gemeinschaften in einer der evangelischen Kirchen beschloß eine evangelische Abendmahlsfeier mit dem Angebot der offenen Kommunion für alle. Hausabendmahle und Abendmahle auf Freizeiten, auch im Ausland, Abendmahlsbesuche einzelner in Taizé und Camberg (Jesusbruderschaft Gnadenthal) runden das Angebot ab.

Frage 1:
a) Die meisten der aus allen Altersgruppen und Berufsschichten stammenden Befragten antworteten: »Vor wenigen Tagen« bzw. »Vor wenigen Wochen.« Das ist natürlich nicht für alle Gemeinde-

glieder repräsentativ. Eine kirchlich sehr engagierte Frau sprach aus, was sicher für viele zutrifft: »Zu den Sakramenten Taufe und Abendmahl habe ich eigentlich keine Beziehung.«
Und doch: Die Zahl der Abendmahls-Gäste verdoppelte sich gegenüber dem Vorjahr.
b) Der Anlaß war in den meisten Fällen das jeweils konkrete Gesamtangebot von Gottesdienst und Feier, Gespräch und zeitweise gemeinsamem Leben. Für Hunderte junger und alter Menschen war es offensichtlich einladend, weil folgerichtig, mit dem jungen japanischen Posaunisten, der im Jugendgottesdienst erzählt hatte, wie er Christ geworden war, noch Abendmahl zu feiern.
Ähnliches gilt für die Christnacht: auch hier feiern von Jahr zu Jahr mehr Menschen, darunter viele Paare, ganze Familien, Jugend- und Gemeindekreise, das Herrenmahl.

Frage 2:
Ich reihe einige Antworten aneinander: »Das Abendmahl sollte nicht todernst sein. Der Schwerpunkt sollte auf der Freude über Jesu Angebot der Vergebung und Gemeinschaft liegen — nicht auf der Zerknirschung und dem Sündigsein.« »So erfreulich volle Abendmahlskirchen sind — ich feiere gern auch mal wieder in kleinerem Kreis, zum Beispiel auf einer Freizeit. Da ist Gemeinschaft und Wärme besser zu spüren und zu verwirklichen.« »Ob mit gemeinsamem Kelch oder mit Einzelkelchen (wir haben unlängst 180 Einzelkelche angeschafft), mit Hostien oder Weißbrot — das ist nicht so entscheidend. Wichtig wäre mir Ruhe und Besinnung, daß sich die Abendmahlsgäste gegenseitig Bibelworte zurufen oder anhand eines meditativen Bildes miteinander ins Gespräch kommen. Auch über eine schöne Flöten-, Bläser-, Orgel- oder andere Musik freue ich mich immer.« »In der Urchristenheit haben die Menschen doch noch richtig miteinander zu Abend gegessen, wenn sie Abendmahl hielten. Das würde ich auch gern erleben.« Tatsächlich waren in den ursprünglichen Abendmahlsfeiern Eucharistie (sakramentaler Teil) und Agape (Liebesmahl, Speisung aller, insbesondere auch der Armen und Hungrigen) beieinander. Unsere Rumpf-Abendmahle, meist ja nur noch Eucharistien, leiden meines Erachtens sehr unter dem Fehlen der Agape. Ich bin deshalb selber sehr gespannt, welche Erfahrungen unsere und andere Gemeinden mit Herrenmahlfeiern in Verbindung mit einem gemeinsamen Mittag- oder Abendessen machen.

Hansmartin Kapp

Zusammenfassende Thesen

Das Abendmahl hat seine Geschichte in der Christenheit. Es ist vielfältig verstanden und mißverstanden worden. Immer noch und immer wieder hat es da und dort kirchentrennende Funktion, obwohl es doch das Mahl der Gemeinschaft ist und sein soll. Trotz allem ist und bleibt das Abendmahl als Sakrament (= heilige Handlung) ein wichtiges Kennzeichen der Christen und des christlichen Glaubens.

Aberglaube

Die Wurzeln des Aberglaubens reichen tief in die Vergangenheit der Menschheit hinunter, in eine Zeit, in der die Menschen die sie umgebende Natur noch als beseelt empfanden, in der sie die Gesetze von Ursache und Wirkung noch nicht erkannt hatten. Wenn etwa ein steinzeitlicher Höhlenbewohner einen Stier darstellte und ihn vom Speer getroffen sein ließ, dann dachte er, dasselbe würde sich auf der geplanten Jagd ereignen. Wir nennen heute ein solches Weltverständnis magisch. Und vor allem: Wir verstehen unsere Welt heute nicht mehr so.

Nachwirkungen aus den Tiefenschichten der Seele

Im Grunde wissen wir, daß wir die Natur nicht magisch beeinflussen können und daß die Natur nicht magisch das Leben der einzelnen und der Völker bestimmt. Aber es scheint so, als ob dieses Wissen noch nicht sehr tief in uns verwurzelt sei. Das Jahrtausende alte Lebensgefühl bricht immer wieder auf und verbindet sich mit allen möglichen abergläubischen Vorstellungen. Die verschüttete Tasse Kaffee am Morgen läßt uns einen unguten Tag erwarten, und der Freitag, wenn er gar auf einen 13. fällt, erzeugt Angst. Ungezählte Menschen sind von solchen Vorstellungen abhängig, und diese geheimnisvoll erscheinende Bindung an den Aberglauben schafft die Überzeugung, es müsse »doch etwas dran« sein. Hier kann schon die Einsicht in die Zusammenhänge befreiend wirken. Was aus einer vergangenen Menschheitsepoche noch in uns lebt, braucht uns nicht zu ängsten. Der Glaube ist dankbar für die besseren Einsichten und überwindet so den Aberglauben.

Auf der Suche nach Geborgenheit

Aber ebenso, wie aus der Tiefe der Geschichte eine Empfänglichkeit für abergläubisches Denken in uns auftaucht, gibt auch unser heutiges Weltverständnis dem Aberglauben neue Nahrung.

Durch die Einsicht, daß unsere Erde einem Stäublein im Weltall gleicht, ist vielen unter uns das Vertrauen abhanden gekommen, das frühere Generationen Gott und der von ihm geschaffenen Welt entgegengebracht hatten. Die moderne Technik trat hinzu, die den Menschen oft nur noch als ein Rädchen im künstlichen Getriebe erscheinen läßt. In dieser Welt fühlt sich der Mensch nicht mehr zu Hause, sein Bedürfnis nach Geborgenheit bleibt unbefriedigt. So sucht er Hilfen in einer Art Ersatzreligion. Sie soll verstehbar sein, aber auch die Bereiche des Geheimnisvollen und Wunderbaren wieder nahebringen. Nur so ist es wohl zu verstehen, daß sich seit etwa 100 Jahren der Spiritismus in der Welt ausbreiten konnte. Wenn es möglich ist, mit den Geistern Verstorbener in Verbindung zu treten, dann stellt sich nicht nur das Todesproblem anders dar, dann ist auch eine Beziehung geschaffen, die das kleine Einzelleben in einen umfassenden Zusammenhang hineinstellt.
Dasselbe Bedürfnis steht hinter der Tatsache, daß seit etwa 60 Jahren das Horoskop für so viele Menschen zu einer scheinbaren Lebenshilfe geworden ist. Der eigentlich erschreckende Gedanke, daß mein Schicksal ferngesteuert sei, wird völlig verdrängt von dem Gefühl, in einem geheimnisvollen, aber doch erkennbaren Zusammenhang im Weltall zu stehen.

Es erübrigt sich hier, auf die höchst fatalen Begleitumstände einzugehen, die die Bewegung des Spiritismus seit ihren Anfängen in den Bereich der ungewollten oder gar gezielten Betrügerei rükken. Ebenso kann jeder, der es wissen will, leicht erfahren, wie vieldeutig und also nichtssagend jedes Einzelhoroskop tatsächlich ist; von der Lächerlichkeit dessen ganz zu schweigen, was in Zeitungen und Illustrierten unter »Was die Sterne sagen« den Umsatz fördern soll.
Viel wichtiger ist es, daß der »unbehauste Mensch«, dem seine jenseitige Geborgenheit abhanden gekommen ist, endlich erfährt, welch hilfreiche und befreiende Macht der Glaube ist. Wo Gott in Jesus diesseitig geworden ist, braucht der Mensch sich nicht künstlich und krampfhaft einen Jenseitsbezug zu schaffen. Sind unsere Gemeinden lebendige Zentren, in denen der Mensch von heute Geborgenheit finden kann? Zeigen wir Christen, daß wir tätig sind für eine Veränderung der Welt, die der Diesseitigkeit Gottes in Jesus entspricht, sind wir Wegbereiter der Gottesherrschaft, die zu uns kommen will?

Keine Angst vor neuen Einsichten

Bei alledem dürfen wir nicht übersehen, daß das moderne Denken uns möglicherweise Sachverhalte verstellt, die in den Bereich des Aberglaubens mit hineingehören.
Es ist heute noch umstritten, welche Vorgänge etwa dem Hellsehen, dem »zweiten Gesicht« oder den Erscheinungen Verstorbener zugrunde liegen. Es wäre sicher zu billig, dies alles als Schwindel oder törichte Einbildung zu bezeichnen. Ihrer Natur nach kann man solche Begebenheiten nicht leicht untersuchen. Aber es sind ernst zu nehmende Forschungen im Gange, die das zu erhellen suchen, was bislang als »übernatürlich« gegolten hat.
Christen sollten solche Forschungsbemühungen mit Interesse verfolgen. Wie uns die Erkenntnisse der modernen Psychologie (von S. Freud ausgehend) wichtige Aufschlüsse über den Menschen geben können, so auch die Erkenntnisse der sogenannten Parapsychologie, die sich mit diesen geheimnisvollen (okkulten) Begebenheiten befaßt. Dabei zeigt sich, daß Menschen, die mit solchen Erfahrungen behaftet sind, oft als seelisch krank angesehen werden müssen.
Dabei sollte folgendes bedacht werden: In der Zeit, die auch unsere Bibel geprägt hat, hielten die Menschen dämonische Einflüsse und Besessenheit vom Teufel für selbstverständlich. Ob es wohl Aufgabe gerade der Christen ist, diese Vorstellungen beizubehalten, wenn wir die Dinge heute anders sehen gelernt haben? Stoßen wir die damit behafteten Menschen nicht in ein seelisches Elend, das wir vor ihnen und vor Gott nicht verantworten können, wenn wir hier plötzlich vom »Banne des Teufels« reden? Gewiß ist der Aberglaube, der sich an okkulte Vorgänge hängt (Pendeln, Besprechen, Kartenschlagen), ein Nährboden vieler Sünden. Der Aberglaube will nicht Gott vertrauen, sondern Gott überlisten. Aber diese Sünden sind nicht teuflischer als etwa unsere Lieblosigkeit einem uns Unterlegenen gegenüber oder unsere faktische Gleichgültigkeit gegenüber dem Elend und der Unterdrückung in der Welt.
Ob man Gott die Liebe verweigert oder den Menschen die Liebe verweigert — da darf man seit Jesus keinen Unterschied mehr konstruieren. Das eine ist dem anderen gleich (Matth. 22, 39). So muß also am Ende gerade die Kirche selbst darauf achten, daß sie nicht in ihrer Verkündigung und ihrer Praxis einem gefährlichen Aberglauben anheimfällt, wenn sie den Bereich des Okkulten speziell

mit dem Bleigewicht des Satanischen behängt (vgl. dazu Jesus in Luk. 11, 46).
Wo aber in der Kirche und durch uns, die wir die Kirche sind, die Kraft der Liebe sich durchsetzt und die Hoffnung sich an dem Gott für die Welt orientiert, da stirbt der Aberglaube. Da ereignet sich immer neu, was der 1. Johannesbrief (3, 8) in der Sprache seiner Zeit sagt: »Dazu ist erschienen der Sohn Gottes, daß er die Werke des Teufels zerstöre.« *Melchior Faber*

Ausgewählte Bibelstellen

Matth. 22, 39; Luk. 11, 46; 1. Joh. 3, 8.

Ergänzende Literatur

Bauer, P.: Horoskop und Talisman. Stuttgart 1963 (vergriffen)
Blankenship, R.: Ich sah die Geister. Vom Spiritismus zu Jesus. Wuppertal 1974
Köberle, A.: Zukunft und Aberglaube. Calwer Hefte 69
Ruthe, R.: Medien — Magier — Mächte. Wuppertal 1968

Fragen zum Thema

1. Warum wird im Alten Testament Zauberei so schwer bestraft?
2. Welchen Stellenwert haben zeitbedingte Vorstellungen in der Bibel?
3. Welche Beziehungen bestehen zwischen Todesverständnis und Aberglaube?

Gesprächsprotokoll (12. Klasse eines Mädchen-Gymnasiums)

Begreiflicherweise gab es zum Thema zunächst viele Informationsfragen, weil abergläubisches Verhalten weithin unbekannt ist oder nur ungenaue Vorstellungen mitgebracht werden. Das

schließt natürlich nicht aus, daß »einfache« abergläubische Vorstellungen mehr oder weniger ernstgenommen werden: das Stofftier während der Abitursarbeit oder ein Anhänger, von dem man ein wenig glückliche Fügung erwartet. Von Bedeutung dürfte hierbei aber sein, daß solches Verhalten nicht als Aberglaube im strengen Sinn gewertet wird, eher als Ausdruck dafür, daß man eben Glück zum Leben braucht und es ja allemal auch hat.
Daß Aberglaube Auskunft über den Tod hinaus zu vermitteln vorgibt und daß ein christliches Todesverständnis solche Auskünfte unerheblich werden läßt, wurde ohne weiteres angenommen, doch blieb die Fragestellung ohne tiefere Bedeutung. Der Tod wird weithin rein jenseitig verstanden als Erfahrung von Leid oder als drohendes Lebensende. Die Frage nach dem »Danach« wird kaum gestellt oder aber mit gängigen Vorstellungen etwas voreilig beantwortet. Das mag teilweise eine Altersfrage sein, läßt aber doch wohl auch eine bestimmte Haltung erkennen, die hier nur wiedergegeben werden kann.
Die alttestamentliche Gesetzgebung zum Aberglauben war den meisten völliges Neuland; daß eine Geschichte wie die von der Beschwörung des toten Samuel durch die Totenbeschwörerin von Endor in der Bibel steht, war ein wirkliches Erlebnis. Daß für Israel bei der Lebendigkeit solcher Kulte in nächster Umgebung der Glaube an den in der Geschichte handelnden Gott auf dem Spiel stand, wurde deutlich. Das eigentliche Problem aber war bezeichnenderweise die radikale Strafandrohung, die ja bis heute die abergläubische Praxis als eine besonders gottwidrige Handlung verstehen läßt. Ein geschichtliches Verständnis der biblischen Texte, das diese verstehen und zur Sprache kommen läßt, ohne den Leser an ihre zeitbedingten Aussagen zu binden, wird als hilfreich empfunden. Das Verständnis für eine solche Sicht ist allerdings leichter zu gewinnen, wenn es »nur« um die damals übliche Todesstrafe und die damalige religiöse Situation Israels geht.
Schwieriger wird es schon, wenn dann aus der Klasse heraus die Frage auftaucht, ob nicht die neutestamentliche Dämonen- und Teufelsvorstellung auch ein Stück Aberglaube in unserer Zeit sei. Hier dringt die Frage nach dem Stellenwert von zeitbedingten Vorstellungen in der Bibel für viele zum Fundament ihres Glaubens vor.
Daß Christen nicht an Dämonen oder an den Teufel glauben, vielmehr an den in Jesus sichtbar gewordenen Gott, das ist weithin so neu, wie es selbstverständlich sein sollte. Hier liegt tatsächlich ei-

ner der Gründe, die dazu führen, daß für viele Zeitgenossen der Glaube selbst als eine Spielart des Aberglaubens erscheint. Daß der Teufel für die »zerstörerischen Strukturen in der Welt« (Tillich) steht, daß die Bibel also an dieser Stelle sehr wohl etwas zu sagen hat, aber es in zeitbedingter Weise tut und wir also eine Übersetzungsarbeit zu leisten haben, wenn wir den Glauben nicht total unverständlich bezeugen wollen — das ist eine Einsicht, die nicht unbedingt am Thema »Aberglaube« gewonnen werden muß, bezeichnenderweise aber als wichtigstes Ergebnis festgehalten wurde. *Melchior Faber*

Zusammenfassende Thesen

Aberglaube ist immer dort, wo Glaube ist. Aberglaube hängt sich an dunkle Dinge und Vorgänge, an Medien und Zwielicht. Im Aberglauben wird der fromme Mensch versucht, sich Gottes zu bemächtigen und ihn in den Griff zu bekommen. Christliche Botschaft will vom Aberglauben zum Glauben führen. Aberglaube ist nicht der geforderte Kleinglaube oder »Senfkornglaube«, sondern ist falscher Glaube, der sich mit dem in Jesus Christus sichtbaren Angebot des unsichtbaren Gottes nicht begnügt.

Atheismus

Bei einer Meinungsumfrage, bei der eine Schulklasse auf die Straße ging und die Passanten unter anderem fragte: »Glauben Sie an Gott?«, kam ein überraschend positives Ergebnis heraus. Die meisten Menschen glauben an Gott. Von hundert Befragten sagte nur einer: »Nein, ich bin Atheist.« Alle anderen erwähnten ihren Glauben. Atheismus, was ist das eigentlich? In einem Lexikon ist kurz zu lesen: »Anschauung, die das Dasein Gottes leugnet.« Aber auch in der Bibel ist von Atheismus die Rede, bei Paulus zum Beispiel: »Ihr wart früher von Christus getrennt; ohne Hoffnung zu haben, seid ihr Atheisten gewesen in der Welt« (Eph. 2, 12). Das Wort, die Sache ist alt.

Atheismus alt und neu

Er ist so alt und so neu wie die Gottlosigkeit unter den Menschen. Im Altertum wurden Banausen, Kurzsichtige und Genießer Atheisten genannt. Sie leben gott-los in den Tag hinein. Aber auch der Staat oder sein Oberhaupt kann atheistisch sein durch eine dämonische Selbstverherrlichung: »Der Gottlose rühmt sich seines Mutwillens« (Ps. 10, 3). Andere wiederum erleben den Widerspruch zwischen Gottesglauben und Weltlauf so stark, daß sie an Gott zweifeln, ihm absagen und Atheisten werden. Umgekehrt werden die Christen der Urkirche von den Heiden »Atheisten« genannt, weil sie keine Göttertempel haben und den Kaiserkult ablehnen. »Fort mit den Atheisten!« hieß der Kampfruf gegen sie.
Der moderne Atheismus von heute ist eine nachchristliche Erscheinung. Er hat sich zunächst ausgerechnet auf dem Boden christlich geprägter Länder und Völker entwickelt. Der durch das Evangelium von seiner Furcht vor Dämonen und Göttern befreite Mensch (Kol. 2, 16-23) erhebt sich nicht nur gegen diese, sondern will auch von dem einen lebendigen Gott nichts wissen. Er schüttelt nicht nur die Herren seiner Versklavung, sondern zuletzt auch seinen Befreier ab. So gesehen enthält der Atheismus ein tragisches Mißverständnis des Evangeliums. Bewußt oder unbewußt

wird dieses als Freispruch des Menschen von allem, also auch von Gott verwendet. Es wird übersehen oder verneint, daß das Evangelium den Menschen freisetzt für ein Leben, Denken und Handeln unter der Vorgabe des Daseins Gottes und seines den Menschen offenbarten Willens. Es bleibt ein gottloses Welt- und Lebensverständnis übrig. In seinen Grundzügen ist der Atheismus bewußt »säkular«, das heißt ausschließlich auf das Innerweltliche und auf keinen Fall auf etwas Außerweltliches bezogen. Nach Karl Marx erschafft der Mensch sich selbst, ohne von einem Schöpfergott sein Leben zu haben.
Die Entwicklung einer atheistischen, den Gottesgedanken ausschließenden Philosophie hat die Lehre des Materialismus zur Voraussetzung. Bei ihrem Begründer Ludwig Feuerbach bildet die Materie, die stoffliche Welt, die einzige Grundlage, auf der das Leben beruht. Es ist klar, daß hier der Gott der Bibel, der Gott der Christen, der die Welt erschuf und »ruft dem, was nicht ist, daß es sei« (Röm. 4, 17), keinen Platz mehr hat. Der Atheismus leugnet Gott als den Schöpfer, und an seine Stelle tritt der Mensch. Aber nicht jener Mensch, von dem die Bibel sagt: »Du hast ihn wenig niedriger gemacht als Gott« (Ps. 8, 6), sondern der selbstherrliche Mensch ohne Gott.

Spielarten des Atheismus

Eine Folge davon, daß im Atheismus der Mensch mächtig dasteht, ist der hohe Rang der Wissenschaften in dieser Weltanschauung. Nicht der Glaube an Gott, sondern die Wissenschaft ist maßgebend. Der zunehmenden Machbarkeit aller Dinge entspricht die zunehmende Abwesenheit Gottes. Vor diesem Hintergrund muß östlicher wie westlicher Atheismus gesehen werden. Beide haben eine gemeinsame Wurzel.
Im Osten wurde der Atheismus allerdings von vornherein ein Kapitel des »ideologischen« Kampfes und einer »ideologischen« Politik. Die atheistische Weltanschauung wurde zur Staatsgrundlage und zur Lehre, zum Dogma erhoben. Zwar bejaht auch der christliche Glaube, daß in der Wissenschaft die Wirklichkeit unter Weglassung der Gottesfrage erforscht wird (methodologischer Atheismus). Daraus dürfen jedoch nicht Gleichgültigkeit gegenüber dem Gottesglauben und die Überflüssigkeit Gottes für den modernen Menschen abgeleitet werden. Zum atheistischen Denken

gehört aber die Vorstellung von einem lückenlos geschlossenen Reich des Menschen. Von diesem Nein zu Gott lebt der Atheismus. Um die restlose Besitznahme des Menschen von der Welt betreiben zu können, kann kein Gott und Reich Gottes sein.
Im Unterschied zum östlichen ist der Atheismus im Westen kein System, aber dennoch eine ernst zu nehmende geistige Realität. Für viele ist heute Gott fragwürdig geworden, so daß sie in ihrem Denken und Handeln Gott nicht voraussetzen. Es gibt einen Atheismus aus Gleichgültigkeit und Oberflächlichkeit (vgl. Ps. 14,1). Ebenso klammert eine rein innerweltliche Orientierung Gott aus dem menschlichen Leben aus (existentieller Atheismus).
Eine besondere Form des westlichen Atheismus ist der sogenannte »atheistische Humanismus«. Er wurde am meisten geprägt durch den französischen Schriftsteller Albert Camus, der angesichts des Sinnlosen im Leben der Menschen in der Welt die Frage nach der Gerechtigkeit stellt. Los von Gott will der Atheist den Kampf gegen Leid und Ungerechtigkeit aufnehmen und zu bessern versuchen, was nur möglich ist. Dieser Atheismus in der edlen Form eines Humanismus des mündigen Menschen, der dem anderen helfen will, führt zu einer Annäherung von Atheisten und Christen. »Allmählich lesen wir also miteinander die Bibel«, sagt einer. Entscheidend bleibt allerdings, wie jemand vom Wort und Werk Jesu betroffen wird oder nicht, ob Gott Gott sein darf oder nicht (Joh. 5, 24).

Atheismus und christlicher Glaube

Karl Barth schreibt einmal, auch der Atheismus könne als eine Art Religion verstanden werden. Dann stehen sich also Glaube und Gegenglaube gegenüber. Karl Marx nennt im kommunistischen Manifest die Religion »Opium des Volkes«. Gott sei eine Selbstschöpfung des Menschen, in die er alle seine Wünsche hineinlegt. Vielleicht machten und machen auch die Christen mit fragwürdigen Gottesvorstellungen den Atheisten die Leugnung Gottes leicht. »Gott sei Dank gibt es nicht, was 60 bis 80 Prozent der Zeitgenossen sich unter Gott vorstellen«, schreibt der katholische Theologe Karl Rahner. Aber auch durch Lässigkeit oder reines Festhalten an Formen können gläubige Menschen zur Vermehrung des Atheismus beitragen. Atheismus aus Diesseitigkeit ist aber immer nur dort möglich, wo im Glauben und im Leben der Menschen Ostern und Auferstehung fehlen.

Aber auch die Aussage eines Atheisten verrät Unsicherheit und läßt tiefer blicken, wenn er sagt: »Du existierst nicht, und ich hasse dich!« Ein einst in Moskau geschulter und auf der Flucht befindlicher Funktionär versuchte durch Teilnahme an einer Abendbibelstunde in der Gemeinde Anschluß zu gewinnen. In dem darauffolgenden Nachtgespräch kamen in erschütternder Weise Größe und Elend des Menschen zur Sprache. Es müsse etwas Großes sein, im Vertrauen »Herr, Vater« sagen zu können, meinte er. Es bleibt dabei: Zwischen Christentum und Atheismus wird immer zu unterscheiden und zu entscheiden sein (vgl. Mal. 3, 18).

Albert Rabus

Ausgewählte Bibelstellen

Ps. 10, 3; 14, 1; Mal. 3, 18; Joh. 5, 24; Röm. 4, 17; Eph. 2, 12; Kol. 2, 16-23

Ergänzende Literatur

Barth, H.-M.: Atheismus — Geschichte und Begriff. Claudius-Thesen 6. München 1973

Gardavský, V.: Gott ist nicht ganz tot. Betrachtungen eines Marxisten über Bibel, Religion und Atheismus. München 1971

Gollwitzer, H.: Die marxistische Religionskritik und der christliche Glaube. Siebenstern-Taschenbuch. Hamburg 1974

Kakuschke, B. und R. / Wischmann, G. / Trutwin, W. (Hrsg.): Gespräch mit dem Atheismus (Quellentexte). Befragter Glaube 11. Göttingen 1973

Machovec, M.: Jesus für Atheisten. Stuttgart 1972

Müller-Schwefe, H.-R.: Artikel »Atheismus« in: Theologie für Nichttheologen, a.a.O.

Stoodt, D. / Hild, H. / Schmidt, M.: Christentum und Atheismus, Bensheimer Hefte 40

Evangelischer Erwachsenenkatechismus, a.a.O., S. 71 ff

Fragen zum Thema

1. Wie würde ein Christ die Bedeutung der Psalmen für ihn zum Ausdruck bringen? Ein Marxist hat geäußert: »Auch der Marxist kann die Psalmen als dynamische Beschreibung seiner persönlichen Situation im 20. Jahrhundert erleben.«
2. Welchen Sinn und welches Ziel kann das Gespräch zwischen Christen und atheistischen Marxisten haben?
3. Wie können Christen dem materialistischen Atheismus bei uns begegnen?

Gesprächszusammenfassung (12. Klasse Gymnasium)

Das Stück Wirklichkeit, das der Atheismus in unserer Zeit darstellt, wird von den Schülerinnen einer zwölften Gymnasialklasse mit Interesse wahrgenommen. Die Grundaussagen des Atheismus als Weltanschauung erwecken bei der Mehrheit jedoch eher Zweifel als Zustimmung. Der radikale Schnitt zwischen Mensch und Gott, die Nicht-Gott-Lehre mit der Absolutsetzung des Menschen wird als sehr fragwürdig empfunden. Atheismus als ideologisches Prinzip muß verneint werden, besonders wenn es in alle Lebensbereiche hinein verallgemeinert wird. Dagegen soll der Glaube an Gott, mit oder ohne Kirche, als Möglichkeit einer persönlichen Grundentscheidung und Grundeinstellung des Menschen offengehalten und nicht verhindert werden.

Frage 1:
Die Frage hat ihre Begründung in dem Satz Helmut Gollwitzers, der im Vorwort des Buches »Jesus für Atheisten« von Milan Machoveč steht: »Allmählich lesen wir also miteinander die Bibel.« Wenn aber Machoveč als Atheist äußert: »Auch der Marxist kann die Psalmen als dynamische Beschreibung seiner persönlichen Situation im 20. Jahrhundert erleben«, wird sich ein Christ damit nicht begnügen können, so eindrucksvoll diese Aussage eines ernsthaften Bibellesers unserer Tage auch klingt. Für den Christen bedeuten die Worte und Inhalte der Psalmen Stärkung des Glaubens und Gottvertrauens, Hilfe in seelischen und leiblichen Nöten, Tröstung und Bekräftigung im Durchstehen schwieriger Situationen. Er kann sich in zahlreichen Aussagen der Psalmen wieder-

finden und sich mit ihnen im Gebet an Gott wenden, wobei auch das Danken und das Äußern von Freude und Glück ihn als Menschen über sich selbst hinausführt. Der Atheist, der sich mit den Psalmen befaßt und dabei die in ihnen vorhandene Bezogenheit des Menschen auf Gott ablehnt, muß letztlich in seiner Situation »bei sich« bleiben. Er kann den befreienden, heilsamen Akt des Betens nicht erfahren. Gollwitzer nennt diesen Verzicht des Atheisten das »moderne Immanenzdogma«, dem Machoveč auch als ein »mit positiver Leidenschaft über Jesus schreibender Marxist« seinen Tribut darbringt. Diese geradezu ergreifende Auseinandersetzung eines Atheisten mit Texten und Inhalten der Bibel muß aber auch Christen beeindrucken, vor Überheblichkeit warnen und zur Selbstkontrolle anregen. Denn wem gilt hier das Wort, »nicht ferne vom Reich Gottes« zu sein?

Frage 2:
Da in letzter Zeit immer wieder von einem Gespräch, das zwischen Christen und Marxisten, also auch Atheisten, in Gang gekommen ist, zu hören und zu lesen war, stellt sich die Frage nach Sinn und Ziel eines solchen Gesprächs. Zunächst muß dieser Dialog gutgeheißen werden, weil die Klarstellung verschiedener Standpunkte und Grundeinstellungen zum Leben der Menschen im einzelnen und in den sozialen Bezügen notwendig und wertvoll ist. Dabei können auch gegeneinander bestehende Vorurteile abgebaut werden. Atheisten sollen von Christen aber erfahren, daß nach ihrer Erkenntnis und Glaubensüberzeugung die atheistisch-marxistische Ideologie den Menschen überzeichnet in seiner Qualität und ihn überfordert, wenn er in eigener Kraft ein vollkommenes Reich der Gerechtigkeit und des Friedens schaffen soll. Der Christ erwartet und erfährt von Gott seine Erneuerung und auch die der Welt, in der er lebt. In diesem Zusammenhang wirkt er verantwortlich an der Gestaltung der Gegenwart und der Zukunft mit, die er aber nicht als Reich des Menschen, sondern als Reich Gottes erwartet. Bei manchen Atheisten können Christen jedoch sehen, mit welcher Überzeugung sie ihre Sache vertreten und sich für sie einsetzen, zum Beispiel für Gerechtigkeit und Gleichwürdigkeit aller Menschen, für Tugenden, die weitgehend christlichen Ursprungs sind, heute aber auf beiden Seiten ersehnt, angestrebt und verteidigt werden. Im Dialog mit Atheisten sollen die Christen aber das Zeugnis von Christus nicht schuldig bleiben, weil sein Evangelium, die Frohe Botschaft, allen Menschen gilt.

Frage 3:
Der westliche Atheismus als praktizierter gott-loser Materialismus ist für die Christen in unserem Land eigentlich eine Herausforderung. Sie können ihm damit begegnen, daß sie ihren Mitmenschen vorleben, wie sie versuchen, sich genügen zu lassen und sich einzuschränken. Sie müßten als freudige Geber und Weiterträger der Gaben Gottes zu erkennen sein und auf eigene Vorzüge und übersteigerten Wohlstand verzichten können. Sie kommen nicht an der Bergpredigt Jesu (Matth. 6, 19-21) vorbei bei ihrer inneren Ausrichtung, die das Verhalten bestimmt. Letztlich muß sich christliches Denken, Glauben und Handeln in einer materialistisch geprägten Welt systemkritisch und diese Welt zum Guten hin verändernd auswirken.

Albert Rabus

Zusammenfassende Thesen

Atheismus gibt es in vielen Formen. Er ist immer eine Gefahr für die Christen. Denn Gott ist unsichtbar. Die Unsichtbarkeit Gottes verführt dazu, mit der Abwesenheit und Nicht-Wesenheit Gottes (mit seinem Wegsein und Nichtsein) zu rechnen. Atheismus im Osten und im Westen innerhalb und außerhalb der christlichen Kirchen bleibt ein Anstoß, über Gott nachzudenken und sich in das Angebot des christlichen Glaubens zu flüchten: »Wer mich sieht, der sieht den Vater« (Joh. 14, 9).

Auferstehung

Auferstehung von den Toten ist in einer doppelten Hinsicht ein wesentlicher Sachverhalt unseres christlichen Glaubens: einmal als das Ziel alles menschlichen Seins und so das, was wir hoffen; dann das Bekenntnis, Gott habe Jesus Christus von den Toten auferweckt.

Auferstehung im Alten Testament

Auf den ersten Blick scheint da »Fehlanzeige« nötig zu sein. Denn Wort und Sache kommen nur spärlich vor. Viele Zeugen reden hier so, als sei »in die Grube fahren« das letzte, was der Mensch zu erwarten hat, sei es »mit Leid« (1. Mose 37, 35; 42, 38 u. ö.) oder mit der Klage, dort lobe man Gott nicht mehr und sei von ihm geschieden (Ps. 30, 10; 88, 5f; 143, 7; Jes. 38, 10f); oder es wird einfach gesagt, der betreffende Mensch sei »alt und lebenssatt« gestorben (1. Mose 25, 8) und er sei zu seinen Vätern oder zu seinem Volk »versammelt« worden (1. Mose 35, 29; 49, 33; 4. Mose 27, 13; 5. Mose 32, 50 u.ö.).

Das Alte Testament weiß auch, daß Gott den Menschen so erschaffen hat, daß er seinem Leib, der materiell »von der Erde« ist, »das Leben« eingegeben hat (1. Mose 2, 7). Von daher weiß der Beter des 90. Psalms, daß im Sterben eines (jeden) Menschen Gott dieses Leben, von ihm gegeben, seine »Seele« (im biblischen Sinn), wieder zu sich zurückruft (Ps. 90, 3). Wo sind sie aber dann, die Abgeschiedenen? Nun, bei Gott, ihrem Schöpfer. Tatsächlich vollziehen verschiedene Zeugen diesen Schritt: Nichts, auch nicht der Tod, kann den Glaubenden von Gott trennen (Ps. 73, 23ff; 139, 7ff; Hiob 19, 25). Mit seinem erwählten Knecht geht es nach seinem Tod durch Gottes Willen weiter (Jes. 53, 10). Eine klare Auferstehungsaussage gibt es dann für das erwählte, aber zerschlagene Gottesvolk (Hes. 37) wie für »viele« einzelne (Jes. 26, 19; Dan. 12, 2). Trotz dieser klaren Aussage ist der Glaube an Gott als den, der die Toten auferweckt, zur Zeit Jesu im alten Gottesvolk umstritten (Matth. 22, 23-33).

Die Auferstehung Jesu

Sie ist seit je die wohl am härtesten umstrittene Frage unseres christlichen Glaubens. Doch schon Jesu Jüngern war dies ein nicht vorstellbares Geschehen. Das zeigt ihre Reaktion auf den Bericht der Frauen, Jesu Grab sei leer (Mark. 16, 8 par): »Es erschienen ihnen diese Worte, als wären's Märchen, und glaubten ihnen nicht« (Luk. 24, 11; Mark. 16, 11). Was anzeigt, daß die Berichte von der Auffindung des leeren Grabes, von allen Evangelien bezeugt (Matth. 28, Mark. 16, Luk. 24, Joh. 20 je V. 1ff), nie als »Beweise« für die Auferstehung Jesu verstanden worden sind. Jesu Grab konnte ja auch aus anderen Gründen leer sein: etwa weil man den Leichnam Jesu gestohlen hatte, was offenbar Jesu Jüngern unterstellt worden ist (Matth. 27, 62ff; 28, 11-15). Das neutestamentliche Zeugnis vom leeren Grab erinnert aber den Christen daran, daß Gottes neues Schöpfungshandeln, das mit Jesu Auferweckung begonnen hat (1. Kor. 15, 23), auch ins »Materielle« hineinreicht, hier beginnt und — nach dem berühmten Wort Prälat Oetingers — endet.

Entscheidende Grundlage des Glaubens, Gott habe Jesus von den Toten auferweckt (Röm. 1, 4), ist jedoch das breite Zeugnis im Neuen Testament; der Auferstandene habe sich danach in begrenztem Zeitraum Menschen seiner Wahl »gezeigt«, er sei ihnen »erschienen« (1. Kor. 15, 3-8; 9, 1; Luk. 24, 34; Apg. 3, 15; die letzten Kapitel aller Evangelien). Hier sei auf zwei Dinge verwiesen: Petrus wird als erster genannt, dem der Herr erschienen sei. Aber zuvor widerfuhr das offensichtlich einer Frau, Maria Magdalena. Warum tritt dies so sehr zurück? Dann: Jesus ist nicht nur Jüngern und Anhängern erschienen, sondern er erschien auch Gegnern oder solchen, die ihn bisher nicht anerkannten (Paulus, seinem Bruder Jakobus).
Was hatte der auferstandene Herr, denen er erschien, zu sagen? Er gab ihnen »Gnade und Apostelamt« (Röm. 1, 5 u. ö.); das bedeutet: Er vergab ihnen, den Feigen, dem Verleugner und dem Verfolger. Er bestimmte sie zu seinen Gesandten, »Aposteln«, als Garanten dafür, daß »dies« Evangelium aller Welt verkündigt werde (Matth. 24, 14; Apg. 1, 8; 1. Kor. 9, 16). Schließlich: er »öffnete ihnen die Schrift«, das heißt, er lehrte sie über dem Alten Testament seinen Weg als vom Vater so gewollt verstehen (Luk. 24, 25-27. 44ff; Hebr. 2, 10 u.ö.).

Die Reichweite der Auferstehung Jesu

Nach Ostern hat die Christenheit in Jesu Auferweckung sowohl den Anfang der Auferstehung aller gesehen als auch die Grundlegung des Heils der Menschen, die sich Jesus im Glauben anschließen. Ersteres ist besonders klar 1. Kor. 15 ausgesprochen, wo Paulus Leugnern der Auferstehung in Korinth gegenüber der Reihe nach die nennt, denen der Herr erschienen ist, um von daher die Wahrheit der Totenauferstehung allgemein zu stützen (V. 12f. 16). Was Adam für die alte Schöpfung, ist Jesus für die neue: ihr Erster aus den Toten (V. 20-22). Sie hat damit begonnen, setzt sich in Jesu Weltregiment in dieser Zeit fort und wird »am Ende« zu ihrer Vollendung kommen (V. 23-28). Da werden alle (Menschen) auferstehen. Die einen werden auferstehen »zum Leben« bei Gott in Gnaden, die andern »zum Gericht« in end-gültiger Gottferne (Joh. 5,28f); da müssen alle Rechenschaft ablegen (Matth. 25,31ff; 2. Kor. 5,10).

Aber auch die andere Linie ist in 1. Kor. 15 klar da: Die Auferwekkung Jesu durch den Vater ist der Realgrund unseres neuen Seins. »Wenn Christus nicht auferstanden ist, so ist unsere Verkündigung leer (so wörtlich), leer (ohne realen Sachgrund) auch unser Glaube.« Positiv gewendet: Christus ist »um unserer Sünden willen dahingegeben und um unserer Gerechtmachung willen auferweckt« (Röm. 4, 25). »In Christus« ist einer eine »neue Schöpfung« (2. Kor. 5, 17), lebt er nicht mehr aus sich selber, sondern im Vertrauen auf ihn und sein Werk für uns (Gal. 2, 20). Von daher kann Paulus sagen, »in Christus« Getaufte seien mit ihrem alten, sündigen Wesen »mit Christus gestorben«, aber zugleich mit ihm zu einem neuen Leben »auferstanden« (Röm. 6, 3-11; Kol. 2, 11ff; 3, 1ff).

Weitere Fragen, zum Beispiel nach der Art des Auferstehungsleibes, nach Gottes Handeln zu seinem letzten Ziel, der neuen Schöpfung, nach Jesu Wiederkunft (Offbg. 19, 11-22), nach der ersten und zweiten Auferstehung, der Entrückung (1. Thess. 4, 13 ff) und andere, müssen streng in ihrem biblischen Zusammenhang gesehen werden. Sonst gelangt man zu Deutungen, die von Gottes Wort abgehen.

Eine besondere Gefahr bestand schon früh in der Christenheit darin, aus der gegenwärtigen Gabe des Auferstandenen (Joh. 11, 25 f; Hebr. 2, 14f) den Schluß zu ziehen, damit sei die Auferstehung »schon geschehen« (2. Tim. 2, 18).

Unannehmbar für den heutigen Menschen?

Kein Zweifel, das alles war für das menschliche Denken, auch das Nachdenken des Glaubens, immer schwer anzunehmen. Schon im Altertum spottete man darüber, und Luther sprach vielfach aus, die Vernunft könne das natürlich nicht begreifen. Heute wird besonders von Erkenntnissen der modernen Naturwissenschaft her behauptet, die Aussage von der Auferstehung Jesu und aller Menschen sei »so« nicht mehr »haltbar«. Doch ergeben sich gerade von daher auch neue Aspekte, die wir als Christen wohl vermerken dürfen. Allerdings hängt der Glaube allein am auferstandenen Herrn, in dem allein alles gegeben ist: »das Leben« jetzt und in der Ewigkeit.

Hermann Feghelm

Ausgewählte Bibelstellen

1. Mose 35, 29; 37, 35; 42, 38; 49, 33; Hiob 19, 25; Ps. 30, 10; 73, 23ff; 88, 5f; 90, 3; 139, 7ff; 143, 7; Jes. 38, 10f; 53, 10; Hes. 37; Matth. 22, 23-33; 28, 1ff; Mark. 16, 1ff; Luk. 24, 1ff; Joh. 11, 25ff; 20, 1ff; Apg. 1, 8; 3, 15; Röm. 1, 5; 4, 25; 6, 3-11; 1. Kor. 9, 16; 15, 1ff; 2. Kor. 5, 10-17; Kol. 2, 11ff; 3, 1ff; Offbg. 19, 11-12

Ergänzende Literatur

Klappert, B. (Hrsg.): Diskussion um Kreuz und Auferstehung. Zur gegenwärtigen Auseinandersetzung in Theologie und Gemeinde. Wuppertal 1967

Künneth, W.: Entscheidung heute. Jesu Auferstehung — Brennpunkt der theologischen Diskussion. Hamburg 1966

Marxsen, W.: Die Auferstehung Jesu von Nazareth. Gütersloher Taschenbücher 66 (vergriffen)

Wilckens, U.: Auferstehung. Das biblische Auferstehungszeugnis historisch untersucht und erklärt. Gütersloher Taschenbücher 80, Gütersloh 1974

Zahrnt, H.: Artikel »Auferstehung« in: Theologie für Nichttheologen, a.a.O.

Artikel »Auferstehung« in: Calwer Bibellexikon. Stuttgart 1967

Evangelischer Erwachsenenkatechismus, a.a.O., S. 375 ff, 888 ff

Fragen zum Thema

1. Was ist die Bedeutung der Auferstehung Jesu im Verhältnis zum Alten Testament?
2. Welche Einwände sind gegen das Zeugnis der Apostel, der Auferstandene sei ihnen erschienen, möglich?
3. Was bedeutet die Auferstehung Jesu heute für den Glaubenden?

Aus Gesprächen mit Jugendmitarbeitern

Frage 1:
Der Glaube an Auferstehung ist im Alten Testament und bei den Juden zur Zeit Jesu umstritten. Um Jude zu sein, war dieser Glaube nicht nötig. Viele bezogen zudem die Auferstehung auf das Volk, das nicht sterben oder nicht untergehen oder wieder erstehen wird (Hesekiel). Durch Jesu Auferstehung wird ein neues Datum gesetzt. Christ sein kann man nicht ohne Auferstehungsglauben, ohne den Glauben, der mit einem Leben in Ewigkeit bei Gott rechnet. Der Auferstehungsglaube ist Grund und Ziel des christlichen Glaubens. Vor dem Tod und der Auferstehung Jesu gab es Jesusglauben. Seit Ostern gibt es Christusglauben. Das Pfingstfest nach dem ersten Ostern bestand darin, daß den Jüngern Jesu aufging: Jesus lebt! Ohne Auferstehung gäbe es keine Kirche. Man darf nicht verkürzt sagen: »Die Kirche ist der auferstandene Jesus«, so viel Wahres an dieser Aussage ist. Der wöchentliche Sonntag, die Verschiebung des Feiertags vom Sabbat auf den ersten Tag der Woche, ist eine ständige Erinnerung an Jesu Auferstehung.

Frage 2:
Natürlich gab es und gibt es Einwände gegen die Erscheinungen des Auferstandenen:
a) Er sei nicht auferstanden, sondern von seinen Jüngern gestohlen worden, um das Märchen von der Auferstehung verbreiten zu können.
b) Die Jünger hätten es nicht wahrhaben wollen, daß Jesus tot ist, und hätten ihn darum im Wahn gesehen.
c) Die Osterberichte des Neuen Testaments seien so widersprüchlich und so verschieden, daß sie alle nicht stimmen könnten.

d) Es sei doch eigenartig, daß Jesus nur seinen Freunden, aber keinem Fremden und keinem Feind erschienen sei. Also könne man die Tatsache der Auferstehung nicht kontrollieren.

Frage 3:
Die Auferweckung Jesu wird dort wichtig, wo sie etwas mit unserem Leben, mit unserer Auferstehung zu tun bekommt.
a) Die Auferstehung Jesu hat dem Diktat des Todes ein Ende gesetzt und ermöglicht, für unser Leben nicht nur ein Ende, sondern ein Ziel zu sehen.
b) Die Auferstehung Jesu macht den Glauben an ein ewiges Leben bei Gott konkret und begründet ihn.
c) Die Versöhnung, die wir Menschen nötig haben und die Jesus am Kreuz durch seinen Tod geleistet hat, ist von Gott durch die Auferweckung Jesu bestätigt worden.
d) Angesichts des Sterbens von Menschen werden wir getröstet, indem wir glauben: »Wo mein Haupt durch ist 'gangen, da nimmt er mich auch mit« (Lied EKG 86,6 von Paul Gerhardt). Christen wissen im Glauben an Christus Gestorbene in seiner Hand.
e) Beim eigenen Sterben trösten wir uns damit, daß Jesu Auferstehung auch unsere Auferstehung bewirkt. Das gilt nicht pauschal für alle Menschen, sondern für die, die an Jesus glauben. Nachfolge ist hier Nachfolge durch den Tod ins Leben.
f) Der Glaube an die Auferstehung Jesu und an unsere eigene Auferstehung verhindert das Sterben nicht, aber hebt die End-Gültigkeit des Todes auf. Friedhöfe sind darum die rechten Plätze für Ostergottesdienste.

Kurt Rommel

Zusammenfassende Thesen

Auferstehung ist für den modernen Menschen eine Zumutung im doppelten Wortsinn. Auferstehung geht beim Rechnen nicht auf und leuchtet dem Denken nicht ein. Der Glaube an die Auferstehung Jesu und der Christen ist aber tatsächlich eine Zu-Mutung, ein Mut-Zuspruch angesichts des Leidens und Sterbens der Menschen und der Macht des Todes. Auferstehung ist Grund und Ziel allen Glaubens.

Bekehrung

Es ist wieder modern geworden, von Umkehr zu reden. Allerdings weniger bei den Theologen. Dafür aber um so mehr bei Naturwissenschaftlern, Technikern und Futurologen. Was sie dazu treibt, in die Rolle der Bußprediger früherer Jahrhunderte einzutreten, sind nicht religiöse Erkenntnisse. Es ist die nüchterne Beobachtung des Zustands unserer Erde und des Verhaltens der Menschheit. Indem sie über Zahlen, Daten und Entwicklungstendenzen nachdenken, werden sie — aus tiefem Erschrecken — Rufer zur Umkehr. Denn sie sehen die »Schöpfung am Abgrund« (Günter Altner), sie sehen, wie sich die Probleme der Überbevölkerung, der Rohstoffverknappung, des Mangels an Nahrungsmitteln und der Verschmutzung der Umwelt derart überstürzen, daß der leidenschaftliche Ruf zum Umdenken, zum Maßhalten, zur Bescheidenheit und zum Konsumverzicht für sie das Gebot der Stunde ist.

Eine andere Ebene

Nun muß aber gleich hinzugefügt werden, daß zwischen den beschwörenden Warnungen der Umweltexperten unserer Tage, die uns zur Umkehr ermahnen, und dem biblischen Ruf zur Umkehr grundsätzliche Unterschiede festzustellen sind. Wenn die Bibel von Umkehr redet, geht es ihr nicht einfach um das Umdenken im Blick auf die Entwicklung der Erde und ihrer Bewohner, nicht um die Rückkehr zur Selbstdisziplin. Der Prozeß, den die Bibel bei dem Stichwort Umkehr im Auge hat, zielt auf eine radikale und totale Umwandlung unserer Existenz. Warum ist das nötig?
Die Bibel sagt uns: Wir Menschen leben zutiefst davon, daß Gott gut zu uns ist. Daß er nicht aufhört, zu uns ja zu sagen. Daß er seinen Bund mit der Menschheit bis heute nicht aufgekündigt hat. Gottes Güte ist es, die uns das Leben gibt und erhält.
Und gerade hier liegt nach biblischer Sicht unsere größte Not: dieses Grundverhältnis zwischen Gott und den Menschen, das Urvertrauen, das unser Leben tragen soll, ist gestört. Durch unsere Schuld gestört. Diese Grundverkehrung unseres menschlichen

Wesens und Wollens nennt die Bibel Sünde: »Mein Volk tut eine zweifache Sünde: mich, die lebendige Quelle, verlassen sie und machen sich Zisternen, die doch rissig sind und kein Wasser geben« (Jer. 2, 13); »Da ist keiner, der gerecht sei, auch nicht einer ... sie sind alle abgewichen« (Röm. 3, 10f). Aus dieser Verkehrung der Grundrichtung unseres Lebens wächst alles Böse, im kleinen Bereich wie im Weltmaßstab. Wir sind krank, weil wir die Verbindung zu Gott aufgegeben haben und selbst sein wollten wie Gott (1. Mose 3, 5).

Biblische Umkehr

Hier setzt das biblische Wort von der Bekehrung ein. »Bekehrung ist Umkehr zu Gott« (Julius Schniewind), also mehr als ein Sinneswandel, mehr als eine Änderung unseres Verhaltens. Im Alten Testament rufen die Propheten das halsstarrige und ungehorsame Volk Israel zur Umkehr, zur Wegwendung von den Abgöttern und zur Hinwendung zu dem einen, wahren Gott, zur Abkehr von der eigenen Gerechtigkeit und zur Hinkehr zur Gerechtigkeit Gottes. Dabei fällt auf, daß bei diesem Ruf eine passive und eine aktive Linie ineinandergehen: »Bekehre du mich, so will ich mich bekehren« (Jer. 31, 18), und gleichzeitig: »Bekehret euch« (Jer. 25, 5). Das vorauslaufende Tun Gottes ermöglicht erst den gehorsamen Nachvollzug des Menschen.
Johannes der Täufer hat die Umkehrbotschaft aus dem Alten in das Neue Testament getragen. Dort wird Jesus zu dem großen Rufer zur Umkehr. Auch bei ihm geht die Verankerung und Begründung in Gottes Zuwendung zum Menschen allem menschlichen Aktivwerden voraus: »Das Reich Gottes ist herbeigekommen. Tut Buße und glaubt an das Evangelium!« (Mark. 1, 15; Matth. 4, 17). Das Neue Testament kann es geradezu als den Inhalt der Sendung Jesu bezeichnen, Sünder zur Umkehr zu rufen (Luk. 5, 32). Nirgendwo im Neuen Testament ist aber das Geschehen der Bekehrung eindrucksvoller abzulesen als in der Gleichniserzählung von den verlorenen Söhnen (Luk. 15, 11-32).
In den Missionsreden der Apostelgeschichte kehrt das Wort von der Bekehrung ständig wieder (2, 38; 3, 26; 14, 15; 15, 3; 17, 30 u. ä.), wobei zu beachten ist, daß das Wort »Bekehrung« bzw. »bekehren« im griechischen Text auch dort steht, wo Luther »Buße« bzw. »Buße tun« übersetzt hat. Gemeint ist aber in den Evangelien und

in der Apostelgeschichte dasselbe: der in eins fallende Doppelakt der Abkehr vom verkehrten Weg, von den Götzen, von sich selber, weil durch Gottes Ruf das ganze Leben und Sein des Menschen zu Jesus Christus hingekehrt wurde. Dieser grundlegende Schritt einer Umkehr der Lebensrichtung schließt — das zeigen die neutestamentlichen Briefe und die Offenbarung — die tägliche Buße nicht aus, sondern ein, das heißt die sich dauernd wiederholende Hinkehr der Bekehrten zu Gott und die damit geschehende immer neue Abkehr von der Sünde und vom Ich. Darum können Paulus, Petrus und die Offenbarung die christlichen Gemeinden zurückverweisen auf die vollzogene Bekehrung (1. Thess. 1, 9; 1. Petr. 2, 25) und gleichzeitig auffordern, wieder umzukehren auf den eingeschlagenen Weg (Offbg. 2, 5; 2, 16; 3, 3; 3, 19).
Im übrigen verwenden Paulus und vor allem Johannes für die gemeinte Sache auch andere Worte und Bilder, etwa Rechtfertigung (Röm. 3), Versöhnung (2. Kor. 5), neue Geburt (Joh. 3).

Wie geht das zu?

Sehr verschieden, kann man nur sagen. Schon das Neue Testament zeigt eine breite Skala von Möglichkeiten, wenn es den Vollzug der Bekehrung beschreibt. Bei Paulus geschah es plötzlich (Apg. 9), bei Nikodemus ging es durch manche Fragen und geistige Auseinandersetzungen hindurch (Joh. 3), Markus wurde durch einen langen Prozeß des Wachstums und durch mancherlei Rückfälle geführt, und bei Lydia vollzog es sich ganz still und ohne viel Aufhebens (Apg. 16). Es gibt keine allgemeingültige und für alle Menschen verbindliche »Methode« der Bekehrung. Nur das eine ist wichtig, daß am Ende des Bruchs oder des Weges das zuversichtliche Wort steht: »Ich bin gewiß!«
Weil immer wieder Menschen aus der Bekehrung eine Methode machen wollten, ist diese gute Sache in ein schlechtes Licht geraten. Man hat das Gesetz vor das Evangelium gerückt, hat aus dem Angebot einen Zwang gemacht und durch ungeistliches Drängen Menschen in innere Not gebracht. Solche Praxis entspricht nicht dem Neuen Testament. Wo die Bekehrung recht verkündigt und vollzogen wird, weckt sie Freude über den »fröhlichen Tausch« (Martin Luther), der hier geschehen ist, indem Christus nimmt, was unser ist, und uns gibt, was sein ist (vgl. Luk. 15; 19, 6; Apg. 8, 39). »Die Umkehr zu Gott ist Freude« (Schniewind).

Und die Konsequenzen?

Eine Bekehrung hat Konsequenzen. Wer frei wurde von sich selber, von seinen Gebundenheiten, von seiner Schuld, der ist zugleich frei geworden für Gottes Sache in der Welt, für Zeugnis und Dienst, für die Gemeinschaft mit anderen, für Menschen, die uns brauchen, für Aufgaben, die auf uns warten. Bekehrung ist kein Ruhepolster, auf dem man sich bequem niederlassen könnte. Recht verstandene und vollzogene Bekehrung setzt in Bewegung. Wer von Gott verändert wurde, kann jetzt an der Veränderung mitarbeiten. »Mit uns will Gott in die Welt hinein« — das hat derselbe Johann Christoph Blumhardt gesagt, der einmal von der doppelten Bekehrung sprach, die wir Menschen nötig haben: von der Welt hin zu Gott und von Gott her wieder zur Welt.

Theo Sorg

Ausgewählte Bibelstellen

1. Mose 3, 5; Ps. 51; Jer. 2, 13; 25, 1-7; 31, 18; Hes. 33, 10f; Joel 2, 12f; Matth. 4, 17; Mark. 1, 14-20; Luk. 5, 32; 15; Apg. 2, 38; 3, 26; 9; 14, 15; Röm. 3, 10f; 1. Thess. 1, 9; 1. Petr. 2, 24-25; Offbg. 2, 5.16; 3, 3

Ergänzende Literatur

Schniewind, J.: Die Freude der Buße. Kleine Vandenhoeck-Reihe 32, Göttingen 1960

Stott, R.W.: Einführung ins Christentum. Brockhaus Taschenbücher 205, Wuppertal 1973

Stott, R.W.: Das Wesen biblischer Evangelisation. In: »Theologische Beiträge« 6/1974, S. 245-263

Fragen zum Thema

1. Wie kann das Wirken Gottes und das Tun des Menschen in der Bekehrung näher beschrieben werden?
2. Was sagt ein Vergleich der Gesangbuchverse 547, 2 mit 347, 10 über die Schwerpunkte der Bekehrung aus?

Gespräch in einem Schülerbibelkreis

Ich habe die Aufgabe an meine Tochter weitergegeben für ihren Schülerbibelkreis im Gymnasium. Hier das Ergebnis.

Frage 1:
Den ersten Schritt zur Bekehrung hat Gott getan: Schöpfung, Golgatha — das heißt: Gott hat die Möglichkeit zur Umkehr geschaffen. Gott macht die Menschen auf sich aufmerksam (auf verschiedene Weise, zum Beispiel durch andere Christen, durch die Bibel). Jeder Mensch wird irgendwann in seinem Leben einmal auf Gott aufmerksam.
Den weiteren Schritt muß der Mensch tun, indem er über das Angebot Gottes an die Welt nachdenkt und es für sein eigenes Leben in Anspruch nimmt. Der Mensch muß bereit sein, mit Gott bzw. unter Gottes Regie zu leben. Das heißt für den Menschen: Der Mensch tritt mit Gott in Verbindung durch Gebet, Bibelstudium usw. und gibt Gott die Möglichkeit, seinen Plan mit dem Leben des Menschen zu verwirklichen, Vergebung zu schenken, Glauben zu schenken usw.

Frage 2:
EKG 547, 2 (Württembergische Ausgabe):

»Gottes Macht, die mich bekehrte,
die den Glauben in mir schuf,
beten, kämpfen, dulden lehrte,
ist mir nahe, wenn ich ruf.
Daß ich schwach bin, wird er wissen;
daß er stark ist, weiß auch ich.
Der mich aus dem Tod gerissen,
ist noch dieser Gott für mich.«

EKG 347, 10:

»Herr, du wirst kommen
und all deine Frommen,
die sich bekehren,
gnädig dahin bringen,
da alle Engel
ewig, ewig singen:
'Lobet den Herren!'«

Zum Lied 547: Bekehrung ist erst der Anfang eines fortlaufenden Lernprozesses und Reifungsprozesses. Durch die Bekehrung erkläre ich mich dazu bereit, Gott an mir arbeiten zu lassen.
Zum Lied 347: Durch die Bekehrung bekommt ein Mensch ewiges Leben und die Gewißheit, einmal bei Gott zu sein.

Es war interessant, daß die Mädchen kapiert haben: Den ersten Schritt hat Gott getan. Von ihm geht die Initiative aus. Vielleicht könnte man es am Beispiel des Schwimmlehrers deutlich machen. Man kann davon ausgehen, daß Wasser trägt. Das haben viele ausprobiert. Aber jetzt muß ich mich darauf verlassen, ins Wasser hineingehen und die nötigen Schwimmbewegungen machen. Diese Bewegungen muß ich machen, wenn ich schwimmen will. Im anderen Fall gehe ich unter. Es muß also die Voraussetzung, daß das Wasser trägt, mit dem persönlichen Wagnis und Engagement zusammentreffen. Das meint auch die zweite Frage: Gottes Macht ist es, die mich bekehrt. Aber ich bin dabei nicht ausgeschlossen, sondern eingeladen, selbst umzukehren. *Theo Sorg*

Zusammenfassende Thesen

Bekehrung ist das Gegenteil von Eigenleistung und frömmlerischem Getue. Sie ist eine menschliche Bewegung auf Gott zu, zu der Gott mit seiner Bewegung auf den Menschen zu den Anfang gemacht und Veranlassung gegeben hat. Bekehrung ist Ausdruck für den Anfang des Glaubens, der nicht fixierbar sein muß und sogar wiederholbar ist. Zur Bekehrung zu Gott, zum Glauben an Gott stößt Gott selber an.

Bibel

Der Begriff »Bibel« ist so alt wie die Kirche selbst (2. Tim. 4, 13: ta biblia = die Bücher) und zeigt an dieser Stelle die selbstverständliche Geltung der biblischen Bücher. Die Bibel will das gewisse Wort sein, das auch dann noch besteht, wenn Himmel und Erde vergehen (Mark. 13, 31). Als Zeichen der letzten Wahrheit liegt sie auf den Altären der Kirchen, drang in die Häuser ein und überzog die Erde. So ist zum Beispiel ohne Mitwirkung von Missionaren während des japanischen Einfalls in China eine Erweckung ausgebrochen. Nicht die Christen machen die Bibel, sondern die Bibel macht die Christen.

Der Bestseller der Welt

Das Alte Testament (= AT) ist ursprünglich in Hebräisch geschrieben und in einem Zeitraum von über 1000 Jahren entstanden. Es erzählt die Geschichte Gottes mit seinem Volk Israel.
Das Neue Testament (=NT) ist in der Urfassung griechisch geschrieben. Die Bücher des NT entstanden im 1. Jahrhundert nach Christus, zu der Zeit, als die Menschen, die Jesus persönlich gekannt hatten, alt wurden und starben. Die Wissenschaft hat Tausende von Handschriften und Handschriftenfetzen des NT aus den ersten Jahrhunderten nach Christus gefunden.
Das erste gedruckte Buch war die Gutenberg-Bibel, die 1454 bis 1456 entstand. Sie hatte 2 Bände und 1282 Seiten. Schon vor Luther gab es deutsche Bibelübersetzungen. Die erste gedruckte deutsche Bibel entstand 1466. Aber Luthers Übersetzung war und ist sprachlich so unübertrefflich, daß sie alle anderen Übersetzungen verdrängte. Die Luther-Bibel — das erste NT Luthers erschien 1522, die erste Vollbibel 1534 — wurde im Zuge der Reformation *das* Volksbuch und hat unsere deutsche Sprache und unser ganzes Leben entscheidend bestimmt. Neuere Übersetzungen oder eine Bibel mit erklärenden Anmerkungen können das Lesen der Bibel verständlicher machen und über Schwierigkeiten hinweghelfen. Die Bibel ist heute in fast alle Sprachen und wichtige Dialekte

übersetzt. Die Zahlen ihrer Verbreitung gehen Jahr für Jahr in die Millionen und sind noch ständig im Steigen. Besonders in Osteuropa ist die Nachfrage nach Bibeln zur Zeit sehr groß.

Die Entstehung des Alten Testaments

Wenn wir die Bibel aufschlagen, merken wir am Anfang, daß hier zwei verschiedene Darstellungen der Vorgänge bei der Schöpfung der Welt gegeben werden. Im ersten Bericht wird das Handeln des Schöpfers in seinem wirkenden Wort dargestellt. Der zweite Bericht erzählt anschaulicher. Er stellt Gottes Schöpferhandeln wie das eines Töpfers dar. Die beiden verschiedenen Schöpfungsberichte stammen von verschiedenen Verfassern und aus verschiedenen Zeiten, die im Blick auf die Schöpfung von ganz verschiedenen Fragen bewegt wurden.
Dieses Beispiel mag zeigen, daß das AT in einer langen Geschichte allmählich gewachsen ist. In ihm sind die Glaubenszeugnisse des Volkes Israel aus vielen Jahrhunderten vereinigt. Am Anfang dieses Wachstumsprozesses steht das mündlich weitergegebene Wort. Die Erzvätergeschichten zum Beispiel sind wohl durch viele Generationen hindurch immer wieder erzählt und dabei auch verändert worden, bevor sie schriftlich festgehalten wurden. Erst nach und nach sind Sammlungen von Texten entstanden, die ihrer Art und Herkunft nach zusammengehörten.

Die Entstehung des Neuen Testaments

Auch beim NT wollen wir nicht beim Buch einsetzen, sondern bei der Geschichte, von der dieses Buch handelt. Der Anfang war nicht, daß Gott ein Buch vom Himmel fallen ließ, sondern daß Gott in Jesus Christus handelte.
Wie kam es aber zum Buch? — Indem Menschen von dem zeugten, was geschehen war, indem sie berichteten, was sie mit diesem Jesus erlebt hatten. Erst als die jungen Christengemeinden sich ausbreiteten, mußte man aufschreiben, was die Apostel erzählten. So soll Markus — das überliefert ein Mann namens Papias am Anfang des 2. Jahrhunderts — so genau wie möglich aufgeschrieben haben, was Petrus erzählte: das sei die Grundlage des Markusevangeliums. Oder Lukas spricht davon, er habe alles erkundet

und dann aufgeschrieben, was die Augenzeugen berichtet hätten (Luk. 1, 1-4). Dabei erzählte jeder so, wie er es sich gemerkt hatte. So sind manche Uneinheitlichkeiten der Überlieferung (zum Beispiel sind Seligpreisungen und Vaterunser bei Matth. und Luk. verschieden), die uns erschrecken wollen, der beste Beweis für die Glaubwürdigkeit dieser Überlieferung. Wir haben zwar keine Originalhandschriften von den Evangelien, von Paulus oder gar von Jesus. Aber man fand in Manchester einen Papyrusfetzen eines ägyptischen Johannesevangeliums, das bis auf 20 bis 30 Jahre an die Abfassung herankommt.

Fast alle Schriften des NT können wir durch die Kirchenväter vom Beginn des 2. Jahrhunderts an verfolgen, wie sie immer wieder zitiert werden. Daneben gab es Evangelien und Briefe, die uns nicht mehr erhalten sind (zum Beispiel gab es ingesamt 4 Korintherbriefe), sowie Schriften, mit deren Hilfe bestimmte Gruppen (zum Beispiel die Gnostiker) versuchten, ihre besonderen Lehren zu verbreiten. Somit mußte die alte Kirche des 2. und 3. Jahrhunderts die Schriften, die würdig waren, in die Bibel aufgenommen zu werden, und die, die ausgeschieden werden mußten, voneinander abgrenzen. So kam der »Kanon« (= Richtschnur) zustande. Auch hier sehen wir wieder — und Martin Luther hat das festgehalten —, daß nicht das Buch das Wichtigste ist, sondern der Inhalt des Buches.

Verheißung und Erfüllung

Braucht die christliche Gemeinde noch das AT? Ist es für sie nicht abgetan? — Die ersten Christen waren Juden. Nur vom AT her war für sie zu verstehen, daß Jesus der »Messias«, der »Christus« war. Die Weissagungen der Propheten, ja die ganze Geschichte Gottes mit seinem Volk war in Jesus Christus erfüllt. Allerdings haben sich diese Weissagungen anders erfüllt, als das AT es erwartete. Die Bedeutung des AT für die christliche Gemeinde liegt deshalb nicht in einem weissagenden Charakter der Geschichte Gottes mit Israel, sondern darin, daß Gott sich in der Geschichte des Volkes Israel bis hin zu Jesus Christus offenbart. AT und NT gehören deshalb als Zeugnis von der geschichtlichen Offenbarung Gottes unlösbar zusammen.

Bibel = Wort Gottes?

Diese Gleichung meint nicht, daß die Bibel als Buch Gottes Wort sei. Nicht das, was wir zwischen den Buchdeckeln haben, nicht die Bibel im Schrank ist Gottes Wort, sondern die gebrauchte — gelesene und praktizierte — Bibel macht Gottes Wort vernehmbar. Dieses Buch — und nur dieses Buch! — gibt die Möglichkeit, daß Gottes Wort gegenwärtig wird, aber die Existenz dieses Buches ist noch nicht die Verwirklichung dieser Möglichkeit. Gottes Wort ist Fleisch, aber nicht Buch geworden. Gottes Sohn ist Mensch, aber Gottes Geist, der uns das Wort aufschließt, ist nicht Schrift geworden.
Es kommt also nicht auf die Gedanken an, die sich der Mensch über Gott macht, sondern auf den Gehorsam, den er dem Anruf Gottes leistet. Das Wort Gottes ist im AT bestimmten Menschen, besonders den Propheten, aufgetragen. Es wird von ihnen verkündigt. Im NT dagegen begegnen wir dem, der das Wort Gottes *ist:* »Das Wort ward Fleisch« (Joh. 1, 14). In ihm ist uns Gott ganz nahe. »Jesus Christus ist das eine Wort Gottes« (Barmer Theologische Erklärung I). Er ist der Mittelpunkt der Schrift, er ist der Maßstab, nach dem alles aufgefaßt werden will. *Theodor Schwarz*

Ausgewählte Bibelstellen

Mark. 13, 31; Luk. 1, 1-4; Joh. 1, 14; 21, 25

Ergänzende Literatur

Alexander, D. und P. (Hrsg.): Handbuch zur Bibel. Wuppertal 1975
Bornkamm, G.: Bibel — Das Neue Testament. Themen der Theologie 9. Stuttgart 1971
Haag, H.: Land der Bibel. Gestalt — Geschichte — Erforschung. Aschaffenburg 1976
Lubkoll, H. G. / Wisnet, E.: Wie liest man die Bibel? München 1974 (vergriffen)
Marxsen, W.: Der Streit um die Bibel. Gladbeck 1965
Otto, G. (Hrsg.): Sachkunde Religion. Hamburg 1971
Westermann, C.: Umstrittene Bibel. Stuttgart 1964
Wolff, H.W.: Bibel — Das Alte Testament. Themen der Theologie 7. Stuttgart 1970
Wolff, H.W.: Artikel »Bibel« in: Theologie für Nichttheologen, a.a.O.
Evangelischer Erwachsenenkatechismus, a.a.O., S. 1265ff

Frage zum Thema

Inwiefern haben wir als Kirche, die auf Gottes Wort gegründet ist, der offenkundigen geschichtlichen Bedingtheit der biblischen Schriften Rechnung zu tragen und dennoch daran festzuhalten, daß die Bibel einzige Quelle und vollkommene Richtschnur aller Verkündigung und Lehre der Kirche ist?

Ein Briefwechsel

(Zwischen dem Autor und einem Theologiestudenten)

Sehr geehrter Herr Schwarz!

Leider komme ich erst heute dazu, diese Zeilen an Sie zu schicken. Es handelt sich um den von Ihnen verfaßten Artikel »Bibel« in »Das ABC des Glaubens«. Ich beziehe mich im folgenden besonders auf den letzten Abschnitt »Bibel = Wort Gottes?«. Sie verneinen diese Frage und begründen, daß erst die gelesene und gebrauchte Bibel Gottes Wort vernehmbar mache. Ich gehe mit Ihnen darin einig, daß die Bibel gelesen und praktiziert werden will. Das ist gewiß ihr Zielpunkt. Doch bedeutet dies meines Erachtens noch lange nicht, daß die nicht gelesene und nicht praktizierte Bibel ihren Charakter als Wort Gottes verliert. Logisch gesehen bleiben einmal ausgesprochene Worte, egal ob ihnen Folge geleistet wird oder nicht, Worte. Sie werden nicht erst dadurch zu Worten, daß man sie hört und tut. Gewiß redet Gott in der Bibel auf vielerlei Weise (wörtliche Rede, Geschichte, Lied, Gebet ...), aber insgesamt gesehen muß doch dogmatisch festgehalten werden, daß die gesamte Bibel die Worte Gottes zum Ausdruck bringt, daß Gottes Geist ins Wort kam (Inverbation).
Um Sie besser verstehen zu können, bitte ich einfach darum, mir Ihre Inspirationslehre darzulegen und besonders folgende Bibelstellen zu interpretieren: 2. Tim. 3, 16; Offbg. 22, 18f.

Mit freundlichem Gruß
Ihr M.

Sehr geehrter Herr M.!

Ich danke Ihnen für Ihr Echo auf den Artikel; man freut sich immer, wenn jemand die Dinge liest, durchdenkt und kritisiert.
Ich versuche ja nachzuweisen, daß die Bibel wirklich eine Geschichte gehabt hat, und Sie verstehen, daß es besonders in dem letzten Abschnitt »Bibel = Wort Gottes?« um das Mißverständnis ging, als sei die Bibel ein Buch, das Gott in einem sauber geschriebenen Prachtband vom Himmel fallen ließ, damit man es wie eine Reliquie, wie ein heiliges Buch unter Glas und Rahmen lege und verehre, es vielleicht von Zeit zu Zeit einmal wie ein Orakelbuch nachschlage, wenn man wissen will, was in diesem oder jenem Fall an Hand der Bibel zu sagen sei. Wir setzen also nicht beim Buch ein, sondern bei der Geschichte, von der dieses Buch handelt: daß Gott seinen Sohn sandte. Menschen, die vom heiligen Geist getrieben waren, begannen nun Zeugnis zu geben von dem, was geschehen war, was sie mit diesem Jesus erlebt hatten. Damit sind wir beim Buch.
Damit sind wir auch gleich bei der nächsten Frage: Wie verhalten sich unfehlbares Gotteswort und Zeugnis geschichtsgebundener Menschen zueinander? — Der Glaubende ist gewiß, es in der Bibel mit Gottes Wort zu tun zu haben. Diese Gewißheit ist einer rationalen Begründung weder bedürftig, noch verträgt sie eine solche; sie hat vielmehr axiomatischen Charakter. Insofern nicht alle, sondern nur die Glaubenden diese Gewißheit haben, handelt es sich hier um den paradoxen Sachverhalt einer axiomatischen Gewißheit des Kontingenten, also einer rationale Begründung ausschließenden und ihrer nicht bedürfenden Gewißheit, es in dem nicht jedermann evidenten Schriftzeugnis mit Gottes Wort zu tun zu haben. Quaestio, an scripturae seu sacra biblia sint Dei verbum, homine christiano indigna est, heißt es bei dem alten Wolleb. »Die Frage, ob die Schriften oder die Bibel Gottes Wort sind, ist eines Christenmenschen unwürdig.« In der Tat: Wenn diese Frage den Sinn hätte: *Wieso* haben wir es in der Bibel mit Gottes Wort zu tun? Wie läßt sich das begründen oder beweisen? — dann wäre es eine unmögliche Frage. Ob wir es in der Bibel mit Gottes Wort zu tun haben, ist nicht *vor* dem Glauben feststellbar, sondern nur *im* Glauben zu erfahren. Darum kann es keinen Glauben an die Bibel geben, sondern nur an das mir in ihr begegnende und mich anredende Wort Gottes. Aber die Frage ist dann nicht unmöglich, sondern sinnvoll, wenn sie meint: In welchem Sinne habe ich es in der

Bibel mit Gottes Wort zu tun, was beinhaltet die Gleichung Bibel = Wort Gottes und was schließt sie aus?
Darauf ist zu antworten: Diese Gleichung meint nicht, daß die Bibel als Buch Gottes Wort sei. Nicht das Buch, nicht die Bibel ante et extra usum, nicht die zugeschlagene Bibel ist Gottes Wort, sondern die Bibel in usu erweist sich als Gottes Wort. Nicht das, was wir zwischen den Buchdeckeln haben, nicht die Bibel im Schrank oder auf dem Altar ist Gottes Wort, sondern die gebrauchte — gelesene und bedachte — Bibel macht Gottes Wort vernehmbar. Es ist falsch, wenn behauptet wird: Für die »gläubige Gemeinde« *ist* die Bibel Gottes Wort, und für die »moderne Theologie« *enthält* sie nur Gottes Wort. Weder ist noch enthält die Bibel Gottes Wort, sondern sie *wird* Gottes Wort, indem sie mich anredet. Gottes Wort ist Fleisch, aber nicht Buch geworden. Es gibt keine der Inkarnation entsprechende Inskripturation Gottes. Gottes Sohn ist Mensch, aber der Heilige Geist ist nicht Schrift geworden.
Gottes Wort ist Fleisch geworden, das heißt Gottes Anrede ergeht an uns in der ihn offenbarenden Geschichte; in auszeichnender Weise gilt das von der Geschichte Jesu Christi. Die Bibel ist das Zeugnis dieser zu unserem Heil geschehenden Geschichte seiner Selbstoffenbarung. Das Alte Testament bezeugt die auf Christus zulaufende, unter seinem vorausgeworfenen Schatten liegende, seine eigene Geschichte vorbereitende und in ihren Strukturen vorformende Geschichte Gottes mit seinem unter den Völkern lebenden erwählten Volk (Luk. 24, 27; Apg. 26, 22f; Röm. 1, 1f). Das Neue Testament bezeugt die Geschichte Jesu Christi selbst als Gottes rettende Liebestat zum Heil der Welt (1. Joh. 4, 14) und die dadurch ausgelöste Geschichte der der apostolischen Kirche aufgegebenen Weiterbezeugung der Heilsbotschaft.
In der Begegnung mit der Bibel kommt es also zur Begegnung mit dem *Wort Gottes als Zeugnis* der in Jesus, dem Christus zentrierten Geschichte seiner Selbstoffenbarung zu unserem Heil. Daß sie so verstanden sein will, gibt sie selbst zu verstehen: »Die Schrift« — und Jesus meint damit das Alte Testament — »ist es, die von mir zeugt« (Joh. 5, 39); von Jesus als dem Sündenvergeber »zeugen alle Propheten« (Apg. 10, 43); und der Schreiber des Johannes-Evangeliums nennt sich den Jünger, »der von diesen Dingen zeugt und dies geschrieben hat« (Joh. 21, 24).
Bei dieser Auffassung der Schrift wird der von Gott inspirierten Schrift weder etwas hinzugefügt noch weggenommen (Offbg. 22,

18f), es wird ihr aber zugetraut, daß sie den Menschen erneuern kann (2. Tim. 3, 16f). Wenn Sie mich nach meiner »Inspirationslehre« fragen, so könnte man das oben Gesagte vielleicht so zusammenfassen: keine Inspiration der Wörter oder des Buches, sondern *des* Wortes.

Mit freundlichen Grüßen bin ich
Ihr Theodor Schwarz

Zusammenfassende Thesen

Die Bibel ist das Buch. Sie besteht aus vielen Büchern, ist also eine kleine Bücherei. Sie zeigt die Geschichte des Glaubens, die Geschichte Gottes mit den Menschen, die Geschichte der Menschen, die mit ihrem Leben, mit Wort und Tat auf Gottes Wort antworteten oder ihm gegenüber ungehorsam waren. Die Bibel zeigt uns, wie Gott über uns denkt, was er uns gibt, wie er uns liebt, woraufhin wir sterben und wovon wir in Ewigkeit leben. So ist die Bibel die Urkunde des Glaubens.

Christus

Wer — nach dem Ratschlag Luthers — »der Mutter im Hause, den Kindern auf der Gasse und dem gemeinen Mann auf dem Markt aufs Maul sieht, wie sie reden« und überdies ihren Wortschatz auf seine Herkunft untersucht, macht eine merkwürdige Entdeckung: Obwohl unsere Umgangssprache bis zum heutigen Tage mit biblischen Ausdrücken und Redewendungen (vom »Kainsmal« über die »Hiobspost« bis zum »Judaslohn«) durchtränkt ist und auch biblische Gottesbezeichnungen (wie »Herr-Gott« oder »Jesus«) im Alltag häufig gebraucht und noch häufiger mißbraucht werden, hat sich ein — zudem wichtiger — Begriff der Heiligen Schrift einer solchen Einvernahme durch den »Volksmund« fast ganz entzogen: das Wort »Christus«. Wer in Ehrfurcht oder Dankbarkeit von dieser Gestalt spricht, sagt »Heiland«. Und wer gedankenlos oder gar abfällig über sie redet, pflegt ihren Namen in sattsam bekannter Weise zu verzerren. Der Ausdruck »Christus« dagegen bleibt meist dem geistlichen Lied bzw. der Kirchensprache vorbehalten.

Ein Fremdwort

Das ist ein erstaunlicher Befund. Denn einmal ist die Person, die in der Bibel »Christus« genannt wird, den meisten von uns wohl bekannt. Predigt und Unterricht, Lieder und Bilder haben das Wissen um Jesus bis in die letzte Hütte getragen. Zum andern stehen abgeleitete Namen und Ausdrücke wie Christian oder Christoph, Christentum, Christenheit und vor allem das Eigenschaftswort »christlich« bei uns verhältnismäßig hoch im Kurs. Nur eben: von »Christus« wird im Alltag und im Volksmund nur ausnahmsweise gesprochen.
Woher kommt das? Nun, schon rein sprachlich ist »Christus« ein Fremdwort. Es stammt aus dem Griechischen und ist überdies eine Übersetzung des hebräischen Wortes »Maschiach« (Messias). Es bedeutet: »Der Gesalbte« (des Herrn). Mit dem Wort »Christus« wird also ein Begriff oder eine Vorstellung aufgenommen, die ur-

sprünglich im Judentum beheimatet, den Angehörigen anderer Völker und erst recht dem »modernen Menschen« jedoch nicht ohne weiteres geläufig ist. Damit mag es zusammenhängen, daß der Begriff »Christus« von dem »gemeinen Mann auf dem Markt« als Fremdwort gemieden wird.
Aber selbst dort, wo — wie in Kirchen und Gemeinschaften — ohne Zögern von »Christus« gesprochen wird, wird dieses Wort nicht immer richtig verstanden. Man hält »Christus« gerne für einen zweiten Namen Jesu. Das aber ist — trotz unserer langjährigen Gewöhnung — falsch. Wie die Sprachgeschichte des Wortes zeigt, ist Christus kein »Name« wie Jesus und Josef oder auch Maier und Müller, sondern ein »Titel«. Wir könnten auch sagen: eine Amtsbezeichnung oder ein Würdename. Wie andere, ähnliche Titel (zum Beispiel »Sohn Gottes«, »Menschensohn« oder »der Herr«) ist er dem Zimmermannssohn aus Nazareth »beigelegt«. Ja, der Ausdruck »Jesus Christus« ist eigentlich ein verkürzter Satz und, jedenfalls im Munde seiner ersten Jünger, ein persönliches, auf Erfahrung und Entscheidung beruhendes Bekenntnis: »Du bist der Christus, des lebendigen Gottes Sohn« (Matth. 16, 18).

Ein Geheimnis

Wer als Mensch des 20. Jahrhunderts dieses Bekenntnis nicht nachplappern, sondern sich zu eigen machen will, muß also wissen, was er tut. Insbesondere muß er sich mit den biblischen Christus-Aussagen vertraut machen. Ihre Wurzeln liegen, wie gesagt, im Alten Testament. Bereits im alten Israel gab es »Gesalbte«, das heißt von Gott auserwählte und bevollmächtigte Personen. Allen voran die Könige Saul und David (1. Sam. 10 und 16). Dann aber auch der Hohepriester Aaron (3. Mose 8, 12) und seine Nachfolger, die nach dem Ende des Königtums die Häupter des Volkes waren. Trotzdem waren diese Männer nur Vorläufer des Gesalbten. So wurde bereits David ein Sohn verheißen, dessen Königreich ewig bestehen sollte (2. Sam. 7, 12-13). Dazu kam in späterer Zeit die Weissagung von einem Gesalbten, auf welchem der Geist des Herrn ruhen und der für alle Geknechteten und Bedrängten — in Israel wie in den Völkern — ein Erlöser und Befreier sein würde (Jes. 61, 1-2). Auf diesen einen Gesalbten oder Christus hat man in Israel gerade um die Zeitenwende und unter dem Druck der Römerherrschaft inbrünstig gewartet. Und als schließlich Johannes

der Täufer in der Wüste auftrat, »dachten alle in ihren Herzen, ob er vielleicht der Christus wäre« (Luk. 3, 15).
An diese Erwartungen hat Jesus ohne Zweifel angeknüpft. Doch geschah dies in einer eigentümlich verschlüsselten Weise. Bei seinem ersten Auftreten in Nazareth hat er die erwähnten Worte aus Jes. 61 vorgelesen und sie für »erfüllt« erklärt (Luk. 4, 14-30). Mit seinem vollmächtigen »Ich aber sage euch« in der Bergpredigt (Matth. 5, 21-28) hat er eine höhere Autorität als Mose in Anspruch genommen. Erst recht erweckten sein Anspruch, Sünden vergeben zu können, und seine Wundertaten immer häufiger die Frage nach seiner Person (zum Beispiel Mark. 2, 7 und 4, 41; Joh. 4, 29). Eine unzweideutige Antwort auf diese Frage hat Jesus freilich nicht gegeben. Als Petrus ihn als den Christus bezeichnete, hat er dies zwar nicht zurückgewiesen; doch hat er alsbald seinen Jüngern eingeschärft, daß sie von ihrem Wissen keinen Gebrauch machen dürften (Matth. 16, 20). Selbst bei seinem Verhör vor dem Hohen Rat antwortete Jesus auf die beschwörende Frage des Hohenpriesters, ob er der Christus sei, nur mit einem umschreibenden »Du sagst es«. Allerdings hat er dann sofort auf die Zeit hingewiesen, da sie »sehen werden des Menschen Sohn sitzen zur Rechten der Kraft und kommen in den Wolken des Himmels« (Matth. 26, 64).

Jesus will Antwort

Aus diesem — notgedrungen kurzen — Überblick ergeben sich drei wichtige Erkenntnisse: Erstens, daß »Christus« zur Zeit Jesu ein feststehender Begriff war, der den von Gott verheißenen Erlöser aller Menschen und zugleich den Weltenrichter bezeichnete; zweitens, daß damals — und heute — noch nicht beweiskräftig entschieden wurde, ob Jesus diese Christus-Würde zusteht; und drittens, daß Jesus damals und heute eine entschiedene, aus dem Glauben geborene Antwort in dieser Frage erwartet.
Sicher: Man konnte und kann Jesus diese Christus-Würde absprechen — sei es, weil man wie die Pharisäer einen machtlosen Christus für eine Unmöglichkeit hält, sei es, weil man angesichts der immer noch unerlösten Welt an Jesus verzweifelt und sich darum einem anderen »Führer« oder »Vorsitzenden« zu Füßen wirft. Ebenso sicher ist freilich auch, daß die ersten Jünger Jesus diese Würde zuerkannt haben und viele Christen dies auch heute noch tun — sei es, weil sie von seinen eindringenden Worten »überwäl-

tigt« wurden, sei es auch, daß sie durch die empfangene Vergebung ihrer Sünden froh und frei geworden sind und darum für alle Zukunft ihre Hoffnung allein auf Jesus setzen. Sie wissen freilich auch, daß dieses Bekenntnis zu Jesus gegen den Augenschein — und manchmal unter Spott und Verfolgung — durchgehalten werden muß; sie klammern sich aber daran, daß Christus Jesus der Bevollmächtigte Gottes ist und darum — auch über Tod, Grab und endzeitliche Katastrophen hinaus — das letzte Wort behalten wird.

Fritz Mack

Ausgewählte Bibelstellen

3. Mose 8, 12; 1. Sam. 10 und 16; 2. Sam. 7, 12-13; Jes. 61, 1-2; Matth. 5, 21-28; 16, 21-27; 26, 64; Mark. 2, 7; 4, 41; Luk. 4, 14-30; Joh. 7, 16-17; Phil. 2, 5-11; Offbg. 11, 15-19

Ergänzende Literatur

Bornkamm, G.: Jesus von Nazareth. Urban Taschenbücher 19. Stuttgart 1974
Braun, H.: Jesus — Der Mann aus Nazareth und seine Zeit. Themen der Theologie 1. Stuttgart 1969
Fuchs, E.: Artikel »Jesus Christus« in: Theologie für Nichttheologen, a.a.O.
Lamparter, H.: Wer ist Jesus? Das Christusbekenntnis im Neuen Testament. Wuppertal 1971
Marxsen, W.: Die Sache Jesu geht weiter. Gütersloher Taschenbücher 112, Gütersloh 1976
Pöhlmann, H. G.: Wer war Jesus von Nazareth? Gütersloher Taschenbücher 109, Gütersloh 1976
Schweizer, E.: Jesus Christus im vielfältigen Zeugnis des Neuen Testaments. Siebenstern-Taschenbuch 136, Hamburg 1972
Evangelischer Erwachsenenkatechismus, a.a.O., S. 341ff, 381ff

Fragen zum Thema

1. Ist der Ausdruck »Jesus Christus« heute noch ein echtes »Bekenntnis«?
2. Ist der Würdename »Christus« für Jesus unabdingbar oder kann er durch einen zeitgemäßen Ausdruck ersetzt werden?
3. Kann ein glaubwürdiges Bekenntnis zu Christus nur aus Worten bestehen? Wenn nein: Was gehört noch dazu?

Gesprächszusammenfassung (CVJM-Kreis)

Frage 1:
Der Sinn der ersten Frage — ob nämlich der Ausdruck »Jesus Christus« heute noch ein echtes »Bekenntnis« sei — wurde von den Gesprächsteilnehmern anfänglich nicht recht begriffen. Zwar wurde allgemein anerkannt, daß ein Christ seinen Glauben auch »bekennen« müsse. Nicht einig war man sich jedoch in der Frage, welche Worte zu einem solchen Bekenntnis gehören. Einige Gesprächsteilnehmer meinten: »Wenn ich ‚Jesus' sage, so ist das sehr wohl ein Bekenntnis.« Oder auch: »Wenn ich sage, ich glaube an Jesus, dann ist dies ein klareres Bekenntnis, als wenn ich nur sagen würde, ich glaube an (einen) Gott oder an den Schöpfer.« Andere Sprecher dagegen befürchteten, daß die Ausdrücke »Jesus« und »Christus« heute weithin entwertet seien. Wie der Name »Jesus« durch die »Jesus-People« zu einem Modewort geworden sei, bei dem man nicht viel denke, so sei auch der Name »Christus« zu einer Formel geworden, die nicht immer mit Inhalt gefüllt sei.
Durch diese Gesprächsbeiträge war zunächst deutlich geworden, daß der — in dem Artikel dargestellte — biblische Hintergrund des Ausdrucks »Christus« den meisten Gemeindegliedern nicht mehr bewußt ist. Die Bezeichnung »Christus« wird kaum mehr als »Würdename« verstanden, den der Gläubige Jesus in freier Entscheidung zuerkennt, sondern kurzerhand als Beiname Jesu angesehen. Das ist durch die Tradition der Christenheit bedingt, die seit der Auferstehung Jesu einfach von »Jesus Christus« spricht, und wird sich auch heute kaum mehr ändern lassen. Damit aber war indirekt zugegeben, daß die — von der Gemeinde im Gottesdienst gemeinsam gesprochenen — Worte »Ich glaube an Jesus Christus« nur in Ausnahmefällen ein »Bekenntnis« sind, wie es von Christen erwartet wird. Höchstens im Gespräch mit Juden, die zwar auf den Messias (Christus) warten, Jesus aber nicht als diesen Messias anerkennen, kann der Satz »Jesus ist der Christus« auch heute noch ein echtes Bekenntnis sein.

Frage 2:
Auch bei der zweiten Frage — ob der Würdename »Christus« für Jesus »unabdingbar« sei — waren die Gesprächsteilnehmer zunächst in Verlegenheit. Da der Christus-Titel für Jesus in der Bibel »vorgegeben« sei, könne man auf ihn nicht gut verzichten. Immer-

hin wurde eingeräumt, daß das persönliche Verhältnis zu Jesus wichtiger sei als der Titel, dem man ihm beilege. »Ältere Leute sprechen nicht von ‚Jesus' oder ‚Christus', sondern vom ‚Heiland', vom ‚Erlöser', vom ‚Gottessohn' oder vom ‚Auferstandenen'.« Wichtiger als der gewählte Titel sei auch, daß die Leute, vor denen wir uns zu Jesus bekennen, verstehen können, was wir damit meinen. Spreche man von »Christus«, so müsse man die Bedeutung dieses Ausdrucks auch erklären können.

Frage 3:
Die dritte Frage — ob ein glaubwürdiges Bekenntnis zu Jesus nur aus Worten bestehen könne — wurde von den Gesprächsteilnehmern einhellig verneint. So wichtig die Worte seien, so notwendig sei es, daß der »Wandel«, die tägliche Lebensführung, mit ihnen übereinstimme. Dazu gehören aber »Taten und Werke«, weil der Glaube — nach dem Jakobusbrief — ohne Werke tot wäre. Auch müsse man von jedem, der sich zu Jesus bekennt, »Beständigkeit« erwarten. Die Erinnerung an die Christenverfolgungen alter und neuer Zeit machte weiter deutlich, daß zum glaubwürdigen Bekenntnis auch die Bereitschaft zum Leiden gehört. Voraussetzung für ein echtes Bekenntnis sei schließlich, daß der Christ um den Heiligen Geist betet und von ihm geleitet wird. *Fritz Mack*

Zusammenfassende Thesen

Christus ist der Anfänger und Vollender des Glaubens. Wohl gibt es auch ohne Christus, vor Christus und außer Christus Glauben. Wohl steht Jesus mit seinem Glauben in der Tradition des jüdischen Glaubens. Das Neue Testament zeigt aber, daß Christen nicht nur wie Jesus Christus (das ist die Art und Weise des Glaubens), sondern auch an Jesus (das ist der Inhalt des Glaubens) glauben sollen. Christus hat viele Namen. Kein Name und kein Titel und nicht alle zusammen können ausschöpfen, was er für die Menschen getan hat und für die Zukunft der Welt und der Menschen bedeutet. Darum ist der hier gemäße Ausdruck: ihm glauben und an ihn glauben.

Dogma

Beim Wort »Dogma« haben wir evangelischen Christen ein ungutes Gefühl. Für uns verbindet sich damit die Vorstellung von Starrheit und Einengung, obwohl wir andererseits in einer Zeit der Verwirrung und Unsicherheit nach Halt und festem Boden suchen.

Im Lexikon steht

»Dogma (griechisch): theologischer und philosophischer Lehrsatz; christlicher Glaubenssatz, auch die gesamte christliche Glaubenslehre. Nach *katholischer* Lehre ist Dogma eine von Gott geoffenbarte Wahrheit, die von der Kirche klar und ausdrücklich als verbindliche Offenbarungswahrheit festgestellt worden ist. In der *griechisch-orthodoxen* Kirche ist Dogma nur ein auf den ersten sieben ökumenischen Konzilien verkündeter Lehrsatz. Nach *evangelischer* Auffassung gibt es kein Dogma als amtliche Autorität. Dogma ist Antwort der Gesamtgemeinde auf das Wort Gottes« (aus »Das große GLB-Lexikon«).

Dogma und Bibel

Das griechische Wort »Dogma« kommt in der Geburtsgeschichte Jesu, Luk. 2, 1, vor und heißt bei Luther: ». . . daß ein *Gebot* von dem Kaiser Augustus ausging . . .« Dogma bedeutete also im weltlichen Bereich eine amtliche Anordnung oder einen kaiserlichen Erlaß. Das Wort kommt aber auch in der Apostelgeschichte (16, 4) vor, wo auf den *Apostelbeschluß* in Kapitel 15, 20 Bezug genommen wird. Es handelt sich hierbei um keinen Glaubenssatz, sondern um eine Regel, wie sich die Heidenchristen (Christen, die früher nicht Juden waren) im Umgang mit Nichtchristen und in Angleichung an die Judenchristen (Christen, die früher Juden waren) verhalten sollen: »Enthaltung von Befleckung durch Götzen und von Unzucht und von Ersticktem und von Blut.«

Das Dogma, das Glaubenssätze verbindlich vorschreibt, findet sich erst in der nachbiblischen Literatur, und zwar erstaunlicherweise zunächst nur so, daß die Christen die Irrlehrer falscher Dogmen, falscher Glaubenssätze bezichtigen. Ein für den Glauben verbindliches Dogma zu haben war also ursprünglich das Kennzeichen der Irrlehrer.

Dogma und Glaube

Die Christen wurden seit den ersten Tagen der Christenheit von Nichtchristen gefragt, was nun ihr Glaubensinhalt, was ihr Glaubensgegenüber sei. Sie antworteten den Juden (»Jesus ist der Messias, der Christus«) oder den kaisertreuen Heiden (»Jesus ist der kyrios, der Herr«) oder den Irrlehrern, die Jesu Menschheit bestritten (»Jesus ist geboren und gestorben«). Sie wurden gefragt nach Gott selbst, nach dem Verhältnis von Gott und Christus und dem Geist, nach der Entstehung der Welt und des Bösen, nach der Zukunft der Welt und des Lebens, nach dem Sinn des Lebens. Sie suchten nach Antworten und fragten die Apostel selbst, sie lasen ihre Briefe, durchforschten die Evangelien und das Alte Testament. Das tat jeder Christ für sich, oder hier eine Gruppe und dort eine Gruppe miteinander. So gab es oft verschiedene Antworten auf dieselbe Frage, weil ihre Gegenüber und ihre Situation andere waren. Für die gegebene Antwort aber gingen sie durchs Feuer Glaube an Jesus Christus muß sich in Worten und Formeln äußern. (Bekenntnisse) sind im Neuen Testament überall verstreut. Stellte man alle nebeneinander, würden sich manche Ungereimtheiten ergeben. Das störte aber damals niemanden.

Glaube an Jesus Christus muß sich in Worten und Formen äußern. Ein wortloses Bekenntnis zu Gott und Jesus ist auch nötig, kann aber nicht genügen. Die verschiedenen Gemeindegruppen tauschten ihre Glaubensformulierungen aus. Die einen verwarfen sie, andere nahmen sie an, ergänzten oder korrigierten sie mit eigenen Worten. Immer mehr einzelne und Gruppen schlossen sich zusammen, bis sich ein Großteil der Christen in der »Glaubensregel« (= regula fidei) als Abgrenzung gegen den römischen Staat, gegen Heiden und Juden zusammenfand (vergleiche das Apostolische Glaubensbekenntnis). Es war eine Glaubens*regel* (noch kein Dogma, aber der Anfang des Dogmas), die auf einer damals verständlichen Auswahl aus der Bibel und auf einer für damals richtigen Erkenntnis beruhte. Die Christen kamen aufgrund ihres Glaubens an Jesus Christus also zu der Glaubensregel, nicht umgekehrt.

Dogma und Kirche

Je mehr der christliche Glaube im römischen Staat zur geduldeten und später zur geforderten und befohlenen Religion wurde, um so mehr wurden auch die Bekenntnisse festgelegt und verpflichtend gemacht, und zwar von der Kirche und — das ist besonders wichtig — auch vom Staat. Sie wurden immer mehr zum Dogma. Man wurde jetzt (nach verschiedenen Äußerungen) nicht mehr gerettet »allein durch den Glauben, das schrankenlose Vertrauen auf Gottes Verheißung in Jesus Christus«, wie es das Neue Testament noch meint, sondern dadurch, daß man eine Formel annahm. »Wer gerettet werden will, der muß vor allen Dingen den rechten christlichen Glauben haben.« Unter der Hand wurde aus dem Angebot Gottes ein Gebot, aus dem Geschenk eine Verpflichtung, aus der Freiheit ein Gesetz, aus der lebendigen Verkündigung starre Lehre, aus der Weisung das Dogma. Die flüssige Lava erstarrte. Dieses feste Dogma kommt dem natürlichen Menschen sehr entgegen: Es legt alles fest. Man braucht dann keine Bibel und kein Denken mehr. Die Reformation Martin Luthers wollte nichts anderes, als die Christen wieder an den lebendigen Urstrom der Bibel anschließen, sie nicht über das Dogma, sondern über die Verkündigung des Wortes Gottes (der Bibel) zu Gott führen (Röm. 10, 17: Der Glaube kommt aus dem Hören). Es ist sehr schwer — auch heute —, diesen schmalen Weg zu begehen: einerseits die starre Bindung an Glaubensformeln, von Kirche (und Staat) befohlen, unter Beschneidung der Wirkung des Heiligen Geistes, andererseits das hemmungslose, schwärmerische und sektiererische Betonen einzelner Bibelstellen ohne Bindung an die große Gemeinde und Geschichte der Christen.
Glaubenssätze sind für evangelische Christen Ergebnisse des Umgangs mit der Bibel. Die Bibel formt und korrigiert unsere Glaubenssätze, die dann aber nicht Dogma heißen können. Die Glaubenssätze, die »Dogmen«, treiben vielmehr die evangelischen Christen zum Hören auf die Bibel und halten sie zum Forschen an, »ob sich's also verhielte«.

Dogma und Kirchen

Evangelische und katholische Kirche unterscheiden sich (wie das gemeinsame evangelisch-katholische »Neue Glaubensbuch« zeigt) immer noch in einigen Dogmen, die vom Hauptdogma »Kirche« abzuleiten sind: Maria, das Priesteramt und die Unfehlbarkeit des Papstes. Hinter diesen Dogmen — für die katholischen Christen sind Dogmen zu glaubende Sätze — verbirgt sich die Frage, ob eine Person oder eine Gruppe den Anspruch erheben darf, im Besitz der vollen Gotteswahrheit zu sein und diese Wahrheit für andere verbindlich und verpflichtend zu machen. Dieses Problem ist nicht nur ein katholisches Problem. Es ist in unserer eigenen Kirche immer wieder da und will ausgehalten und ausgestanden sein.
Ein Lehrer unserer Kirche sagte einmal im Rundfunk: »Die Kritik am Dogma kommt durchaus nicht bloß von Unglauben oder modernistisch-kalter Vernünftelei, vielmehr aus der Einfalt des Glaubens. Wir wollen Jesus hören und sonst nichts!« Der Satz: »Wir wollen Jesus hören und sonst nichts!« könnte ein Ausgangspunkt für sinnvolle Gespräche über Glauben, Kirche und Dogma sein.

Kurt Rommel

Ausgewählte Bibelstellen

Luk. 2, 1; Joh. 20, 28; Apg. 2, 36; 15, 20; 16, 4; Röm. 10, 17; 1. Kor. 15, 1-8; Phil. 2, 5-11; Tit. 2, 11-14

Ergänzende Literatur

Lohse, B.: Epochen der Dogmengeschichte. Stuttgart 1974
Mezger, M.: Artikel »Dogma« in: Theologie für Nichttheologen, a.a.O.
Ott, H.: Die Antwort des Glaubens. Systematische Theologie in 50 Artikeln. Stuttgart 1972
Ruhbach, G. (Hrsg.): Glaubensbekenntnisse für unsere Zeit. Gütersloh 1971
Zahrnt, H.: Die Sache mit Gott. Taschenbuchausgabe dtv 846, München 1972
Zink, J.: Erfahrung mit Gott. Stuttgart 1974
Evangelischer Erwachsenenkatechismus, a.a.O., S. 381ff
Neues Glaubensbuch. Der gemeinsame christliche Glaube, hrsg. von J. Feiner und L. Vischer, Freiburg/Zürich 1974

Fragen zum Thema

1. Was muß ein Christ unbedingt glauben?
2. Wer darf uns vorschreiben, was wir zu glauben haben?
3. Was kann helfen, den schmalen Grat zwischen Erstarrung und Schwärmertum zu beschreiten?

Fragenbeantwortung (mit Jugendgruppen)

Frage 1:
Was muß ein Christ unbedingt glauben? Die Frage besagt, daß es um eine Auswahl geht. Ernste Christen haben immer wieder Angst, es könne beim Glauben irgend etwas verlorengehen. Christen sollten aber weniger Angst und mehr Zuversicht haben. Dabei ist auf Stellen im Neuen Testament zu verweisen, in denen keine großen Dogmen als Voraussetzung genannt sind, sondern schlichter Glaube: »Glaube an den Herrn Jesus, so wirst du und dein Haus selig« (Apg. 16, 31) oder »Tut Buße und lasse sich ein jeglicher taufen . . .« (Apg. 2, 38). So sinnvoll und nötig das Dogma, die feste Formulierung des Glaubensbekenntnisses ist, so nötig ist es immer wieder, über den Buchstaben hinweg den Geist zu suchen, das Zentrum zu treffen, uns auf biblische Kurzaussagen zurückzuziehen. Es fällt dann leichter, in erstarrten Formen des Dogmas wieder Leben zu entdecken und zu wecken.

Frage 2:
Sicher kann uns keine einzelne Person vorschreiben, was wir zu glauben haben. Es muß vielmehr eine Gruppe sein, eine Gemeinschaft, eine Kirche, die in der Tradition der Christen vom Neuen Testament bis heute steht und — das ist ganz wichtig! — die immer wieder bereit ist, sich vom Neuen Testament her korrigieren zu lassen. Die sogar bereit ist, ihre ganze Geschichte korrigieren zu lassen. Es kann sich also in der Tradition nicht nur um eine geradlinige Weiterentwicklung handeln, sondern auch um Kurskorrekturen, die sich aus gründlichem Bibelstudium ergeben. Nur die Kirche, die Gruppe, die Gemeinschaft kann Vorschläge zum Glaubensinhalt machen, die nach rückwärts (zur Bibel), nach »oben« (zu Gott), zur Seite (zum Mitmenschen) und nach vorne (zur Zukunft) offen ist und bereit, Schuld zu bekennen.

Frage 3:
Wer sich kritiklos ans Dogma hält, steht in der Gefahr der Erstarrung. Wer sich aus Kritik am Dogma an keine Tradition mehr hält, steht in der Gefahr des Schwärmertums. Es geht also in der Kirche darum, daß sich die verschiedenen Gruppen, ohne Verteufelung und Verketzerung, gegenseitig die Gefahrenherde aufzeigen, sich gegenseitig warnen und helfen und bereit sind, sich etwas sagen zu lassen. Wir kennen aus der Kirchengeschichte die erstarrte Orthodoxie (gegen die der Pietismus zu Recht aufstand) und das ausufernde Schwärmertum (gegenüber dem die Kirche zu Recht Positionen setzen mußte). Lebendiger Glaube wird sich immer wieder von dem Ufer der Erstarrung und dem Ufer des Schwärmertums abstoßen müssen, um am Leben zu bleiben, um bei Jesus Christus zu bleiben. *Kurt Rommel*

Zusammenfassende Thesen

Das Dogma ist jeweils das Ergebnis einer langen Entwicklung in der Kirchengeschichte. Die Tatsache, daß es Dogmen gibt, zeigt, wie nötig Kurzzusammenfassungen des Glaubensbekenntnisses waren, um seinen Glauben bekennen zu können. Die Dogmen entstanden immer dort, wo sich einige Gemeinden oder Gruppen zusammenschlossen, sich von anderen abgrenzen wollten oder gemeinsame Gegenüber oder gar Feinde hatten. Das Dogma hat dann seine Berechtigung, wenn es sich immer wieder durch die Bibel in Frage stellen und unter Umständen auch korrigieren läßt. Jedes Bekenntnis des Glaubens muß sich an der Bibel messen lassen. Denn jedes Bekenntnis des Glaubens fußt auf der Bibel.

Erlösung

»Der Tod hat ihn von seinem Leiden erlöst«, so liest man gelegentlich in Traueranzeigen. »Erlöse uns von dem Bösen«, beten wir im Vaterunser. Menschen zu allen Zeiten und in allen Religionen sehnen sich nach Erlösung oder Befreiung von allem, was sie gefährdet, ängstet und beschwert: sei es Krankheit oder Schmerz, Hunger oder Krieg oder irgendeine andere Not. Die ganze Schöpfung, so lesen wir bei Paulus in Röm. 8, seufzt und sehnt sich zusammen mit den Menschen nach Erlösung aus der Vergänglichkeit.
Gibt es eine solche Erlösung? Was sagt die Bibel darüber?

Erlösung im Alten Testament

Die im Alten Testament gebräuchlichen Begriffe für Erlösung gehören ursprünglich der Rechtssprache an. Sie bedeuten loskaufen, freikaufen oder auslösen. Ein dem Schuldner verfallenes Gut oder ein in Schuldknechtschaft geratener Mensch wird losgekauft. Sehr bald wird dieser Loskauf auf Dinge, Tiere oder Menschen bezogen, die Jahwe verfallen waren, wie zum Beispiel bei der Auslösung der Erstgeburt von Menschen oder Tieren. Dann nahm der Begriff aber auch die Bedeutung von erlösen oder befreien ohne Lösegeld an, etwa im Zusammenhang mit der Erlösung des Volkes Israel aus der Knechtschaft Ägyptens oder aus der Gefangenschaft in Babylon, oder bei der Erlösung aus einer Not und der Bewahrung vor irgendeinem Verderben (Ps. 25 und 103). Ferner ist von der Erlösung von den Sünden, mehr wohl von Sündenstrafen, die Rede (Ps. 130), und schließlich kommt der endzeitliche Gesichtspunkt hinzu (Jes. 45, 17): »Israel aber wird erlöst durch den Herrn, durch eine ewige Erlösung.«
Hier wird eine endgültige Befreiung von allem Übel erwartet. Erlöser ist Gott selbst; es gibt nur eine Stelle, und zwar im zweiten Jesajabuch, wo auf den Messias als den kommenden Erlöser hingewiesen wird.

Erlösung im Neuen Testament

Der christliche Glaube wird unter die »Erlösungsreligionen« gerechnet. Diese sind dadurch gekennzeichnet, daß der Mensch sich nicht selbst erlösen kann, sondern einen Erlöser braucht. Dieser Erlöser ist Jesus Christus.

Jesus hat Menschen von Krankheit, Angst und Ausgestoßensein befreit. Aber nicht deshalb wird er in erster Linie Erlöser genannt, sondern in Verbindung mit seinem Tod, indem er sein Leben »zu einer Erlösung für viele« (Matth. 20, 28) gegeben hat. Wörtlich heißt es bei Matthäus »zu einem Lösegeld für viele«. Jesus hat sein Blut bzw. sein Leben als Lösegeld gegeben für die Menschen, die bei Gott um ihrer Sünde willen dem Tod verfallen sind. Die andere Vorstellung dabei — sie führt zum selben Ergebnis — ist, daß Jesus stellvertretend für die Vielen die Strafe auf sich genommen und den Tod erduldet hat. In jedem Fall bezieht sich die vollbrachte Erlösung auf die Sünde und den ewigen Tod der Menschen.

Beide Vorstellungen finden sich auch bei Paulus. Außerdem kennt er die Teilhabe des Christen an Tod (= Gericht für die Sünde) und Auferstehung Jesu (= neues, ewiges Leben) durch die Taufe. Die Gläubigen sind durch die Taufe mit Christus gekreuzigt und auferstanden und damit der Sünde und dem Gesetz gestorben und zu neuem Leben gekommen. Damit verbunden ist, nach Paulus, also auch die Erlösung vom Gesetz, das Christus ganz erfüllt hat. Somit sind die Christen zur Freiheit der Kinder Gottes berufen und befreit.

In der neueren Theologie wird die Erlösungsaufgabe Jesu mehr in seinem Leben der unbedingten Liebe und Hingabe gesehen, in dem er als Einziger Gott völlig gehorsam war und das er durchgehalten hat bis in den Tod, und weniger in der Sühne der Schuld durch sein Blut. Gott habe Sühne — so meinen manche Theologen — gar nicht nötig gehabt, um eine mehr oder weniger abstrakte verletzte Rechtsordnung wieder herzustellen. Durch sein gehorsames Leben in Liebe bis zum Tod hat Jesus den Willen Gottes und also das Gesetz erfüllt — auch stellvertretend für uns Menschen — und uns mit Gott versöhnt.

Auch diese Deutung hat Rückhalt in der Schrift. Mit welchen Deutungen und Bildern wir jedoch das Erlösungswerk Jesu zu begreifen suchen — es wird immer ein letztes Geheimnis für uns bleiben. Wir müssen festhalten: 1. Unsere Erlösung verdanken wir Jesus allein, weil Gott ihn als einzigen durch die Auferweckung als Erlöser bestätigt hat. 2. Sein Erlösungswerk ist ein vollkommenes Werk, dem auch der Tod keine Grenzen setzt; denn auch er kann die Erlösten nicht mehr von Gott trennen (Röm. 8, 38f).

Erlöst — und doch ein »elender Mensch«?

Eine lebenswichtige Frage für einen Christen ist aber: Inwiefern wird die von Christus vollbrachte Erlösung bereits in diesem Leben offenbar und wirksam? Wir haben dabei das Nietzsche-Wort im Ohr: »Die Christen müßten erlöster aussehen, wenn ich an ihren Erlöser glauben sollte.« Ebenso kennen wir den nicht selten zu hörenden Vorwurf: »Ihr Christen seid auch nicht besser als die andern!«
Als Christen werden wir von Krankheit und Schmerz, Leid und Enttäuschung heimgesucht wie alle andern. Auch wir stehen jeden Morgen auf mit unserem sogenannten »alten Adam«. Wir haben täglich neu zu kämpfen gegen Trägheit, Eigenliebe, Selbstsucht, Empfindlichkeit, Eifersucht und was der »fleischlichen Lüste und Begierden« mehr sind. Und wir sind in diesem Kampf manchmal mehr und sehr oft weniger erfolgreich. Jedenfalls dürfte jeder Christ, wenn er auf seine Werke sieht, immer wieder Anlaß haben, mit Paulus festzustellen: »Das Gute, das ich will, das tue ich nicht; sondern das Böse, das ich nicht will, das tue ich«, und schließlich zu seufzen: »Ich elender Mensch, wer wird mich erlösen vom Leibe dieses Todes?« (Röm. 7).

»Elender Mensch« — und doch erlöst!

Heinrich Böll schreibt (in: Eine Welt ohne Christus. List-Taschenbuch Nr. 105): »Ich frage mich vieles, vor allem das eine: Wie ist es möglich, daß 800 Millionen Christen diese Welt so wenig zu verändern vermögen, eine Welt des Terrors, der Unterdrückung, der Angst?« Aber er fährt dann fort: »Unter Christen ist Barmherzigkeit wenigstens möglich, und hin und wieder gibt es sie: Christen; und wo einer auftritt, gerät die Welt in Erstaunen.«
Wer ernst nimmt, ja, wer erfahren hat, daß er von Schuld und moralischem Leistungsdruck befreit und von Gott so endgültig angenommen ist, daß ihn auch der Tod nicht aus seiner Hand reißen kann, der kann damit auch im Frieden mit sich selbst und mit seinem Schicksal leben, und das wird sich bei ihm auch im Alltag aus-

wirken. Sein Erlöstsein im Glauben und durch den Glauben wird in seinem Leben nicht verborgen bleiben. Er wird dadurch in der Tat nicht nur »erlöst aussehen«, sondern auch — von Angst und Selbstbehauptung befreit — erlöster handeln können. »Hin und wieder gibt es sie«, sagt Böll. Hin und wieder gehören wohl auch wir zu denen, die nicht nur durch Worte Zeugnis von ihrem Erlöser geben, sondern auch dadurch, daß sie selber in der Kraft des Glaubens, der Liebe und der Hoffnung durch die Tat mitwirken an seinem Erlösungswerk.

Nicht umsonst hat Jesus Menschen geheilt. Sein Erlösungswerk ist unteilbar. Es umfaßt den Körper und den Geist, das Leben und den Tod, die Gegenwart und die Zukunft. Darum gilt nach wie vor jedem Christen — als Auftrag und Verheißung — sein Wort an die Jünger: »Was ihr auf Erden binden werdet, soll auch im Himmel gebunden sein, und was ihr auf Erden *lösen* werdet, soll auch im Himmel los sein« (Matth. 18, 18). *Heiner Hägele*

Ausgewählte Bibelstellen

Jes. 45, 17; Ps. 25, 22; 103, 4; 130, 8; Matth. 20, 28; Luk. 21, 28; Röm. 6-8; Gal. 3-5

Ergänzende Literatur

Käsemann, E.: Der Ruf der Freiheit. Tübingen 1972

Larsen, B.: Erlösung steckt an. Möglichkeiten zur Seelsorge im Alltag. ABC-team 15, Wuppertal 1974

Thielicke, H.: Das Leben kann noch einmal beginnen. Ein Gang durch die Bergpredigt. Taschenbuchausgabe, Stuttgart 1965

Evangelischer Erwachsenenkatechismus, a.a.O., S. 394ff, 416ff

Glaubensverkündigung für Erwachsene (Deutsche Ausgabe des Holländischen Katechismus), Freiburg 1968, S. 304ff

Fragen zum Thema

1. Wie »erlöst« müßte ein Christ eigentlich aussehen?
2. Kann der Mensch sich nicht auch selber erlösen (wenigstens im Sinne von: »Wer immer strebend sich bemüht, den können wir erlösen«)?

Gesprächsprotokoll (Gemeindegruppe)

Frage 1:
Den Befragten war klar, worauf die Frage abzielte: nicht auf das Äußere, die erzwungene freundliche Miene, sondern auf die wesentliche Veränderung im Leben eines Menschen: Was ändert sich konkret? Die Antworten waren geteilt. Sie bewegten sich zwischen »Nichts ändert sich« und »Alles ändert sich«.
»Nichts«, antworteten die einen. Auch Christen haben Angst und zeigen egoistisches Denken; sie sind nicht besser als Nichtchristen. Der Unterschied ist nur, daß sie von der Vergebung leben. Der durch eine Sünde oder ein Leistungssystem ausgeübte Druck wird relativiert. Taten, Leistungen und Versäumnisse bilden nicht mehr die einzige Grundlage für die Beurteilung und das Selbstverständnis eines Menschen, der sich aus Gnaden gerechtfertigt weiß. Angst wird eingeordnet. Der glaubende Mensch versteht sich und seine Umwelt anders als der nicht glaubende. Darin besteht die wesentliche konkrete Änderung.
»Alles ändert sich«, sagten die anderen und verwiesen darauf, daß die ersten Christen an der Liebe erkannt wurden, daß der Bekehrte keinen Grund mehr habe zur Angst. Er sei durch Jesus dazu gerufen und befreit, seinem Nächsten kein Unrecht zu tun, sondern ihn zu lieben und für ihn da zu sein. Wenn er seinen Glauben nur ernst nehme und treu sei im Gebet und Bibellesen (»Bleiben am Weinstock«), dann werde man ihn als Christ an seinen Früchten erkennen. Dann gelte das Wort des Paulus: »Ist jemand in Christus, so ist er eine neue Kreatur; das Alte ist vergangen, siehe, es ist alles neu geworden« (2. Kor. 5, 17).
Der weitere Verlauf des Gesprächs machte deutlich, daß sich einerseits in der Tat schon hier und jetzt etwas vom »Erlöstsein« des Christen zeigen sollte, daß es aber sehr schwierig ist, konkret darauf zu verweisen und bestimmtes Tun oder Unterlassen eindeutig und ausschließlich auf den Glauben zurückzuführen. Als nicht möglich wurde vor allem angesehen, bestimmtes Handeln als ausschließlich christlich zu bezeichnen und bei Nichtchristen in Abrede zu stellen.

Frage 2:
Im Existentialismus (zum Beispiel bei Sartre) — so wurde gesagt — werde die Auffassung vertreten, daß sich der Mensch in einem Akt

der Selbstbefreiung zur Humanität, zur Freiheit der Existenz, in denen das eigentliche Menschsein bestehe, befreien könne, wobei nicht immer klar sei, worin diese Freiheit bestehe.
Die Erlösung durch Christus sei aber zugleich Bindung an ihn und damit Freiheit zum Dienst für den Nächsten, während frei sein im Sinne von »völlig ungebunden sein« nicht dem christlichen Verständnis von Erlösung entspreche.
Übereinstimmung wurde darüber erzielt, daß sich der Mensch nach biblischer Aussage nicht selbst erlösen kann, sondern den Erlöser braucht. Andererseits erschien es wiederum als schwierig, durch empirischen Nachweis jemandem zu beweisen, daß gewisse Akte von Selbsterlösung unmöglich sind.
Absolute Erlösung — so wurde schließlich gesagt — kann in der Gegenwart nicht gedacht werden. Die Wirklichkeit, in der wir leben, ist von Zwängen, Abhängigkeiten und Strukturen bestimmt, die unvermeidbar sind und Leiden, Angst, Not und Tod zwangsläufig einschließen, das heißt zur Grundbefindlichkeit des Menschen gehören lassen. Davon kann sich der Mensch unmöglich selbst erlösen. In dieser Hinsicht warten auch wir Christen auf die endgültige Erlösung durch Gott bei der Weltvollendung — wenn sich die Verheißung Offbg. 21, 3f erfüllt hat: »Gott wird alle Tränen aus ihren Augen wischen, es wird keinen Tod mehr geben, kein Leid, keine Klage, keinen Schmerz, denn alles, was bisher war, ist vergangen« (nach Jörg Zink). *Heiner Hägele*

Zusammenfassende Thesen

Die Erlösung ist die Entfaltung dessen, was Auferstehung bedeutet. Das, was Gott in Jesus Christus für den Menschen tut, geht den ganzen Menschen an, leiblich, seelisch und geistlich: »Erlöse uns von dem Bösen!« Die Konkretisierung des Bösen als Angst und Haß, als Leid, Krankheit und Tod zeigt, wie umfassend Erlösung gemeint ist. Erlösung ist wichtiger Glaubensinhalt und ist an Jesus Christus gebunden.

Evangelium

Der Grund des christlichen Glaubens ist das Evangelium von Jesus Christus. Hier können dazu nur Denkanstöße gegeben werden. Ganz wesentlich ist die Kenntnis des ganzen Neuen Testaments, vor allem der Evangelien und der Briefe.
Daß mit dem Begriff Evangelium das Herzstück des christlichen Glaubens angesprochen ist, wird durch Luthers Umgang mit den Schriften des Neuen Testaments, im besonderen mit den Briefen des Apostels Paulus, deutlich. Die Wiederentdeckung des Evangeliums von Jesus Christus (Röm. 1, 16f) steht entscheidend am Wendepunkt vom Mittelalter zur Neuzeit.
Luther erkannte im Römerbrief des Apostels Paulus den Sinn der Bibel im Evangelium: in der frohen Botschaft von der Gnade und Barmherzigkeit Gottes, der dem verlorenen Menschen vor Gott durch Jesus Christus das Heil anbietet und alle dazu einlädt, von ganzem Herzen an die Gnade Gottes in Jesus Christus zu glauben. Durch den Umgang mit der Heiligen Schrift erschloß sich für Luther der Sinn und Inhalt des Evangeliums.

Evangelium und seine Bedeutung

Bezeugt ist der Begriff als »gute Nachricht«, »gute Botschaft« sowohl im griechischen als auch im lateinischen Wortgebrauch. Zunächst bezeichnet Evangelium den Botenlohn für eine gute Botschaft oder diese Botschaft selbst. Evangelium ist die Verkündigung einer Siegesnachricht durch einen Boten. Sie schafft Freude und war bei den Griechen Gabe der Götter, denen dafür geopfert und mit Festen gedankt wurde. Erst im Kaiserkult wurde der Begriff mit religiöser Bedeutung gefüllt. Der Kaiser ist Gottheit, darum sind seine Anordnungen frohe Botschaften. Für das Verständnis des neutestamentlichen Evangeliumsbegriffes wird allerdings der alttestamentliche Sprachgebrauch, wie er sich bei Jesaja findet, die Wurzel bilden. Jes. 52, 7: Israel wird durch einen Freudenboten verkündet, daß Gott König ist. Der Bote verkündigt Frieden und Heil, und so wird die Gottesherrschaft ausgerufen.

Jes. 61, 1ff zeigt, daß der Prophet im Auftrag Gottes der Freudenbote ist, der gesandt ist, den Elenden gute Botschaft zu bringen. Hier ist die wichtigste Berührung mit der neutestamentlichen Gedankenwelt gegeben. Jesus selbst ist der Freudenbote des Reiches Gottes. Auf die Anfrage Johannes des Täufers antwortet Jesus mit dem Jesaja-Wort (Matth. 11, 5): »Den Armen wird das Evangelium gepredigt.« Das verkündigte Wort führt die Gottesherrschaft herbei. Jesu Aufgabe war es, die Königsherrschaft Gottes zu verkündigen. Damit ist Jesu Sendung, seine Mission, bestimmt: Luk. 4, 43. In Luk. 8, 1 wird über das Wirken Jesu berichtet, wie sein ganzes Leben Evangeliumsverkündigung ist. Die Verkündigung der frohen Botschaft ist deshalb nicht nur Weitergabe der Predigt Jesu, sondern umfaßt das gesamte Werk Jesu. Nach Luk. 9, 1-6 hat Jesus seine Jünger dann zu Boten des Evangeliums bestimmt. Sie verkünden die Herrschaft Gottes und tun dieselben Zeichen wie Jesus.

Evangelium und Mission

Nach Jesu Kreuzestod und Auferstehung setzt dann die Missionstätigkeit der Apostel ein (vgl. Apg. 5, 42). Zunächst wird das Evangelium nur den Juden, dann aber auch den Griechen (Heiden) verkündigt. Paulus ist als Apostel Jesu Christi dazu berufen, den Heiden das Evangelium zu bringen (vgl. zum Beispiel Röm. 15, 20). In 1. Kor. 1, 17 sieht Paulus in der Verkündigung des Evangeliums seine Gesamttätigkeit. Seit Paulus wird deshalb das Evangelium von Jesus Christus in der Mission und in der Gemeinde gepredigt. Wo das Evangelium verkündigt wird, spricht Gott selbst und offenbart sich allen Menschen durch das Wort. So ruft das verkündigte Evangelium von Jesus Christus die Menschen zum Glauben. Am Evangelium scheiden sich die Geister in Glaubende und Nichtglaubende. Allerdings erschöpft sich die Verkündigung des Evangeliums nicht allein in der Predigt und im Weitersagen, sondern Zeichen und Wunder begleiten die frohe Botschaft. Das verkündigte Wort ist wirkungskräftig. Es ruft Freude hervor. Obwohl sich Gott des Menschen bei der Verkündigung des Evangeliums bedient, ist und bleibt das Evangelium von Jesus Christus Gottes lebendiges Wort. Dort ist Heil, wo das Evangelium verkündigt und im Glauben angenommen wird.

Evangelium als Sammelbegriff

In der Überlieferung sind alle vier Evangelien (Matthäus, Markus, Lukas, Johannes) als das Evangelium bezeichnet worden. Das Kommen Jesu, sein Wirken und Predigen läßt das Evangelium vom Reich Gottes zum Evangelium von Jesus Christus werden. Jesus ist selbst der Bote des Evangeliums (Mark. 1, 14), das Gott der Welt kundtut. Deshalb ist das Evangelium an das Kommen Jesu gebundenes Heilsgeschehen, in dem die Königsherrschaft Gottes Wirklichkeit wird. Am häufigsten kommt der Begriff in den Paulus-Briefen vor. Paulus setzt voraus, daß seine Leser wissen, was mit Evangelium gemeint ist, denn er verwendet den Begriff immer als: *das* Evangelium. Für Paulus ist die Geschichte Jesu mit seinem Leiden, Sterben und Auferstehen Hauptstück der frohen Botschaft. Die Verkündigung des Evangeliums dient der Stärkung der Gemeinde (Röm. 2, 16 und 16, 25).

Evangelium von Jesus Christus

Es ist die Grundlage des Glaubens — der Verkündigung — des christlichen Handelns.

Im Neuen Testament ist das Evangelium immer die Botschaft von Jesus Christus, die mündlich kundgemacht sein will und so das Heil schafft. Evangelium ist darum nie bloß als Bezeichnung einer Schrift bzw. eines Briefes zu verstehen. Es ist mehr! Das Evangelium wirkt Glauben und schenkt Heil in Jesus Christus.

Darüber hinaus schafft es nicht nur Gemeinde, sondern baut sie auch auf (Kol. 1, 5; 1. Kor. 15, 1). Es ist auch Richtschnur für den christlichen Lebenswandel (Phil. 1, 27). Dem Evangelium ist der Glaubende gehorsam und erfüllt seine Forderungen, wenn er sich im Dienst der Liebe betätigt. Die Verkündigung des Evangeliums erschöpft sich nicht im Glauben an das Heil in Jesus Christus, sondern erfüllt den Glaubenden mit dem Geist der Liebe Jesu in seinem Tun. Das Evangelium von Jesus Christus ist der zusammenfassende Begriff für alles, was wir von Jesu Wirken, seiner Predigt, seinem Leiden und Sterben und der Botschaft seiner Auferstehung wissen.

Evangelium ist stets mehr als Verkündigung des Heils in dem Sinne, daß es zur Diakonie in dieser Welt befreit. Die Überlieferung in den Evangelien, Jesu Verkündigung der Gottesherrschaft, die Krankenheilungen und Taten Jesu, seine Streitgespräche mit den Pharisäern und Schriftgelehrten, sein Umgang mit Zöllnern, Sündern und Ausgestoßenen, die Gleichnisse Jesu sind neben der Botschaft vom Kreuz und der Auferstehung Jesu die Zusammenfassung der frohen Botschaft von Jesus Christus.

Werner Geiling

Ausgewählte Bibelstellen

Jes. 52, 7; 61, 1ff; Mark. 1, 14; Luk. 4, 43; 8, 1; 8-9; Apg. 5, 42; Röm. 1, 16-17; 2, 16; 15, 20; 16, 25; 1. Kor. 1, 17; 15; Gal. 1; Phil. 1, 27; Kol. 1, 5

Ergänzende Literatur

Bultmann, R.: Jesus. Tübingen 1964
Dibelius, M.: Die Botschaft von Jesus Christus. Siebenstern-Taschenbuch 99 (vergriffen)
Gloege, G.: Artikel »Evangelium« in: Theologie für Nichttheologen, a.a.O.
Großmann, S.: Mitteilung des Lebens. Evangelium als Nachricht in der modernen Welt. Kassel 1972
Schweizer, E.: Jesus Christus im vielfältigen Zeugnis des Neuen Testaments. Siebenstern-Taschenbuch 126, Hamburg 1972
Thielicke, H.: Das Bilderbuch Gottes. Reden über die Gleichnisse Jesu. Taschenbuchausgabe, Stuttgart 1964
Evangelischer Erwachsenenkatechismus, a.a.O., S. 342ff

Fragen zum Thema

1. Was ist für Sie eine frohe Botschaft (Evangelium)?
2. Weshalb ist das Evangelium von Jesus Christus die Grundlage des christlichen Glaubens?
3. Welche Unterschiede bei der Verwendung des Begriffs Evangelium lassen sich feststellen zwischen den Evangelien (Matthäus, Markus, Lukas) und den Paulus-Briefen?

Fragenbeantwortung

(Gruppengespräche und Antworten von Gemeindeblatt-Lesern)

Frage 1:
Eine Gemeindeblatt-Leserin antwortet auf die Frage, was für sie Evangelium sei: »Eine frohe Botschaft ist eine Botschaft, die mich in meinem ganzen Wesen trifft und es frei macht.« Diese Äußerung dient als Anstoß für andere, eine eigene Antwort zu finden.

Frage 2:
Zwei Dinge sind es, welche die Grundlage des christlichen Glaubens ausmachen. Das ist einmal die Botschaft, die Jesus selber verkündigte: seine Worte, seine Reden, seine Gleichnisse. Zum anderen ist aber auch seine ganze Person, sein Leben, Leiden, Sterben und Auferstehen, die frohe Botschaft, ohne die seine Worte neben anderen Worten stehen würden. Wort und Leben, Reden und Person gehören zusammen. Darum kann Jesus Christus die Grundlage des christlichen Glaubens sein.

Frage 3:
Die in Frage 2 besprochenen Punkte haben ihren Rückhalt im Neuen Testament. In den Evangelien ist das, was Jesus sagt, Evangelium. Bei Paulus ist die Person Jesus als der Gekreuzigte und Auferstandene das Evangelium. Man wird beides zusammensehen müssen, obwohl im Glaubensbekenntnis die Sicht des Paulus im Vordergrund steht und die Reden Jesu eigentlich keine Rolle spielen.

Ergänzend sei erwähnt:
Von Evangelium ist abgeleitet: evangelisch, evangelistisch, evangelikal. Zunächst bedeuten diese Begriffe ganz schlicht: dem Evangelium gemäß, zum Evangelium gehörig, vom Evangelium ausgehend. Wir wissen aber, daß die verschiedenen Begriffe eine unterschiedliche Bedeutung bekommen haben.
Evangelisch heißt: zur evangelischen Kirche gehörig (im Gegensatz oder im Unterschied zur katholischen Kirche) oder von der Freiheit des Evangeliums bestimmt (im Gegensatz zum Gesetz).
Evangelistisch heißt: Diese Verkündigung ist im Unterschied zu einer lehrhaften, moralischen oder dogmatischen Verkündigung aufmunternd und einladend.

Evangelikal, herkommend vom englischen »evangelical«, heißt nichts anderes als evangelisch (zur evangelischen Kirche gehörig); es wurde aber in der ökumenischen Diskussion, besonders in der Bundesrepublik, zur Bezeichnung für die pietistischen Gruppierungen innerhalb der evangelisch-protestantischen Kirchen. Für einen Teil dieser Gruppen ist »Kein anderes Evangelium!« der Wahlspruch. Dahinter steckt der richtige Gedanke, daß sich im Gewand des Evangeliums von Jesus Christus »falsche Evangelien« einschleichen können. Dieser Vorgang ist mit den rechten und falschen Propheten im Alten Testament zu vergleichen.

Kurt Rommel

Zusammenfassende Thesen

Das Evangelium ist »die gute Nachricht« davon, daß der christliche Glaube Grund und Inhalt, Sinn und Ziel in Jesus Christus hat. Evangelium ist die frohe Botschaft von Jesus Christus, der Menschen aus Schuld befreit, ihrem Leben einen Sinn gibt, dem Tod das Leben gegenüberstellt als der Sieger. Evangelium ist die Kurzformel für das, was christlicher Glaube aussagt: Gott hat dich in Jesus Christus lieb in alle Ewigkeit.

Fest

Im weltlichen Bereich gibt es eine Menge Feste, vom Münchner Oktoberfest und Cannstatter Volksfest bis zum kleinsten Dorf- und Vereinsfest. Der Grund des Cannstatter Volksfestes war einmal der Erntedank an Gott. Der Grund ist weg. Der Anlaß blieb: die Buden, die Schausteller, die Bierzelte, die Kapellen. Und auch bei vielen Dorffesten heißt das Motto: »Laßt die Sorgen zu Haus!« Die Frage bleibt: Warum können Christen nicht richtige Feste gestalten, obwohl sie doch ihre Sorgen mitbringen und die Befreiung von ihren Sorgen festlich begehen könnten? Also: Nicht Sorgen zu Hause lassen, sondern loswerden. Das wäre doch Grund genug zu einem Fest!

Grund zum Fest

Jürgen Moltmann sieht in seinem Traktat »Die ersten Freigelassenen der Schöpfung« die Herkunft des gebrochenen Verhältnisses der evangelischen Christen zum Fest in der Reformation. Sie habe die Fest- und Feiertage, die Spiele und die Ventile der Gesellschaft abgeschafft. Dazu komme ein gebrochenes Verhältnis zum Bild und zur Natur. Das Spontane, die Einfälle, das Natürliche, das Spielerische, die Muse wurden in den evangelischen Gemeinden unterdrückt. Man nannte dies alles heidnisch, unerlöst, widergöttlich. In Wirklichkeit waren es doch Ausdrucksmittel für Gefühle, die ohne diese Mittel nicht auszudrücken waren. Wie soll man Freude zeigen ohne Regung, ohne Bewegung? So wurde in vielen Gemeinden evangelischer Glaube zur todernsten Angelegenheit. Und die tierisch-ernste Leistungsgesellschaft konnte deshalb auf protestantischem Boden wachsen. Sie brachte uns und der Welt nicht nur Glück. In der Reformation ist also manches verlorengegangen, das man nicht hätte verlieren dürfen. Theologisch gesprochen heißt das nichts anderes, als daß man unter der richtigen und notwendigen Betonung des zweiten Glaubensartikels von Jesus Christus den ersten Artikel von Gott dem Schöpfer und der Schöpfung etwas vernachlässigt hat. Es geht nicht um Korrektur der Reformation, sondern um Ergänzung.

In den letzten Jahren wurde auch am Gottesdienst gearbeitet. Die Feier, der feierliche Ablauf, war das allseits anerkannte Kennzeichen des Gottesdienstes. Dagegen wehrte sich im besonderen die junge Generation. Gottesdienst müsse Aktion sein, hörte man sagen. Und der Versuche sind Legion, die folgten. Heute zeigt sich neues Unbehagen, auch und gerade bei den Vorkämpfern der Aktionsgottesdienste. Man stellt heute fest: Der Mensch und seine eigenen Bedürfnisse wurden vergessen. Man fragt: Wo hat die ganz natürliche Freude Platz im Gottesdienst? Und man fragt heute nach dem Gottesdienst als Fest, nach dem Gottesdienst, der Freude macht. Und darin sind sich alle Gruppierungen unserer Landeskirchen einig: »In der kühlen Steifheit protestantischer Gottesdienste haben schon manche gefroren« (Winrich Scheffbuch).

Die Bibel zum Fest

Die Bibel gibt zum Gottesdienst als Fest ein gutes Gewissen. Allerdings ist nicht jedes Fest ein Gottesdienst (siehe Volksfest!), sowenig jeder Gottesdienst ein Fest sein kann (zum Beispiel ein Trauergottesdienst). Ein richtiges Fest braucht nicht nur einen Anlaß, sondern auch einen Grund. Und wer sollte mehr Grund zu einem Fest haben als ein Christ? Jürgen Moltmann: »Ostern beginnt mit einem Fest. Denn Ostern ist ein Fest, an dem der auferweckte Christus zum Dank für die Erlösung ein Dankopfer spendet und mit den Seinen zu Tisch sitzt. Osterepiphanien und Abendmahlsfeste gehörten ursprünglich im Christentum zusammen.«
Lukas 15 (die Geschichte vom verlorenen Sohn) ist ein Musterbeispiel für ein Fest. Der »verlorene Sohn« wurde wiedergefunden. Die Liebe des Vaters hielt durch, hatte keine Begrenzung. Darum fand dieser Mensch wieder heim und erkannte seinen Vater. Und jetzt gibt es ein Fest mit dem Heimkehrer, nicht zu seinen Ehren, sondern zu Ehren des Vaters, der nicht aufhörte zu lieben. Und was für ein Fest? Ganz natürlich: Essen und Trinken, ein gemästetes Kalb. Diese sind nicht Selbstzweck. Sie sind Ausdruck der Festfreude. Es zeigt sich hier: Christlicher Glaube ist nicht festfeindlich. Denn ein Grund ist ja da: »Dieser mein Sohn war tot und ist wieder lebendig geworden; er war verloren und ist gefunden worden.«
Und wenn in Mark. 2, 19 steht, daß die Hochzeitsleute nicht fasten sollen, dann heißt das doch, daß sie festen können. Wenn in

Matth. 11, 19 Jesus als Fresser und Weinsäufer bezeichnet wird, dann zeigt dies Jesu ungebrochenes Verhältnis zu den Dingen der Natur. Im übrigen schildert Jesus das ewige Leben bei Gott als Festmahl, als Hochzeitsmahl, das nicht aufhört.
Im Alten Testament wird Freude in Bewegung umgesetzt. In dieser Tradition steht Jesus. Wer einmal eine jüdische Sabbatfeier mitgemacht hat, der weiß, wie hier mit Singen und Hören und Tanzen und Beten und Essen und Trinken ein Fest stattfindet, bei dem alles ineinander übergeht.
Wenn jemand Grund (und nicht nur Anlaß) zum Fest hat, dann sind das die Christen. Sie haben Grund zum Gottesdienst als Fest, als Fest der Befreiung, der Berufung.

Gottesdienst als Fest

Wenn Kinder und Omas einem Pfarrer bescheinigen: »Das hat uns heute gut gefallen!«, dann war der Gottesdienst ein Fest. Dann gab es etwas zu hören, zu sehen, zu singen, zu tun, zu lachen, zu bedenken, zu beten, vielleicht auch etwas zum Ärgern, Verwundern und Bestaunen und manchmal sogar etwas zu essen. Der Gottesdienst darf dem Pfarrer und der Gemeinde Spaß machen. Wenn ich ganz ehrlich bin, dann muß ich gestehen: Nicht jeder Gottesdienst hat mir in Vorbereitung und Durchführung gleich viel Spaß und Freude gemacht. Erstaunlich war: Bei den Gottesdiensten, die dann mir und der Gemeinde Spaß gemacht haben, kam die Verkündigung, die Zusage der frohen Botschaft von Jesus Christus, nicht zu kurz. Im Gegenteil. Das Evangelium, das Frohe an der Botschaft, kam viel deutlicher und klarer durch. Und es stimmt eben: Wenn ich mir selber nichts gönne, gönne ich in Wahrheit auch anderen nichts. Wenn ich mir die Freude am Gottesdienst nicht gönne, wenn ich ihn nur als Pflichtübung absolviere, dann brauche ich mich nicht zu wundern, daß die Gemeinde ihn auch so aufnimmt. Also: Wer sich selber keinen Spaß am Gottesdienst gönnt (aus welchen Gründen auch immer!), kann ihn anderen auch nicht gönnen (und wird darum immer Gründe finden, daß Spaß am Gottesdienst falsch sei).
Die Tatsache, daß der Mensch aus Leib, Seele und Geist besteht, darf und soll sich im Gottesdienst auswirken. Und wenn Menschen miteinander leben, dann soll das nicht nur unter dem Aspekt von Liebe und Verantwortung, sondern auch unter dem

Aspekt von Freude und Glück gesehen werden. Und daß Menschen in Lebensgemeinschaften (in Familien) zusammenleben, könnte ja ein Anlaß sein, den Grund aller christlichen Feste, die Liebe Gottes, als Familie, als große Familie, als Familie Gottes, als Gemeinde festlich zu begehen. Wenn ein Gottesdienst von mehreren gut vorbereitet ist, dann ist auch Raum für Improvisation, für Spontaneität, für Einfälle gegeben. Singen und Liederlernen stören nicht, im Gegenteil: sie heben die Kommunikation, das Erfahren von Gemeinschaft.
Ein Festgottesdienst kann dann zu einem Gottesdienst als Fest werden. Und dieses Fest kann sich zu einem Gemeindetag erweitern. So wird dann das ganze Fest, der ganze Tag der Gemeinde zu einem Gottesdienst. Wenn dieser Gemeindetag als ganzer als Gottesdienst gesehen wird, in dem Spiel und Singen, Bewegung und Tun Platz haben, dann kann die besondere »gottesdienstliche« Stunde mehr als Feier gestaltet sein. Wenn Gottes Freude an uns, wenn Gottes Liebe zu uns, wenn Gottes offene Tür die Grundlage unseres Tagesfestes ist, dann sind die Schleusen geschlossen, die bei säkularen Festen so gerne aufgehen. Aufs Fundament kommt es an.

Kurt Rommel

Ausgewählte Bibelstellen

1. Mose 2, 1-3; 2. Mose 20, 8; 23, 14; Ps. 126; Luk. 15; 1. Kor. 15

Ergänzende Literatur

Bohren, R.: Fasten und Feiern. Neukirchen 1973
Buhr, H.: Das Glück und die Theologie. Stuttgart 1969
Cox, H.: Das Fest der Narren. Stuttgart 1970
Martin, G. M.: Fest und Alltag. Bausteine zu einer Theorie des Festes. Urban-Taschenbücher (T-Reihe) 604, Stuttgart 1973
Moltmann, J.: Die ersten Freigelassenen der Schöpfung. Kaiser Traktate 2. München 1972
Trautwein, D.: Mut zum Fest. München 1975
Evangelischer Erwachsenenkatechismus, a.a.O., S. 1023ff

Fragen zum Thema

1. Warum können katholische Christen besser und freier Feste gestalten?
2. In welchem Verhältnis stehen Fest und Feier zueinander?
3. Darf man das Abendmahl als Fest verstehen und begehen?
4. Zeigen sich nicht auch Gefahren bei der Festgestaltung, wenn man den Gefühlen zu viel Raum gönnt?

Beantwortung der Fragen

(nach Diskussionen in der Evangelischen Akademie Bad Boll, mit Pfarrern und Jugendgruppen)

Frage 1:
Man sollte eigentlich denken, daß evangelische Christen freier sind, auch beim Thema »Fest«. Dem ist nicht so. Der Grund für die größere Freiheit der katholischen Christen liegt in ihrer größeren Bindung an den Gottesdienst. Wer ein gutes und festes Verhältnis zum Gottesdienst hat, der kann sich bei Festen freier verhalten. Es wird also alles daran liegen, daß evangelische Christen ein besseres Verhältnis zum Gottesdienst bekommen. Dann wird es auch mit dem »Festen« beim Fest besser klappen.

Frage 2:
Da heute sehr viel von Fest, Feier und Aktion gesprochen wird und die drei Begriffe oft gegeneinander ausgespielt werden, ist wohl eine richtige Zuordnung nötig. Die *Feier* ist ganz auf Gott gerichtet und stärkt und beansprucht unseren Glauben. Die *Aktion* ist ganz auf den Nächsten gerichtet und betont die Liebe. Das *Fest* ist ganz auf mich als Glied in einer Gemeinschaft gerichtet und hat Freiheit und Hoffnung zum Inhalt. Ich denke dabei an das Wort, das Jesus aus dem Alten Testament zitiert: »Du sollst *Gott* lieben, deinen Herrn ... und deinen *Nächsten* wie dich *selbst*.« So darf also bei den Überlegungen keines vergessen und keines überbetont werden, weder Feier, noch Fest, noch Aktion. Es ist also nicht nötig, daß jeder Gottesdienst ein Fest ist. Aber nachdem der Gottesdienst als Fest noch unterentwickelt ist, soll dazu Mut gemacht werden.

Frage 3:
Es ist bei uns üblich geworden, von der Abendmahls*feier* zu reden und sie lediglich vom letzten Mahl Jesu herzuleiten. Es ist richtig, daß sich unsere kirchliche Praxis auf dieses letzte Mahl Jesu beruft. Nicht richtig ist aber, daß die anderen Mahlzeiten Jesu, die er mit allen möglichen Menschen hielt, außer acht gelassen werden. Sie geben eine Reihe von Gesichtspunkten für Gestaltung und Geist des Abendmahls. Ich möchte nur wieder an Luk. 15, an die Heimkehr des verlorenen Sohnes, erinnern: ein Festmahl mit dem Menschen, dem Schuld vergeben ist. Oder: Jesus hielt ein Mahl mit Zachäus: »Diesem Haus ist Heil widerfahren!« Oder: Apg. 2, 46-47 steht: ». . . sie brachen das Brot, nahmen Speise mit Freude und lauterem Herzen und lobten Gott.«
Das Abendmahl ist für viele zum Problem geworden. Es müssen unwahrscheinlich viele Hemmungen vorliegen, wenn Gemeindeglieder sagen: »Jedesmal, wenn ich zum Abendmahl ging, mußte ich mich überwinden, weil ich glaubte, ich sei unwürdig — denn das hat uns früher unser Pfarrer gesagt!« Diese Hemmungen sind nicht im Neuen Testament, sondern in der Kirchengeschichte und in der Erziehung begründet. Eine Besinnung auf das Abendmahl im größeren biblischen Zusammenhang kann da und dort die Abendmahlsfeier zu einem Abendmahlsfest (siehe Jürgen Moltmann) umwandeln.
Weil Abendmahl nicht nur Verkündigung des Todes Jesu ist, sondern auch ein Mahl der Freiheit von den Bindungen der Sünde, ein Mahl der Gemeinschaft mit Jesus und untereinander, ein Mahl der Freude über Gott, ein Mahl der Heimkehr zu Gott, darum können Abendmahlsfeiern immer wieder zu Abendmahlsfesten werden.
Formen sind nicht alles. Aber sie helfen. Gelegentlich sollten die Gemeinden Abendmahl in kleineren Gruppen, im Gemeindehaus, an Tischen, mit Einzelkelchen, mit Brot anbieten. Möglich sind auch Verbindungen mit ganzen Mahlzeiten. Lieder sollten ausgewählt werden, in denen Freude und Lob und Dank zum Ausdruck kommen. Möglicherweise muß man neue Lieder wählen, weil die alten Lieder zu einlinig auf Schuld und Vergebung und Jesu Tod ausgerichtet sind. Das Abendmahl ist Fest der Befreiten, Fest der Kinder Gottes. Dabei kann man miteinander reden und sich Gedanken machen, was diese Befreiten zu tun und zu glauben haben. Abendmahlsfeier? Ja. Aber auch Abendmahlsfest.

Frage 4:
Fest hat mit Freiheit zu tun. Wo Freiheit ist, besteht auch die Gefahr des Mißbrauchs, des Exzesses. Man kann die Gefahren an dem Modell »Liturgische Nacht« des Kirchentags aufzeigen.
— Bei einer zu großen Teilnehmerzahl kann das geistliche Fest abgleiten und Formen des weltlichen Festes annehmen.
— Bei großen Teilnehmerzahlen kommt man ohne technische Verstärkermittel nicht aus. Dies verführt zum Manipulieren.
— Die Musik bei einer solchen Veranstaltung spielt sich gern, ohne Beachtung des Textes, in den Vordergrund.
— Die Masse macht anonym. Die Gefahr der Vereinzelung ist gegeben.
— Gruppenprozesse, die bei einer großen Teilnehmerzahl in Gang kommen, sind nicht schon dadurch gut, daß es Gruppenprozesse sind.
Die »Liturgische Nacht« zeigt Chancen, aber auch Grenzen des Gottesdienstes als Fest. *Kurt Rommel*

Zusammenfassende Thesen

Fest ist nicht gleich Fest. Nicht alles, was Spaß macht, ist Fest im Sinne Gottes. Das Zusammensein mit Gott, das Heimkehren zu Gott ist Grund zum Fest, auch mit Essen und Trinken. Wort- und Abendmahlsgottesdienste, Familiengottesdienste und Gemeindefeste jeder Art zeigen etwas von diesem gott-gewollten Fest. Feste der Christen sind Proben im Glauben auf das Fest, das Gott für alle vorbereitet, die mit ihm ewig zusammensein wollen.

Freiheit

Von der Freiheit zu reden ist ein Grundbedürfnis der Menschen aller Zeiten gewesen. Es wäre merkwürdig, wenn sich die Bibel zu dieser den Menschen bedrängenden Frage nicht äußern würde. Auf den ersten Blick befällt uns allerdings eine erschreckende Ernüchterung: Im Alten Testament fehlt der Begriff ganz! Im Neuen Testament kommt er lediglich neunmal vor! Dabei fällt auf, daß er in den Evangelien gar nicht und in den übrigen Teilen des NT nur in wenigen Paulusbriefen vorkommt (Römer, Korinther, Galater). Und auch dort sind es nur ein paar Verse, die sich mit diesem Grundbedürfnis der Menschen befassen. Ergebnis: Das Neue Testament kennt keine Lehre von der Freiheit!
Woher kommt das? Man wird sich zunächst einmal klarmachen müssen, daß die Bibel den Menschen als Geschöpf Gottes versteht. Von daher ist es gar nicht so verwunderlich, daß der Mensch als ein Wesen dargestellt ist, das geführt und geleitet wird, dem Gott seine Gebote und Verbote gibt und das sich als Kind eines göttlichen Vaters versteht. Die Anhänger Jesu werden als Schüler eines Lehrers und als Nachfolger ihres Herrn bezeichnet. Die Apostel nennen sich sogar Sklaven, um ihr Abhängigkeitsverhältnis gegenüber Jesus auszudrücken. Man könnte diese Aufzählung beliebig fortsetzen und käme doch zu keinem anderen Ergebnis, als daß eben der Mensch der Bibel ein ganz und gar von Gott abhängiges und damit unfreies Wesen ist.

Freiheit als Liebe

Dagegen steht nun allerdings Luthers Wort »Von der Freiheit eines Christenmenschen«. Es muß also neben dieser bestehenden Unfreiheit so etwas wie eine christliche Freiheit geben — und es gibt sie auch. Daß Jesus selbst in den Evangelien den Begriff Freiheit nicht gebraucht, sagt absolut nichts darüber aus, daß er nicht selbst gerade seinen Jüngern vorgelebt hätte, was Freiheit ist. Denken wir dabei nur einmal an sein Verhalten gegenüber dem Sabbat-Gebot. Er hat dieses Gebot in voller Freiheit gebrochen, wenn

es darum ging, Menschen zu helfen. Seine souveräne Freiheit gegenüber den Vorurteilen der Menschen hat er in seinem Verhalten zu Dirnen, Zöllnern, Ehebrechern, also Außenseitern der Gesellschaft demonstriert. Schließlich hat ihn eben diese Freiheit das Leben gekostet. Man kann noch einen Schritt weitergehen und sagen, daß Jesus diesen Weg ans Kreuz in voller Freiheit gegangen ist. Seine Freiheit war eins mit seiner Liebe. Er hat eben gerade nicht Freiheit von Menschen gefordert, sondern er hat sie gelebt. Für ihn war Freiheit nicht eine Sache »an sich«, sondern eine Sache »für mich« und »für dich«.
Wir sehen also: auch wenn der Begriff Freiheit im Zeugnis des Matthäus, Lukas und Johannes fehlt, die Sache ist ganz da.

Freiheit als Befreiung

Die Paulusstellen lassen die Vermutung zu, daß der Apostel auf griechisches Gedankengut zurückgegriffen hat, wenn er in seinen Briefen den Begriff Freiheit verwendet. Allerdings — und dies ist nun sehr entscheidend — übernimmt er mit dem griechischen *Begriff* nicht auch das griechische Freiheits*verständnis*. Dieses ging von einem Ideal aus, dem der Mensch nachzustreben habe. Paulus dagegen geht von der Realität des Menschen aus. Freiheit im christlichen Sinn ist Geschenk, Gnade und Widerfahrnis. Sie ist von Christus für den Menschen durch sein Leben, Sterben und Auferstehen erworben und wird ihm als Glaubendem zuteil. Deshalb findet sich im Neuen Testament kein Aufruf zur Freiheit. Wohl aber findet sich der Aufruf zur Bewahrung dieser Freiheit: »Bestehet nun in dieser Freiheit!«
Freiheit heißt also im Neuen Testament soviel wie Befreiung! Befreiung wovon? Paulus sieht den Menschen unter einer vierfachen Knechtschaft: Der Mensch ist Knecht der Sünde, des Gesetzes, der Lüge und des Todes. Das heißt, daß der Mensch sich nicht von Gott bestimmen lassen will, sondern daß er über sich selbst und damit über Gott verfügen will. Das heißt aber auch, daß der Mensch sich eben dadurch an Gesetze bindet, die ihm eine Scheinsicherheit schaffen, indem sie ihm vorgaukeln, er könne sich selbst durch Einhaltung dieser Gesetze vor Gott und den Menschen, aber auch vor sich selbst rechtfertigen. Eben gerade dadurch belügt er sich selbst und verfällt dem Tod im Gericht.
Durch die im Glauben geschenkte Freiheit ist nun aber der Christ

von dieser vierfachen Knechtschaft befreit. Er läßt Gott über sich verfügen, gewinnt dadurch Freiheit von allen menschlichen Vorschriften und Wertmaßstäben, ist damit zur Wahrheit Gottes vorgestoßen und wird eben dadurch im Gericht Gottes gerechtfertigt.

Freiheit als Bindung

Die christliche Freiheit ist also ein Widerspruch! Die Freiheit, die dem Glaubenden eigen ist, hat er als Sklave, als Sklave seines Herrn. Damit ist er aber nur ihm gegenüber verantwortlich und sonst niemandem. Und das bringt seine Schwierigkeiten mit sich. In dem Augenblick, wo christliche Freiheit gelebt wird, tut sich ein Abgrund auf. Sören Kierkegaard sprach von einem Schwindel, der einen erfaßt, wenn man in diese Tiefe der Freiheit blicke. Hier gibt es nun in der Tat kein Festhalten mehr an den sonst unter Menschen üblichen Regeln. Hier gibt es keinen Katalog von Verhaltensmaßregeln, die man immer wieder zu Rate ziehen kann. Hier gibt es lediglich die jeweilige Entscheidung im Angesicht Gottes. Nicht was Menschen für richtig halten, zählt, sondern einzig und allein, was Gott will. So bekennt James Graf von Moltke in seinen letzten Briefen aus dem Gestapo-Gefängnis, »daß wir damals genau in dem Augenblick unsere Freiheit verloren, als wir es nicht wagten, Liebe zu üben, zum Beispiel dem unter die Mörder gefallenen jüdischen Nächsten zu helfen«.

Freiheit als Mut

Es ist schwierig, mit der christlichen Freiheit zu leben. Von zwei Seiten drohen Gefahren. Erstens werden wir in dieser Welt immer wieder Angst vor unserer Freiheit haben und nach Schein-Bindungen suchen, die uns in reichem Maße überall angeboten werden. Statt der Heilsgewißheit suchen wir Heilssicherheit. Die andere Gefahr besteht darin, daß diese Freiheit mißbraucht und zur Zügellosigkeit wird. Paulus hatte gerade immer wieder gegen diese falsch verstandene Freiheit in seinen Gemeinden zu kämpfen. Auch sonst wird im Neuen Testament davor gewarnt, unter dem Deckmantel der christlichen Freiheit nichts als Bosheit zu verbreiten. Dieser Gefahr kann nur dadurch begegnet werden, daß eine

ständige Rückkoppelung an den Herrn erfolgt, der uns die Freiheit erworben hat.
Alle reden von der Freiheit. Auch wir Christen. Aber wir wissen, daß wir sie nicht fordern müssen, sondern daß sie uns als Geschenk widerfahren ist und daß wir sie deshalb als Liebe weitergeben können an die, die so sehr nach ihr rufen. *Kurt Dittert*

Ausgewählte Bibelstellen

Joh. 8, 33; Röm. 7, 3; 1. Kor. 7, 21f; 10, 29; 2. Kor. 3, 17; Gal. 2, 4; 5, 1.3; 1. Petr. 2, 16

Ergänzende Literatur

Ebeling, G.: Frei aus Glauben. Tübingen 1968
Käsemann, E.: Der Ruf der Freiheit. Tübingen 1972
Küng, H.: Freiheit in der Welt. Theologische Meditationen 1. Köln 1970
Luther, M.: Von der Freiheit eines Christenmenschen. Calwer Luther-Ausgabe Bd. 2. Siebenstern-Taschenbuch 24, Hamburg 1974
Marsch, W.-D.: Die Folgen der Freiheit. Christliche Ethik im technischen Zeitalter. Gütersloher Taschenbücher 89, Gütersloh 1974
Moltmann, J.: Die ersten Freigelassenen der Schöpfung. Versuche über die Freude an der Freiheit und das Wohlgefallen am Spiel. Kaiser Traktate 2. München 1972
Richter, A.: Auf der Suche nach Freiheit. Brockhaus-Taschenbücher 23, Wuppertal 1971
Thielicke, H.: Mensch sein — Mensch werden. Entwurf einer christlichen Anthropologie. München 1976
Evangelischer Erwachsenenkatechismus, a.a.O., S. 201ff

Fragen zum Thema

1. Wo kann und soll ich mich in meinem Leben frei machen von menschlichen Gewohnheiten und Wertmaßstäben?
2. Wie verhalten sich christliche Freiheit und Erwählung (Prädestination) zueinander?

Gesprächsergebnis (Erwachsenengruppe)

Frage 1:
Bei unseren Überlegungen gingen wir von dem Bild »Der breite und der schmale Weg« aus. In recht drastischer Weise zeigt es den angeblich rechten und falschen Weg des Christen: Über dem Eingang zu einer breiten Straße prangt das Schild »Willkommen!«. Rechts und links der Straße reihen sich folgende Gebilde: der »Gasthof zum Weltsinn«, eine Spielhölle, eine Pfandleihanstalt, ein Spieltisch, ein Speisen- und Getränkestand, ein Theater, eine Lottostelle und anderes mehr. Im Hintergrund überquert, vor einer Gruppe von Soldaten, eine Eisenbahn die Straße. Das Ganze mündet in ein apokalyptisches, brennendes Inferno.
Ganz anders der schmale Weg: Ein kleines Pförtchen in der Mauer führt zu ihm. An seinen Seiten stehen eine Kirche, eine Sonntagsschule, eine Kinderrettungsanstalt und ein Diakonissen-Mutterhaus. Über all dem aber schwebt das himmlische Jerusalem.
Wir wunderten uns über die säuberliche Trennung von »Reich der Welt« und »Reich Gottes« und stellten fest, daß ganze Generationen von Menschen nach diesem Bild »christlich« erzogen wurden. Selbstverständlich kann der Mißbrauch von Alkohol, die »Spielhölle« oder das Lotto für den einen oder anderen zur Gefahr werden, aber genauso selbstverständlich gilt — so meinten wir —, daß der Besuch von Gottesdiensten und Sonntagsschulen und das Wirken in einem Diakonissen-Mutterhaus noch lange keinen Christen zu machen brauchen.
Auf beiden Wegen gilt es eben, die durch Christus erworbene Freiheit zu bewahren. Das Theater an sich ist genauso wenig schlecht, wie die Kirche an sich gut ist. Beide erhalten ihren Wert durch die christliche Freiheit, die in ihrem Rahmen geschieht. Dasselbe gilt für die Bewertung der Technik (einst Eisenbahn,

heute vielleicht Atomtechnik), der Mode und des gesellschaftlichen — aber auch kirchlichen — Lebens mit seinen mehr oder weniger sinnvollen Verpflichtungen.
Wir haben noch in der Schule gelernt, es sei »süß und ruhmvoll, für das Vaterland zu sterben«. Solche — auch von der Kirche lange Zeit unterstützte — Wertmaßstäbe decken sich aber absolut nicht mit dem Willen Gottes. Er will, daß wir in erster Linie füreinander leben und, wenn es sein muß, auch füreinander sterben, aber eben nicht in einem sinnlosen Völkerkrieg. So müßten wir heute eher für eine Tapferkeit vor dem Freunde als für eine Tapferkeit vor dem Feinde sprechen. Wir müssen lernen, von unserer christlichen Freiheit Gebrauch zu machen, auch in der Weise, daß wir ein Ansinnen oder gar einen Befehl verweigern, wenn er dem Willen Gottes widerspricht. Dies gilt in gleicher Weise für den »weltlichen« wie auch für den »kirchlichen« Bereich.
Zum Schluß kamen wir zu der Überzeugung: Die menschlichen Übereinkünfte und Wertmaßstäbe haben ihren guten und berechtigten Sinn dort, wo sie dem Menschen in seinem Menschsein und Christsein helfen. Wo sie aber beides stören oder verhindern, müssen sie aus christlicher Freiheit heraus abgelehnt werden.

Frage 2:
Wir haben uns zunächst klargemacht, daß bereits im Alten Testament von Erwählung gesprochen wird: Gott erwählt das Volk Israel, er erwählt Propheten und Könige. In jedem Fall ist deutlich: Nicht eine bestimmte Qualität des Objekts ist die Ursache für die Erwählung, sondern allein Gottes freie Entscheidung.
Weiter haben wir festgestellt, daß auch das Neue Testament von Erwählung spricht. Jesus sagt im Johannes-Evangelium zu seinen Jüngern: »Nicht ihr habt mich erwählt, sondern ich habe euch erwählt« (Joh. 15,16). Aber auch sonst spielt der Begriff der Erwählung im Neuen Testament eine große Rolle. So wird zum Beispiel in Matth. 22, 14 von denen gesprochen, die zum Reich Gottes erwählt sind.
Besonders schwierig erschien uns die Darstellung des Erwählungsproblems bei Paulus, vor allem was die Aussagen im Römerbrief betrifft (Kap. 9-11).
Als Ergebnis unseres Gesprächs meinten wir feststellen zu müssen, daß wohl die Erwählung Gottes und die Freiheit des Menschen in unlösbarer Einheit nebeneinander stehen und ihre Berechtigung haben.

Weiterhin hat sich für uns eine Reihe von neuen Fragen aufgetan:
1. Warum erwählt Gott in seiner Liebe nicht alle Menschen, sondern nur einen Teil von ihnen?
2. Was geschieht mit den Menschen, denen das Evangelium noch nicht verkündigt wurde oder verkündigt werden konnte?
3. Ist die Erwählung Gottes oder seine Verwerfung endgültig oder gibt es so etwas wie eine Revision dieses Urteils?

Kurt Dittert

Zusammenfassende Thesen

Freiheit schafft der Glaube, unabhängig von der äußeren Situation. Der wahrhaft Freie ist zum Beispiel der gebundene Jesus vor Pilatus, der wahrhaft Unfreie ist der seine Hände in Unschuld waschende Pilatus. Freiheit ist der Raum, den der christliche Glaube dem Glaubenden schafft und anderen Menschen zum Glauben und Leben gewährt.

Frieden

Zu allen Zeiten haben Menschen ihrer Sehnsucht nach Frieden Ausdruck verliehen. Der Traum vom ewigen Frieden ist so alt wie die Menschheit. Heute ist aus der Sehnsucht nach Frieden der Zwang zum Frieden geworden. Die apokalyptische Zerstörungskraft moderner Waffen, der akute Mangel an Brot, unter dem gegenwärtig ca. 500 Millionen Menschen täglich leiden, die rasch zu Ende gehenden natürlichen Rohstoffvorräte der Erde zwingen uns, ideologische Schranken, Unterschiede nach Rasse und Hautfarbe, nationale Interessen zurückzustellen, wenn wir weiterleben wollen.

Zwang zum Frieden

Der jungen Wissenschaft »Friedensforschung« ist es gelungen, Ursachen von Unfrieden aufzudecken: Angst und Aggressivität beim einzelnen; materielle Not und Unterdrückung ganzer Völker; ungerechte Verteilung der Güter dieser Erde zwischen Süd und Nord; politische Systeme, die sich haßerfüllt Gewehr bei Fuß gegenüberstehen. Und diese Friedensforscher warnen uns: Wenn es nicht bald gelingt, Angst und Not, Unsicherheit und Gewalt abzubauen, kommt die Katastrophe unaufhaltsam über uns, zum Beispiel in gewaltsamen Aufständen der Völker aus der Dritten und Vierten Welt gegen die Reichen aus der Ersten und Zweiten Welt.
Wie können wir diese Gestalten des Unfriedens überwinden? Wie kommen wir aus dem Teufelskreis der Angst, zum Beispiel der Angst des Westens vor dem Osten und umgekehrt, heraus? Wie gelingt es, die immer mehr ausufernde Gewalt von Terroristen und Rüstungsraffinessen aufzuhalten, Gewalt abzubauen? Wie kann man möglichst vielen Zeitgenossen das Bewußtsein vermitteln, daß wir alle in einem Boot sitzen und deshalb nur durch Überwindung überkommener Nationalstaatlichkeit das rettende Ufer, den gemeinsamen Frieden erreichen?

Wie können Christen und Kirchen ihren Beitrag zum Frieden leisten? Dieser Frage hat sich die Weltchristenheit erstmals bei der Ökumenischen Konferenz 1948 in Amsterdam gestellt: Was können Christen für den Frieden tun?

Das biblische Zeugnis vom Frieden

Leider haben auch uns Christen erst die beiden Weltkriege mit ihren Millionen Toten, die Erfindung der Atom- und Wasserstoffbombe mit der Möglichkeit der Totalverwüstung unseres Planeten diese Frage nach unserem Beitrag zum Frieden dringlich gemacht. Erst unter dem Eindruck der atomaren Weltbedrohung beginnen wir, das Friedenszeugnis der Bibel zu entdecken:
Den Gott Abrahams, Isaaks und Jakobs, der am Sinai mit Israel seinen Bund schließt, erfährt Israel als den Gott des Friedens: »Der Herr ist der Friede« (Richt. 6, 24). Gott und der Friede sind identisch. Was Gott seinem Volk an Wohltaten erweist und was derselbe Gott von seinem Bundespartner erwartet, läßt sich in dem einen Wort »Friede« zusammenfassen: Israel erfährt Befreiung aus seiner Unterdrückung in Ägypten. Israel erfährt Fürsorge auf seiner langen Wüstenwanderung. Israel erfährt die Landgabe in Kanaan. Israel erfährt die Treue seines Gottes trotz der eigenen Untreue. In einem: Israel erfährt, daß Gottes Zusage wahr ist: Ich bin, der ich bin; ich bin ganz für euch da, für den ganzen Menschen, fürsorgend, heilend, vergebend.
Gott will das vollkommene Heil und Wohlsein seiner Menschenkinder. Das bezeugt Israel inmitten der Völkerwelt, wenn es im Frieden mit seinem Gott leben darf. Und laut der Bundesurkunde soll Frieden sein zwischen den Gliedern des Gottesvolkes — das ist der kurze Inhalt des Friedensbundes Gottes, wie er in den 10 Geboten seinen Niederschlag gefunden hat: Nicht töten, sondern helfen und fördern in allen Leibesnöten; nicht stehlen, sondern dem Nächsten Gut und Nahrung bessern und behüten helfen, sich nicht gelüsten lassen nach des Nächsten Eigentum, sondern ihm dasselbe zu behalten förderlich und dienstlich sein.
Daß Israel diesen Bund nicht zu bewahren vermochte, konnte den Gottesfrieden nicht aufheben; im Gegenteil: Die Gemeinde des Neuen Bundes erfährt Jesus als Vertreter Gottes so, daß sie von ihm bezeugt: »Er ist unser Friede« (Eph. 2, 14).
Dieses Schriftwort hatte ich als Kind täglich vor Augen; es stand in

großen Buchstaben über dem Brüdertisch der Gemeinschaftsstunde, und dazu das Kreuz als Zeichen für den Ort, wo dieser Friedensschluß Gottes mit uns in Jesus Christus ein für allemal stattgefunden hat.
Im Lauf der Jahre habe ich dazugelernt, daß dieser Friede Christi umfassend ist: Er gilt jedem und er gilt dem ganzen Menschen. Jesus hat *alle* angenommen, besonders die, die es am nötigsten hatten, und Jesus hat den *ganzen* Menschen angenommen mit seinen leiblichen Gebrechen und seiner verborgenen Schuld. Von ihm heißt es: »Und er heilte sie alle« (Matth. 12, 15).
So hat er die gute Gottesherrschaft nicht nur verkündigt, sondern durch sein Leben und Wort bis in den Tod hinein verwirklicht. Sein Friede bringt das Heil und Wohlsein für den ganzen Menschen. Zum Glück ist dieser Jesus keine einmalige geschichtliche Erscheinung geblieben. Trotz seines Todes haben seine Jünger die Erfahrung gemacht: Er lebt durch seinen Geist in uns. Er setzt uns in den Stand, seine Frohbotschaft, sein Werk des Friedens weiterzutreiben in der Gewißheit, daß dieses Geschäft nicht vergeblich ist (1. Kor. 15, 58).

Was können Christen für den Frieden tun?

1. Sich an Christus ausrichten, und das heißt: erkennen und verwirklichen, daß die Sache des Friedens die Hauptsache ist. Wenn wir unsere Taufe, und das heißt: das neue Leben in Christus, realisieren wollen, werden Vorurteile, Klassen- und Rassenschranken ihre trennende Kraft verlieren. Elend und Not, Unterdrückung und Ungerechtigkeit lassen den nicht kalt abseits stehen, der in Christus seine Befreiung aus den gottlosen Bindungen dieser Welt erfahren hat. Weil man im Reich Christi Recht und Gerechtigkeit liebhat, werden Christen Partei ergreifen für alle, denen Recht und Gerechtigkeit vorenthalten werden, und sie werden sich nicht scheuen, sich mit denen zusammenzutun, die nach dem gleichen Ziel trachten.
2. Sich mit Christus zum Kampf und Leiden schicken. Christus ist den Weg der Gewaltlosigkeit gegangen und hat gezeigt, daß das Böse nur mit Gutem zu überwinden ist. Gandhi hat gesagt, daß ein gutes Ziel nur mit guten Mitteln zu erreichen ist; das Ziel muß in den Mitteln enthalten sein. Dem Beispiel Christi folgend, hat der Weg der Gewaltlosigkeit große Verheißung. Nur im äußersten Fall

und in eindeutiger Ausweglosigkeit wird ein Christ zur Gewalt greifen, im Wissen darum, daß er der Vergebung Gottes in besonderer Weise bedarf. Im Normalfall aber überwindet der Christ die Regel der Welt: »Tua mors mea vita« — »Dein Tod ist mein Leben«, und folgt dem Vorbild seines Herrn: »Mea mors tua vita« — »Mein Tod ist dein Leben«.

3. Sich durch Christus gewiß machen lassen, daß der Einsatz für Frieden unter der Verheißung steht: »Selig sind die Friedenstifter, denn sie werden Gottes Kinder heißen« (Matth. 5, 9). Christen werden angesichts der Größe der Menschheitsaufgabe Frieden und der vielen Widerstände und Rückschläge nicht in Resignation verfallen, sich nicht in ihre eigenen vier Wände zurückziehen und die Welt ihrem Schicksal überlassen. Sie leben in der Erwartung, daß diese Welt unter der Verheißung einer Neuschöpfung steht, »eines neuen Himmels und einer neuen Erde, in denen Gerechtigkeit wohnt«. Weil Gott den Tod und seine Helfershelfer bezwungen hat, sind Christen zu Zeugen des Lebens bestellt. Gegen Angst und Resignation bitten sie täglich: »O Herr, mach mich zu einem Werkzeug des Friedens.« *Hermann Schäufele*

Ausgewählte Bibelstellen

Richt. 6, 24; Matth. 5, 2-12; Luk. 2, 14. 29-32; Röm. 5, 1; Eph. 2, 14

Ergänzende Literatur

Beckmann, J.: Artikel »Friede« in: Theologie für Nichttheologen, a.a.O.

Bopp, J./Bosse, H./Huber, W.: Die Angst vor dem Frieden. Urban Taschenbücher T-Reihe, Stuttgart 1970

Brandenburger, E.: Frieden im Neuen Testament. Grundlinien urchristlichen Friedensverständnisses. Gütersloh 1973

Küng, H.: Christ sein. München 1974

Röhrs: Erziehung zum Frieden. Urban Taschenbücher 815, Stuttgart 1971

Schmidt, H.: Frieden. Themen der Theologie 3. Stuttgart 1969

Trutwein, W. (Hrsg.): Friede auf Erden. Quellentexte zum Religionsunterricht. Göttingen 1972

Friedensdienst der Christen. Eine Thesenreihe zur christlichen Friedensethik (Denkschrift der EKD). Gütersloh 1973

Fragen zum Thema

1. Wie hängen Friede im Herzen und Friede auf der Welt miteinander zusammen?
2. Kann man Friede im Herzen haben und gleichzeitig im Streit mit der Familie leben?
3. Wie sieht das auf die Völker übertragen aus?

Ergänzende Gedanken eines Zivildienstleistenden

Dem, was Hermann Schäufele schrieb, kann ich weitgehend zustimmen, habe aber dennoch ein unbefriedigendes Gefühl. Friede als Selbstverständlichkeit, als Projektion allen Handelns von Kirche und Christen wurde eindrucksvoll belegt mit Bibelstellen und dem Aufzeigen von Jesu Wirken. Was mir fehlte: all das, was eben die Institution Kirche und die, die sich Christen nennen, alles unterlassen, um den Frieden zu erzielen, wie sie gar aus ihrem sogenannten pragmatischen Selbstverständnis heraus gegen den Frieden arbeiten und gearbeitet haben.
Ich gestehe, mit einer Analyse von Bibelstellen wenig anfangen zu können, wenn ich weiß, daß sich darauf auch die berufen, die einen recht merkwürdigen Friedensbegriff vertreten, den militärischen. Voraussetzung für Frieden ist unwiderruflich die entschiedene Ablehnung der Gewalt.
Es gilt als gut belegt, daß Jesus die Gewalt entschieden abgelehnt hat. Und in eben diese Ablehnung bezieht er seine scharfe Kritik an der Rechtfertigung kriegerischer Auseinandersetzungen um sogenannter guter Ziele willen mit ein. Hier anknüpfend, nenne ich das unsere Blöcke rechtfertigende Feindbild im Höchstmaß unfriedlich. Für Jesus ist der »Feind« zuallererst bei sich selbst zu suchen, nicht aber beim anderen. Das Feindbild stärkt die eigene Position, gibt die Rechtfertigung, sich selber nicht mehr befragen zu müssen.
Frieden im Sinne der Nicht-Gewalt, das ist etwas Neues, etwas, das durch Minderheiten mit viel Phantasie und Mut erarbeitet werden muß. Dieses von den Parteien und den jeweils Regierenden zu verlangen, mag eine Überforderung sein. Diese Phantasie, dieser Mut muß durch Christen aufgebracht werden. Den Christen muß

es für die Zukunft als Aufgabe gelten, für den Pazifismus zu arbeiten. Jesu Pazifismus war in der Tat das Gegenteil von Passivität. Er war aktiv gewaltfrei, weil er ändern wollte, ohne das Hauptmittel des jeweils Herrschenden zu benutzen: die Gewalt. Auf diese Gewaltfreiheit Jesu gilt es sich heute, im Zeitalter der Atomwaffen, besonders zu besinnen. Denn wirklicher Friede ist doch erst dann möglich, wenn uns Gewaltfreiheit als Prinzip gilt.

Je aussichtsloser der Optimismus ist, daß solche Thesen einmal zur Wahrheit erhoben werden, um so engagierter muß man ihn verfechten. Dietrich Bonhoeffer sagt: »Optimismus ist seinem Wesen nach keine Ansicht über die gegenwärtige Situation, sondern er ist eine Lebenskraft, eine Kraft der Hoffnung, wo andere resignieren.« Mir bleibt die Hoffnung, daß man einsehen wird, was man bislang stets nur einige Jahre nach grausamen Kriegen tat, daß es einen wirklichen Frieden in Waffen nicht geben kann. Mir bleibt der Optimismus, daß gerade unter Christen eines Tages das Prinzip Gewaltfreiheit als unabdingbare Voraussetzung für den Frieden gelten wird. *Hansjörg N. Schultz*

Zusammenfassende Thesen

Frieden ist Gabe und Auftrag, die Gabe Gottes an den Menschen und der Auftrag Gottes an ihn für diese Welt. Frieden ist die rechte und gerechte Zuordnung aller Dinge. Der Mensch wird aber den geschenkten Frieden Gottes nur da und dort, nur gelegentlich, nur zeitweilig verwirklichen können. Der Schalom (= Frieden) Gottes ist dann da, wenn die in Unordnung geratene Schöpfung und Menschheit wieder in Ordnung gekommen ist: am Ende der Tage, wenn der Glaube zum Schauen gekommen ist. In dieser Hoffnung auf den ewigen (zukünftigen) Frieden Gottes hängen innerer Frieden (im Herzen) und äußerer Frieden (in der Welt) zusammen.

Gebet

»Wir bringen unsre Jahre zu wie ein Geschwätz«, sagte vor mehr als zweitausend Jahren ein kluger und frommer Mann. Unser Reden ist entartet und verkümmert, selbstbezogen und heillos. Wir haben das gute, heilsame und hilfreiche Reden verlernt. Könnte Beten auch so etwas sein wie ein neues Einüben der uns geschenkten Macht, uns mitzuteilen, uns zu öffnen und Antwort zu geben? »Tastende Gebete« nennt Otto Betz seine Gebetshilfe.
Mitten in der menschlichen Unfähigkeit, recht zu reden, gibt es, seit der Mensch weiß, in der Welt der Religionen den inbrünstigen und vielfältig geübten Versuch, über sich selbst hinauszufinden dahin, wo wir herkommen. In allen Religionen wird das »Schreien der Kreatur« gehört, die frei sein möchte von der »Knechtschaft des vergänglichen Wesens« (Röm. 8, 21). Der Mensch wendet sich der Gottheit zu, sie durch Worte, Versprechen, Opfer und andere Leistungen zu einem günstigen Eintreten für seine Sache zu bewegen. Magisches Denken erwartet den wunderbaren Eingriff von außen. In allem soll die Gottheit letztlich gezwungen werden, dem Menschen zu Diensten zu sein.

Beten im Neuen und Alten Testament

Die Jünger, die Jesus baten: »Herr, lehre uns beten«, waren zwar auch erzogen und erfahren im Gebet in der Tradition ihres Volkes. Aber an ihrem Meister erfuhren sie die Mangelhaftigkeit ihres Redens mit Gott. Jesus selbst ging, offenbar in regelmäßiger Ordnung, an einen »wüsten Ort«, um mit Gott zu reden. Seine Frager aber hat er nicht nur mit einem vorbildlichen Gebet entlassen, sondern indem er ihnen dieses Gebet gab, lehrte er sie ein neues, befreites Beten. Er zeigte ihnen die Freiheit, Gott als den anzureden, als den sie ihn auch sonst erfahren hatten: als Vater. »Abba« (Mark. 14, 36; Röm. 8, 15) ist aber noch mehr als Anrede, ist Lallwort des Kindes, das die direkte Verbindung mit dem Vater sucht. Reden ist wieder heimgekehrt zu seinem Ursprung: der Sohn redet mit seinem Vater im selbstverständlichen Gebrauch seiner Sprache.

So üben die Jünger Jesu im Beten Glaube und Nachfolge ein. Ihre Wünsche ordnen sich dem einen Wunsch unter, daß das Reich ihres Meisters komme. Das geschieht mit nicht geringerer Dringlichkeit als beim heidnischen Beten. Im Gleichnis von der bittenden Witwe (Luk. 18, 1ff) zeigt Jesus den drängenden Glauben (vgl. dazu auch Luk. 11, 5ff). Gezielt richtet sich die Bitte der Christenheit auf endgültige Überwindung aller Not im Kommen des Reiches: »Ja, komm, Herr Jesu« (Offbg. 22, 20).
Im Alten Testament ist solche Bitte schon vorgeformt. In Einzelsituationen ruft und klagt und schreit der ausgelieferte Mensch: am Ufer des Schilfmeers (2. Mose 14, 10), in der Not der Kinderlosigkeit (1. Sam. 1), in tödlicher Bedrohung durch Krankheit (2. Kön. 20). Jedesmal geschieht eine Geschichte zwischen Gott und dem Beter. Die ganze Geschichte des Volkes Israel ist geradezu eine Geschichte des Schreiens Israels und der Antwort Gottes. Mose wird darüber zum »Freund Gottes« (2. Mose 33, 11).

Beten und Wirklichkeit

Beten ist nicht zuerst und immer nur Bitten. Der Anweisung: ». . . es muß erbeten sein« (EKG 294, 2) geht voraus das Nachdenken der Gedanken Gottes. Christliches Beten orientiert sich an den Erfahrungen, die andere vorher gemacht haben. Es geschieht über der Bibel, ihre Aussagen und Erfahrungen werden genau »betrachtet« (Jes. 63, 16). Es wird aber ebenso diese unsere Welt in »Betracht« gezogen. Gebet geschieht von der Bibel her auf die Wirklichkeit zu — oder umgekehrt: von den uns umgebenden Tatsachen her auf die ergangene Verheißung zu. Im Gebet halten wir Gott seine Welt vor. Wir fragen nach Antwort und Weisung für den rechten Umgang mit ihr. Wir müssen nicht deshalb bitten, weil er sonst nichts getan hätte, sondern wir erinnern ihn nur daran, was er schon versprochen hat und immer wieder tat.

Beten und Ändern

Als Kinder haben wir gebetet: »Ich bin klein, mein Herz mach rein . . .« Wie beten wir heute? Bestimmt anders, wenn überhaupt noch. Das Kindergebet wird nicht groß mit uns. Auch unser Beten will erwachsen werden, sonst bleibt unser Glaube kindlich, wirk-

lichkeitsfremd und unbrauchbar. Als betende Erwachsene lernen wir — mühsam wahrscheinlich, aber notwendig —, daß Erhörung nicht notwendig wunderhafte Veränderung unserer Lage, aber unseres eigenen Ichs bewirkt. Wer mit Gott redet, setzt sich der eigenen Veränderung aus. In Ps. 73, 16-23 läßt sich dieser Veränderungsprozeß sehr anschaulich erkennen. Die Erwartung des Beters, Gott möge alle Gottlosen verdammen, wandelt sich in die verzweifelte Einsicht, daß das nicht einfach so geschieht. Nachdenken verwandelt sich in Beten und endet im Vertrauen (»Dennoch . . .«). Indem der Beter all seinen Jammer ausbreitet (Ps. 62, 9) und sein Leiden an der Gottlosigkeit der Welt hergibt, wird er ein anderer. Indem er den Schrei Jesu am Kreuz nachschreit: »Mein Gott, warum hast du mich verlassen?«, wird er gewandelt. Daraus erwachsen ihm Leidens- und Sterbensbereitschaft, aber auch Mut, Hoffnung, Gelassenheit.
So ist das Beten zugleich eine Auseinandersetzung mit mir selbst. In mir wird der Unglaube und die Vertrauenslosigkeit überwunden. Ich finde aus der Uneinigkeit mit mir selbst zum Frieden mit mir selbst. »Der Mensch soll mit sich selbst im Frieden leben« (Hans Stroh). In der Heimkehr zu Gott kehre ich auch zu mir selbst heim, werde ich, was ich nach Gottes Willen sein soll: ein Befriedeter.

Beten in Widerstand und Ergebung

In unserem Beten ist viel versteckte Resignation. Gerade wo wir die großen Anliegen nicht auslassen: den Hunger, den Frieden, die Ungerechtigkeit, ist unser Gebet in Kirche und Familie durchzogen von dem Zweifel, ob denn das alles je anders werden könne, am Ende überhaupt anders werden dürfe.
R. Kinau erzählt, wie seine Mutter, blaß und eben genesen von schwerer Krankheit, im Garten steht. »Mutter, was denkst du?« »Ich — ich bete.« — »Was betest du denn? Daß der liebe Gott heute noch alles Unkraut ausreißt aus den Beeten?« — »Nein, mein Junge, ich danke ihm, daß ich wieder gesund geworden bin. Bei dem Unkraut, da gehe ich morgen selber dran.« Das Gebet ist keine Ersatzhandlung für das, was wir selbst tun können und sollen. Es setzt nicht erst dort ein, wo wir nicht mehr tun zu können meinen. Es begleitet vielmehr unser Tun unaufhörlich, dabei prüfend, »was da sei des Herrn Wille« (Röm. 12, 2). Das geschieht in der Vollmacht dessen, der weiß, daß Gott nichts tun kann ohne meine

Hände und Füße, mein Herz und meinen Willen. Indem wir beten, übernehmen wir Verantwortung für diese unsere Welt. Dazu sind nötig: Information, Aufmerksamkeit, Liebe, Einsatz für das Erbetene und Bereitschaft zum Leiden am Unabänderlichen. Ist auch das Erleiden Gottes Wille, dann ist die Ergebung darin nicht fatalistische Erschlaffung. Sie kommt vielmehr aus dem Zutrauen, daß auch durch mein Erleiden die Sache Gottes auf Erden vorankomme. Die Schwachheit ist ein Stück unseres Auftrags. Ohne sie würde mein Gebet selbstsicher, gottlos. Mit ihr bleibt es gewiß, daß Gottes Reich kommt. *Gottfried Roller*

Ausgewählte Bibelstellen

2. Mose 14, 10; 1. Sam. 1; 2. Kön. 20; Jes. 63, 16; Ps. 73, 16-23; 62, 9; Matth. 6, 5ff; Mark. 14, 36; Luk. 11, 1ff; 18, 1; Röm. 8, 15. 21; 12, 2

Ergänzende Literatur

Bernet, W.: Gebet. Themen der Theologie 6. Stuttgart 1970
Betz, O. und F.: Tastende Gebete. München 1973
Bonhoeffer, D.: Beten mit der Bibel. Stundenbuch 91, Hamburg 1970
Brokering, H.F.: Wir sind aufeinander angewiesen. Gütersloher Taschenbücher 99, Gütersloh 1975
Klink, J.: Nicht im Sturm, nicht im Feuer. Handreichungen zur Gebetserziehung. Topos-Taschenbücher 26, Düsseldorf 1974
Köberle, A.: Schule des Gebets. Metzingen 1967
Schlatter, A.: Mut zum Beten. Calwer Hefte 80
Seitz, M./ Thiele, F.: Wir beten. Gebete für Menschen von heute. Gladbeck 1973
Sölle, D.: Artikel »Gebet« in: Theologie für Nichttheologen, a.a.O.
Thielicke, H.: Das Gebet, das die Welt umspannt. Reden über das Vaterunser. Stuttgart 1973
Zink, J.: Wie wir beten können. Stuttgart 1970
Evangelischer Erwachsenenkatechismus, a.a.O., S. 1245ff

Fragen zum Thema

1. Was bedeutet es für mein Beten, daß in anderen Religionen so angestrengt und demütig gebetet wird?
2. Wie kann unser Beten aus einem formelhaften und unverbind-

lichen Reden zu einem situationsbezogenen Gespräch mit Gott werden?
3. Wie gewinnen wir aus dem Glauben an das Wort der Bibel die Gewißheit der Erhörung für morgen?
4. Wo ist mein eigener innerer Unfrieden Grund für den Unfrieden um mich her?
5. Wie kann ich erkennen, wo ich widerstehen muß und wo ich leiden soll?

Gesprächsergebnis (Gemeindegruppe)

Bemerkungen der Gesprächsteilnehmer: Die Fragen schienen zum Teil etwas künstlich und konnten darum nicht mit gleichem Engagement behandelt und beantwortet werden; sie schienen zum Teil auch etwas unklar formuliert und in ihrer Zielrichtung nicht eindeutig.
Unter diesen Voraussetzungen ist das Folgende zu werten.

Frage 1 wurde nicht angesprochen.

Frage 2:
Formelhaftes und unverbindliches Beten geschieht meistens dort, wo geordnet und regelmäßig gebetet wird: in der Hausandacht, im Gottesdienst. Hier ist die Motivation des Betens nicht irgendein persönlicher Anlaß, sondern Zeit und Ort. Darum wird es nötig sein, überall dort, wo es uns innerlich dazu drängt, Gebetsworte zu sprechen, das spontan zu tun und uns weder durch Zeit noch Ort dabei beeinträchtigen zu lassen.

Frage 3:
Aus dem Wort der Bibel können wir ablesen: Die Menschen, die dort geschildert werden, und mit ihnen die Verfasser und Redaktoren der biblischen Texte, sind Menschen wie wir, mit ihrem Vertrauen und ihrem Zweifel, mit ihrem Hoffen und ihrem Versagen, ihren Sehnsüchten und ihrer Schuld. Wir finden uns, wenn wir uns eingehend mit den Texten befassen — trotz der Unterschiede der Prägungen durch den Zeitgeist, trotz der Verschiedenheit des Weltbildes — in ihnen wieder. Darum ist es möglich, daß das, was sie bezeugen, uns mitbetrifft:
Da ist einer, der diesen Menschen trotz ihrer Unvollkommenheit

und ihres Versagens die Treue hält, der in jedem neuen Lebensraum, in den sie hineingeraten, wieder da ist — ihnen neu begegnet. Er ist also nicht nur der, der sich ihnen in der Vergangenheit bezeugt und sie bis dahin begleitet hat, sondern auch der, der aus der Zukunft auf sie zukommt — der, der gestern war, heute ist und in Ewigkeit (dann also auch morgen!) sein wird, dessen Treue auch der Tod am Kreuz nicht töten kann, sondern der gerade da erweist, daß seine Liebe stärker ist als alle Mächte der Sünde und des Todes; der Sünde und Tod am Kreuz noch zu einem Standort im Leben macht, an dem er einem auch begegnet — in Treue —, und neues Leben schenkt.
Wenn wir das — hörend und betend, allein und gemeinsam — fassen lernen, wächst unsere Gewißheit, daß der, der immer Treue gehalten hat, auch uns in Zukunft Treue hält — zu seinen Zusagen steht — lebt — und uns, uns erhörend (nicht unbedingt jede Bitte erfüllend!), begegnet.

Frage 4:
Diese Frage wird von einem Teilnehmer mit dem Satz beantwortet: » . . . wenn ich nicht fähig war, das ‚dein Wille geschehe' anzunehmen.«
Unbefriedete Menschen strahlen Unfrieden aus, so wie befriedete Menschen Frieden ausstrahlen. Frieden kann erreicht werden, indem ich annehme, was mir zugemutet wird, ohne mehr nach dem Warum zu fragen. Es ist nicht gut, wenn der Mensch mit sich selbst in Unfrieden lebt: um seiner selbst und um der anderen willen.

Frage 5:
Es ist sehr schwer, das schon vorher zu erkennen; hinterher scheint es wesentlich leichter zu sein, das zu entscheiden.
Unserer Meinung nach schließen Widerstand und Leiden einander nicht aus, sondern ein. Denn wo jemand um des Evangeliums willen widersteht, ist ein gewisses Maß an Leiden unumgänglich. Sollte mit diesem Widerstand Widerstand gegen Gewalt und offenkundiges Unrecht (Dritte Welt, Rassenkonflikte, Minderheitenprobleme etc.) gemeint sein, sind wir der Ansicht, daß widerstanden werden muß. Die Frage ist nicht: Widerstand oder Leiden, sondern in welcher Weise Widerstand geleistet werden soll. Wir möchten uns eine Entscheidung für Gewaltlosigkeit oder Gewalt nicht anmaßen, da wir selbst nicht in solcher Situation stehen, aber sehen, daß innerhalb der Christenheit in ehrlicher und hart errungener Entscheidung ganz verschiedene Standpunkte eingenom-

men wurden (Martin Luther King auf der einen, Dietrich Bonhoeffer auf der anderen Seite).
Wir stehen vor der Frage nach dem rechten Maßstab — auch für uns, für die Alltagssituationen, in denen auch bei uns ein gewisser Widerstand nötig ist. Das Durchsetzen des eigenen Standpunkts, und wenn er noch so christlich aussähe, wird zurückgewiesen. Als gut wird akzeptiert, »was dem Evangelium, was dem Wachsen des Reiches Gottes dient«. (Beispiel: Der Widerstand der Apostel vor den verschiedenen Gremien, die sie bedrohen und zum Schweigen bringen wollen. Widerstand — ja! Aber nie um der eigenen Person willen. Diese fällt nur insofern ins Gewicht, als sie sich — mitunter — mit dem Anliegen des Evangeliums decken könnte.)
Wie erkennen wir eindeutig, ob es uns um die Sache des Evangeliums geht oder ob wir nicht — zum Teil unbewußt — eigene Strebungen mit »der Sache des Evangeliums« bemänteln, also einer unlauteren Motivierung unterliegen? In solch einer Situation ist das Gespräch mit einem Partner, der auf demselben Boden steht, eigentlich unumgänglich. Im Gespräch und im Gebet mit dem anderen, im gemeinsamen Suchen, zeichnen sich die Schritte, die man tun soll, deutlicher ab. Die Gewißheit einer relativ klaren Entscheidung wächst dann. Außerdem gilt diesem gemeinsamen Suchen nach »der Sache des Evangeliums« die Verheißung, die auf den zwei oder drei liegt, die um seines Namens willen zusammenkommen. Er ist mit dabei. Das heißt auch: Er weist Wege, die wir vorher nicht ahnen.

Gottfried Roller

Zusammenfassende Thesen

»Das Gebet ist ein Reden des Herzens mit Gott in Bitte und Fürbitte, Dank und Anbetung« (Konfirmationsbuch der Evang. Landeskirche in Württemberg). Gebet ist Gespräch mit Gott, nicht nur Reden zu Gott. Gebet ist Ausdruck des Glaubens oder Bitte um Glauben. Gebet ist das Rechnen mit einem Gegenüber des Glaubens, also kein Selbstgespräch. Gebet ist Einladung Gottes, die er in Jesus Christus ausspricht und im Vaterunser konkret macht. Das Gebet ist ein Kennzeichen der Christen.

Gebot

Gottes Gebot tritt uns entgegen in Gestalt der Zehn Gebote, im Alten und im Neuen Testament. Gesetz und Evangelium, Weisung und Thora sind Begriffe, die dazugehören.

Die Zehn Gebote vom Sinai

Mit ihnen wird Israel zum Volk. Denn Bundesschluß und Zehn Gebote sind eins. Israel, am Sinai zum Volk geworden, ist nicht zu lösen von den »zehn Worten«, wie man besser sagt. Die zehn Worte haben ein wichtiges Vor-Wort. 2. Mose 20 steht: »Ich bin der Herr, dein Gott, der ich dich aus Ägypten, aus dem Diensthause geführt habe.« Durch die Rettung aus Ägypten, aus dem Roten Meer und aus der Wüste und durch das Angebot Gottes »Ich bin dein Gott« wird Israel zum Volk. Der Sinai, als Ort der Gottesoffenbarung, bleibt auch später der Ort der Erneuerung (zum Beispiel bei Elia).
Vor den Geboten steht also Gottes Angebot. Die Gebote beginnen mit der Frohen Botschaft, nicht mit erhobenem Zeigefinger.
Mit dem »Du« ist das Volk als Ganzes angeredet.
Die Zahl »zehn« hilft dem Gedächtnis. Die Gebote sind ganz bewußt auf Lernen angelegt. Darum sind sie auch kurz.
Die Gebote beginnen alle mit »Du sollst«. Die Gebote sind logische und praktische Folgerungen aus dem Angebot Gottes. Aus dem Angebot erwächst die Kraft, das »Du sollst« zu erfüllen.
Die Zehn Gebote stehen 2. Mose 20; 3. Mose 19; 5. Mose 5. Die verschiedenen Formulierungen zeigen, daß die Gebote in die jeweilige Umwelt und Situation hineingesprochen wurden.

Der Inhalt der Gebote

Nach der biblischen (=reformierten) Zählung in Klammern die katholisch-lutherische Zählung.

1 (1) Keine anderen Götter. Dies ist Gottes wichtigste Forderung. Er will ausschließlich Gott sein. Israelitischer Glaube ist Glaube an

den einen Gott. Hier geschieht die Weichenstellung für alle Gebote.
2 (—) Kein Bild von Gott. Von Gott, an den man glaubt, soll man kein Bild machen, weil man dadurch (so war die Meinung) Macht über Gott bekommen könnte. Bilder anderer Götter waren ebenfalls verboten, damit man nicht zu ihrer Anbetung verleitet wurde. Der einzige Gott ist unsichtbar.
3 (2) Gottes Name. Gottes Name soll recht gebraucht werden, bei Gebet und Segen. Der Mißbrauch bei Fluch und Magie sollte ausgeschlossen sein.
4 (3) Gottes Sabbat. Der Feiertag ist Gottes Tag, an dem sich das Volk seines Gottes versichern und freuen soll.
5 (4) Eltern. Dieses Gebot hat zunächst den Sinn einer Altersversorgung der Eltern. Die Erwachsenen sollen ihre alten Eltern versorgen.
6 (5) Leben. Es geht nicht um das Töten schlechthin, sondern um das Morden. Töten in Krieg und Gericht ist hier ausgenommen.
7 (6) Ehe. Die geschlossene Ehe (Verlobungszeit galt auch als Ehe) soll nicht aufgelöst, nicht geschieden werden.
8 (7) Eigentum. Hier sind nicht Gegenstände, sondern Personen gemeint. Es ist ein Verbot des Sklavenhandels.
9 (8) Wahrheit. Es geht hier um die Wahrheit vor Gericht, und darüber hinaus um alle Wahrheit.
10 (9 und 10) Begehren. Dieses Verbot ist das eigentliche Diebstahlsverbot. Begehren heißt nämlich, mit allen Mitteln versuchen, das Gewünschte an sich zu bringen.
Die Gebote regeln also das Verhältnis Gottes zum Volk und das Verhältnis des Volkes untereinander. Die Gebote werden im Alten Testament in zwei Gebote zusammengefaßt: Gottesliebe (5. Mose 10, 12) und Nächstenliebe (3. Mose 19, 18). Jesus faßt die beiden Gebote zum Doppelgebot zusammen (Luk. 10, 27).

Die Zehn Gebote bei den Propheten

Die Propheten sehen ihren Auftrag in der Verkündigung des Gotteswillens in eine bestimmte Situation hinein und in der Ankündigung der Zukunft, die sich aus Beachten und Mißachten der Thora, der Weisung Gottes, der Gebote ergibt. In fast allen Prophetenbüchern werden einzelne Gebote genannt. Aber es geht immer um die Grundhaltung, die im Vor-Wort zu den Geboten

genannt ist: Das Vertrauen zu Gott ist Voraussetzung alles (ge-) rechten Handelns Gott und den Menschen gegenüber. Es scheint, als ob das Volk als Ganzes Gott nicht vertrauen könne. Darum bietet Jeremia (Kap. 31) einen neuen Bund an, der das Gesetz Gottes ins Herz schreibt.
Im Judentum vor und zur Zeit von Jesus wurden die Gebote und die sich daraus ergebenden Anweisungen zum gültigen Gesetz. Es wurde bei vielen Schriftgelehrten losgelöst vom Bund Gottes. Das Gebot wurde vom Angebot getrennt. Und die Gebote wurden zum selbständigen Heilsweg.

Die Zehn Gebote bei Jesus

In Matth. 5, 17-20 sagt Jesus, daß er das Gesetz nicht auflösen, sondern erfüllen wolle. Darin zeigt sich die Unwandelbarkeit der Absicht des Gesetzes. Die vielen Einzelgebote, die die Schriftgelehrten von den Geboten als verpflichtend ableiteten, verdunkelten nach Jesu Meinung den Sinn der Gebote. Darum erfüllte Jesus nach ursprünglich-göttlichem Verständnis zum Beispiel das Sabbatgebot (Mark. 2 und 3), obwohl er es nach damalig-jüdischem Verständnis übertrat. Die Zusammenfassung der Gebote (Luk. 10, 27) in der »Liebe« beweist dies. Auch die sogenannten »Antithesen« in der Bergpredigt (Matth. 5, 21-48) zeigen den Grundwillen Jesu, keine Schlupfwinkel zuzulassen; nicht nur Werke, sondern schon die Gedanken trennen von Gott und vom Nächsten oder verbinden mit Gott und dem Nächsten. Nicht nur Bereiche des Menschen, sondern der ganze Mensch wird in den Bund einbezogen. Jesus selber bestätigt also das Gesetz und begrenzt und korrigiert es in seinen Auslegungen.

Das Gebot bei Paulus

Paulus führt in seinen Briefen die einzelnen Gebote an. Sie sind im Zusammenhang von Gesetz, Gnade und Liebe zu sehen. Für Paulus (als Jude und Rabbi) hat das Gesetz zwei Seiten: Der Gesetzesbuchstabe tötet (Gal. 2, 16.19 u.a.), aber: Christus erfüllt das Gesetz (Gal. 3, 21). Jesus ist gleichzeitig das Ende und der Erfüller des Gesetzes. Die Liebe gilt als des Gesetzes Erfüllung. Ist das Gesetz nun gut oder schlecht?

Obwohl man das Gesetz halten kann (5. Mose 30, 11), ist doch die Erfahrung: Man kann es nicht halten. Jesus Christus gilt als der, der unter das Gesetz geschickt wurde, um die vom Gesetz geforderte Gerechtigkeit zu erfüllen. Jesus ist die Verkörperung des Gotteswillens und des erwarteten Gehorsams (Phil. 2, 6-8). Jesu Gehorsamstod gilt als Opfer. Durch sein Opfer werden Menschen von falschem Verständnis des Gesetzes und von der Knechtschaft des Gesetzes freigekauft und gesegnet. Jeder, der diesem Jesus Christus glaubt und wie Jesus Christus dem Vater glaubt, wird zum Kind Gottes, ob er zum alten Israel gehört oder nicht.
So ordnet Paulus sein Gemeindeleben unter dem Oberbegriff »Liebe«, die aus dem Vertrauen zu Gott herauswächst (Eph. 5, 21 - 6, 8; Kol. 3, 18 - 4, 1). Wichtig ist, daß Paulus alle Alltagsprobleme und Ordnungen *nach* dem Angebot Gottes in Jesus Christus behandelt. Das Evangelium in Wort und Person Jesu Christi führt das Gesetz zu seinem eigentlichen Sinn zurück und hilft uns heute die Gebote verstehen. *Kurt Rommel*

Ausgewählte Bibelstellen

2. Mose 20; 3. Mose 19, 18; 5. Mose 5; 10, 12; 30, 11; Ps. 119; Matth. 5; Luk. 10, 27; Gal. 2, 16.19; 3, 21; Eph. 5, 21 - 6, 8; Phil. 2, 6-8; Kol. 3, 18 - 4, 1

Ergänzende Literatur

Ebeling, G.: Die Zehn Gebote — in Predigten ausgelegt. Tübingen 1973
Hennig, K.: Das Grundgesetz Gottes. Die Zehn Gebote und der Mensch von heute. Stuttgart 1962 (vergriffen)
Kuhn, J. (Hrsg.): Chancen. Die Zehn Gebote in einer veränderten Welt. Stuttgart 1973 (vergriffen)
Lange, E. (Hrsg.): Die zehn großen Freiheiten. Gelnhausen 1973
Lüthi, W.: Die Zehn Gebote Gottes. Auslegung für die Gemeinde. Basel 1966
Stählin, W.: Die Urordnung des Lebens. Ein Versuch, die Zehn Gebote zu verstehen. Stuttgart 1974
Evangelischer Erwachsenenkatechismus, a.a.O., S. 246ff

Fragen zum Thema

1. Welche Bedeutung haben die Gebote heute?
2. Welche Gefahr besteht heute in Ordnungen, Gesetzen und Vorschriften?
3. Wie kann man heute die Zehn Gebote neu sagen, auf unsere Probleme angewandt?

Fragenbeantwortung (aufgrund von Lesermeinungen)

Frage 1:
In der Frage nach der Bedeutung der Zehn Gebote heute war besonders das 6. (5.) Gebot wichtig: »Du sollst nicht töten!« Man war nicht einig mit der Meinung, dieses Gebot heiße eigentlich: »Du sollst nicht morden!« So sehr wir uns heute um die Radikalität des Gebotes nicht herumdrücken dürfen, so sehr müssen wir doch beachten, was im Alten Testament steht. Das hebräische Wort »razach« heißt wörtlich »gemeinschaftswidrig töten«. Dazu paßt die Beobachtung, daß im Alten Testament viele Kriege im Namen Gottes geführt wurden, viele Menschen im Namen Gottes getötet wurden und dies alles unter dem Begriff des »Heiligen Krieges« stand (zum Beispiel Einwohner von Jericho, Tötung der Gefangenen durch Saul, der Baalspriester durch Elia usw.). Durch das Liebesgebot, das schon im Alten Testament steht, aber durch Jesus erst sein Gewicht erhält, fällt neues Licht auf das 6. (5.) Gebot, überhaupt auf alle Gebote. Vom Liebesgebot her kann es keinen Heiligen Krieg mehr geben. Der Wortlaut der Gebote im Alten Testament und ihre Bedeutung im Umkreis und in der Umwelt des Alten Testaments entheben uns nicht der Aufgabe, sie mit den Augen des Neuen Testaments und damit mit den Augen Jesu zu lesen und zu beachten. Sie bieten keine Schlupflöcher für ein Leben zu Lasten des Nächsten.
Übrigens kann man in den Grundgesetzen verschiedener Staaten Anleihen bei den Zehn Geboten entdecken.

Frage 2:
Ordnungen, Gesetze und Vorschriften, die in der Kirche, in christlichen Gruppen und Gemeinschaften vorhanden sind oder sich

dort entwickelt haben, zeigen immer wieder die Tendenz, sich in den Vordergrund zu spielen. Ein Beispiel: Die Ordnung, jeden Tag in der Bibel zu lesen, ist gut gemeint und heute grundsätzlich richtig. Sie setzt aber voraus, daß man lesen kann. Früher konnte kaum jemand lesen, also war eine solche Ordnung auch nicht sinnvoll. Sie sollte und soll Anregung und Hilfe sein, sein Leben nicht ohne Gottes Wort zu leben. Als Gesetz verstanden, bewirkt sie viele schädliche, unnötige Schuldgefühle. So ist es mit vielen anderen Verhaltensregeln auch. Daß man hier nicht »gesetzlich« sein soll, zeigen die verschiedenen Meinungen sehr frommer Menschen: Die einen lehnen Alkohol ab und befürworten das Rauchen, andere lehnen das Rauchen ab und befürworten den Alkohol. Ordnungen, Gesetze und Vorschriften dürfen nie die erste Stelle einnehmen. Sie müssen dem Glauben, der frohen Botschaft von der Freiheit und der Versöhnung nachgeordnet bleiben und ihr dienen.

Frage 3:
Eine Kurzfassung der Gebote für heute könnte etwa so lauten: 1. Glaub an Gott! 2. Glaub an Jesus Christus! 3. Ruf Gott an! 4. Hab Zeit für Gott! 5. Ehr die Eltern! 6. Laß leben! 7. Sei treu! 8. Gib gern! 9. Sei wahr! 10. Sei dankbar! *Kurt Rommel*

Zusammenfassende Thesen

Das Gebot ist das Wort, in dem Gott zeigt, wie wir mit ihm und miteinander leben können. Gebot ist vor allem Angebot, weil sich Gott darin anbietet, unser Herr zu sein, mit uns zu gehen, uns zu begleiten. Aus seiner Liebe zum Menschen leitet Gott die Worte ab, die das Zusammenleben der Menschen regeln. Das Gebot ist Hilfe für den Glauben. Das Einhalten des Gebots ist Ausdruck des Glaubens.

Gehorsam

Gehorsam ist unerläßlich, wenn das Zusammenleben der Menschen funktionieren soll: Kinder lernen gehorchen, um vermeidbare Dummheiten bleiben zu lassen; Gesetze werden unter Androhung von Strafe erlassen, damit der Willkür von einzelnen und Gruppen Einhalt geboten werde; Weisungs- und Befehlsstränge müssen eingerichtet werden, um die notwendigen Prozesse von Verwaltung, Produktion und Machtkontrolle in einer hochindustrialisierten Gesellschaft in Gang zu halten. Nur: zu kontrollieren bleibt, welche Instanzen die Macht haben oder sich anmaßen, Gehorsam zu fordern.

Ungehorsamer Gehorsam

Im Laufe der Geschichte ist der Gehorsam ganz gehörig, nein: ganz ungehörig aus der Art geschlagen. Als ob der Begriff für sich allein auf ziemlich wackligen Beinen stünde, hat er sich eine Fülle verschiedenster Beiwörter als Krücken zugelegt: man spricht vom frei-, un- oder widerwilligen, vom willen- und gedankenlosen, vom Kadaver-, vom sturen, gefügigen, strammen, vom blinden Gehorsam. Bei denen, die Gehorsam verlangen, findet sich eine breite Skala dessen, was sie wollen: sie reicht von Einsicht bis Schliff, von Kultur bis Dressur, von Triebkontrolle bis Triebunterdrückung, von Anordnung bis Anpassung. Unterordnung wandelt sich oft in Unterwerfung, ja Unterwürfigkeit; aus Zugehörigkeit wird Hörigkeit. Wenn sich die Oberen bemühen, die Unteren »Mores zu lehren«, dann wird das nicht dadurch erträglicher, daß man das Väterliche ins Spiel bringt. (Gewerbeordnung von 1869, bis vor nicht gar zu langer Zeit in Kraft: »Der Lehrling ist der väterlichen Zucht des Lehrherrn unterworfen.«) Man hat damit nicht nur Untertanengeist produziert, sondern auch den fahrlässigen Umgang mit »antiautoritärer« Erziehung, in dem man die Geister nicht mehr los wird, die man rief. Der Mensch hat offenbar die Neigung, aus der Art zu schlagen, zu dirigieren und zu herrschen (1. Mose 3, 5), nicht nur »oben«, sondern »obenauf« zu sein, so daß andere nicht nur »unten«, sondern »untendurch« sind. »Soviel ich weiß, hat noch keiner, der es war, sich als Tyrann bezeichnen lassen; der Posten ist begehrter als der Titel« (Max Frisch). Umgekehrt scheint die Neigung nicht weniger groß, gehorsam sein zu wollen, sei es in der Spielart von »brav« oder von »Führer befiehl, wir folgen«. Untersuchungen in Deutschland und Kanada haben ergeben, daß bei den Befragten ein Zusammenhang besteht zwischen traditioneller Kirchlichkeit und autoritärem Denken (unkritische Anpassung, Zucht-und-Ordnung-Denken). Damit liegt der Verdacht nahe, daß Christen, sobald sie Gehorsam im Sinn von Unterwerfung (miß-) verstehen, ihren Herrn unvermerkt auswechselbar werden lassen gegen andere Herren, den Hirten gegen den »Führer« oder gegen Prinzipien. Es gibt genug Beispiele für ungehorsamen Gehorsam. Der richtige Gehorsam hat darum sicher etwas mit Buße zu tun.

Hören und Gehorchen

Hören und Gehorchen gehören sprachlich und sachlich zusammen. Gehorchen kann man guten Gewissens nur dem, der etwas zu sagen hat und von dem man sich etwas sagen läßt: weil er Vertrauen schafft, mich meint und nicht nur etwas von mir, das ihm nützlich scheint. Schon das Hören, in dem man sich etwas — nicht irgend etwas, sondern Wesentliches — sagen läßt, ist Gehorchen, ist konsequentes Hören, ein Hören mit Konsequenzen. Es geht hier um den Grundvorgang, der vom Hören ins Gehorchen führt und der von der Vertrauenswürdigkeit (Vollmacht, Matth. 7, 29), von Autorität lebt. Der biblische Gott beansprucht Autorität, weil er sie verdient, er, der Israel aus Ägyptenland, aus der Knechtschaft geführt hat und darum keine anderen Götter neben sich haben will. Er hat das Recht zu sagen, »was gut ist und was der Herr von dir fordert« (Micha 6, 8). Er hat genug Vertrauen geschaffen (vgl. Abraham), nun muß er ein eifriger, ein eifersüchtiger Gott sein, wenn er etwas auf sich und sein Volk hält. Er kann durch Prophetenstimme den Gehorsam geradezu einklagen, aber nicht den Gehorsam der knirschenden Zähne, der krummen Unterwürfigkeit, sondern den der Dankbarkeit und des Wissens, wozu das alles gut ist. Ja, er kann denen, die den Bund nicht gehalten haben, einen neuen Bund verheißen, ihnen sein Gesetz in ihr Herz geben, daß sie »mich alle erkennen, beide, groß und klein« (Jer. 31, 31ff).

Und eine andere Linie des Alten Testaments führt (1. Mose 1) von dem Gott, der etwas zu sagen hat, zu der Ansprechbarkeit des Menschen, von Gottes Wort zu dessen Antwort. Diese Antwort kann Verantwortung (statt Gehorsam) genannt werden, Verantwortung für die Gestaltung der Welt und die gehorsame Annahme ihrer Herausforderungen.

»... wie Jesus Christus«

— schreibt Paulus im Philipperbrief. Wie war Jesus gesinnt? Hat er Machtansprüche, Titel, Sonderrechte hervorgekehrt? Hat er Menschen vergattert, entmündigt, gefügig gemacht? Nichts von alledem. Es war ihm nicht darum zu tun, daß viele »Herr, Herr zu ihm sagen«, sondern daß sie den Willen seines Vaters tun. Er hat ihn selber verwirklicht. Seitdem weiß man: seine Liebe regiert, indem sie dient, gehorsam bis zum Tode (Phil. 2, 8). Jesus bleibt darin dem treu, der seine Sonne scheinen läßt über Gerechte und Ungerechte. Er ist empfindlich gegen die üblichen Herrschafts- und Unterwerfungsgelüste des Menschen (Matth. 20, 20ff), kritisch gegen alle gesetzlichen Verfestigungen (Sabbatgebote), unnachsichtig gegen das religiöse Leistungsdenken, unerbittlich gegen Halbherzigkeit (Luk. 9, 57ff). Und als man Jesus gefangennahm, da wirkte der Gebundene in seinem Gehorsam frei und souverän. »Gott dienen, das ist Freiheit« (Oetinger). Was Paulus den »Gehorsam des Glaubens« (Röm. 1, 5) nennt, besteht darin, wie Jesus Christus gesinnt zu sein: die Gnade Gottes anzunehmen und weiterzugeben, dankbar und gehorsam. Da wird kein unterwürfiger Gehorsam draus, auch nicht, wenn man »untertan der Obrigkeit« bleibt (Röm. 13, 1ff). Da kann auch das harte Muß im Leben gehorsam angenommen und zermürbender Sinnlosigkeit entrissen werden; das ist mehr als duldsame Ergebenheit, mit der Gehorsam häufig verwechselt wird.

Gehorsamer Ungehorsam

Die Szene Apg. 5, in der der Satz fällt, »man muß Gott mehr gehorchen als den Menschen«, spiegelt wiederum die Freiheit der Gehorsamen wider. Der Herr, in dessen Gehorsam die Apostel ungehorsam sind, ermutigt uns, auf der Hut zu sein vor allen Unterwerfungsneigungen, wach zu sein auch gegenüber allen Drohungen mit Angst und Strafe, dessen bewußt zu bleiben, daß wir nicht Knechte, sondern Söhne Gottes (Gal. 4, 7) sind, keineswegs unkritisch untertan, sondern frei auch zum Widerspruch. Die Gemeinde Christi kann und wird ein Gespür dafür entwickeln, wo man den Gehorsam gegen Forderungen, Gesetze, »gesundes Volksempfinden« aufkündigen muß. Wohl ist ein grundsätzlicher Argwohn gegen Sitte und Tradition fehl am Platze, weil diese immerhin den Umgang unter Menschen erleichtern, ordnen und festigen helfen. Wenn aber die Herrschaft des Menschen über den Menschen überhandnimmt, heute oft mit schwer durchschaubarer Anonymität getarnt, dann kann man Gott nur so gehorchen, daß man gemeinsam nach Mitteln gegen den Machtmißbrauch sucht (vgl. Bonhoeffer u.a.). Daß dieser Gehorsam dann den Mut zu Ungehorsam bedeutet, auch die Bereitschaft zum Leiden — das wird nur der gelassen aussprechen, der auch sein Zittern in Gott geborgen weiß. *Martin Baisch*

Ausgewählte Bibelstellen

1. Mose 3, 5; Jer. 31, 31ff; Micha 6, 8; Matth. 20, 20ff; Luk. 9, 57ff; 22, 24-27; Apg. 5, 1ff; Röm. 1, 5; 13; Gal. 4 und 5; Phil. 2

Ergänzende Literatur

Bonhoeffer, D.: Widerstand und Ergebung. Siebenstern-Taschenbuch 1, Hamburg 1974
Dostojewskij, F. M.: Der Großinquisitor. Insel-Bücherei 149, Frankfurt/Main 1966
Moltmann, J.: Mensch. Themen der Theologie 11. Stuttgart 1973
Sölle, D.: Phantasie und Gehorsam. Stuttgart 1968

Fragenkreise zum Thema

Gehorsam und Gewissen; Gehorsam und Strafe; Fremd- und Selbstbestimmung; Anpassung und Widerstand.

Rundgespräch in einem Jugendclub

(Sieben Teilnehmer zwischen 18 und 22 Jahren,
aufgeschlossen, aber ohne Beziehung zur Kirchengemeinde)

Einleitung

Welche spontanen Gedanken kommen Ihnen, wenn Sie das Wort »Gehorsam« hören?
Antworten: sich ducken, Unfreiheit, Strafe, Befehl, Unterwerfung, müssen, parieren, Gewissen.
Der Begriff »Gehorsam« ist also gefühlsmäßig negativ besetzt.

Gehorsam als »Tugend«

1. Von wem stammt der folgende Ausschnitt einer Lebensbeschreibung aus unserem Jahrhundert?
»,Von meinen Eltern war ich so erzogen, daß ich allen Erwachsenen und besonders Älteren mit Achtung und Ehrerbietung zu begegnen hätte, ganz gleich, aus welchen Kreisen sie kämen. Überall, wo es notwendig ist, behilflich zu sein, wurde mir zur obersten Pflicht gemacht. Ganz besonders wurde ich immer darauf hingewiesen, daß ich Wünsche oder Anordnungen der Eltern, der Lehrer, Pfarrer usw., ja aller Erwachsenen bis zum Dienstpersonal unverzüglich durchzuführen bzw. zu befolgen hätte und mich durch nichts davon abhalten lassen dürfte. Was diese sagten, sei immer richtig. Diese Erziehungsgrundsätze sind mir in Fleisch und Blut übergegangen.' Der Schreiber dieser Zeilen, 1900 geboren, hat eine strenge christliche Erziehung genossen, deren wesentliche Gehalte hier angegeben sind; an anderer Stelle betont er, daß er ,von Jugend auf zu unbedingtem Gehorsam, zu peinlicher Ordnung und Sauberkeit erzogen' sei« (D. Sölle, Phantasie und Gehorsam, Stuttgart 1968, S. 11).

Wer war der Verfasser? Nach anfänglichem Rätselraten mit positivem Akzent (Albert Schweitzer, Heinrich Lübke, Konrad Adenauer) werden die problematischen Elemente der Lebensbeschreibung entdeckt (»immer richtig«, »unverzüglich durchzuführen«, »unbedingter Gehorsam« usw.). Die zwangsläufige Folge von Anpassung, Unterwerfung, Ausschaltung des Gewissens wird entdeckt. Dennoch Bestürzung darüber, daß der Schreiber Rudolf Höß ist (Kommandant des KZ Auschwitz). Welche Rolle spielt hier »christliche Erziehung«?

2. Gedicht von Bertolt Brecht »Was ein Kind gesagt bekommt« (Bertolt Brecht, Gesammelte Gedichte, Frankfurt/Main 1976)

Der liebe Gott sieht alles.
Man spart für den Fall des Falles.
Die werden nichts, die nichts taugen.
Schmökern ist schlecht für die Augen.
Kohlentragen stärkt die Glieder.
Die schöne Kinderzeit, die kommt nicht wieder.
Man lacht nicht über ein Gebrechen.
Du sollst Erwachsenen nicht widersprechen.
Man greift nicht zuerst in die Schüssel bei Tisch.
Sonntagsspaziergang macht frisch.
Zum Alter ist man ehrerbötig.
Süßigkeiten sind für den Körper nicht nötig.
Kartoffeln sind gesund.
Ein Kind hält den Mund.

Beim Gespräch über dieses Gedicht wird entdeckt, wie Gott alle Maßregeln absichert (1. Zeile), welche Funktion ihm auf diese Weise zugeschrieben wird (Polizist, Sittenwächter, Richter, Aufpasser, Garant des Systems und des guten Gewissens der Herrschenden usw.).

Gehorsam als Widerstand
(besprochen anhand des 7-Minuten-Films »Espolio«, Medienzentrale der Evang. Landeskirche in Württemberg)

1. »Jesus, der einen Tick bekam und predigte« (Zitat aus dem Film), ist der Dienende und Freie zugleich. — Wir lesen Matth. 20, 20-28. Ergebnis: Staunen der Gesprächsteilnehmer darüber, wieviel Freiheit, Widerspruch und Widerstand von dem gehorsamen, dienenden Jesus ausgeht.

2. Kontrast im Film: der andere Zimmermann, der das Kreuz für Jesus fertigt, der »seine Pflicht tut«, »redliche Arbeit« leistet.
Ergebnis: Wer gehorcht, ohne nach Sinn und Berechtigung einer Anordnung zu fragen, dient der Gewalt — auch wenn dies für ihn der leichtere Weg ist.

Wo steht der junge Mensch in Gefahr,
»mit den Wölfen zu heulen«?

Diese letzte Gesprächsrunde kam aus Zeitgründen und wegen des starken Filmeindrucks leider zu kurz. Lediglich ein paar wenige Gefühlseindrücke lassen sich protokollieren: die Ohnmacht des einzelnen, das Fehlen von ethischen Einsatzpunkten.
Das Erstaunliche des Abends blieb, daß die Gestalt Jesu, der der Autorität Gottes gehorsam und darum frei zur Menschlichkeit und zum Leiden war, neue Glaubwürdigkeit und Aktualität gewann.

Martin Baisch

Zusammenfassende Thesen

Gehorsam ist heute ein umstrittenes Wort. Es handelt sich nicht um blinden Gehorsam, sondern um einen Gehorsam, der sich auf das Hören bezieht und mich persönlich nicht ausschließt. Das Hören auf Gottes Wort führt zum Gehorsam, zum überdenkenden, überlegten, prüfenden Übernehmen des Wortes für unsere Gegenwart und Wirklichkeit. Gehorsam, so verstanden, ist Antwort des Glaubens auf Gottes Wort und Tun.

Gemeinde

Gemeinde ist heute ein vielfach gebrauchter Begriff. Man spricht von bürgerlicher Gemeinde, Kulturgemeinde, von der Gemeinde eines berühmten Mannes, etwa eines großen Künstlers (Bachgemeinde). Daneben reden wir von Kirchengemeinde und von christlicher Gemeinde. Alle haben ein gemeinsames Anliegen, einen gemeinsamen Mittelpunkt, sammeln sich um eine gemeinsame Person. Und sie pflegen um dieses Gemeinsamen willen Gemeinschaft.

Gemeinde und Kirche

Die beiden Begriffe »Gemeinde« und »Kirche« werden oft gegenseitig ausgetauscht. Wenn wir aber eine Unterscheidung versuchen, dann kann man die Gemeinde als die kleinere, überschaubare, ursprünglichere Form ansehen, während die Kirche die größere Gemeinschaft, die Zusammenfassung von einzelnen Gemeinden ist. Man kann das Wort »Organismus« mehr auf die Gemeinde, das Wort »Organisation« mehr auf die Kirche anwenden. In der »Gemeinde« ist man näher am konkreten Leben der Christen, als »Kirche« sind die Christen mehr im Welthorizont gesehen. Die Spannung bleibt: Wie kann in der großen Kirche das Leben der kleinen Gemeinde gesehen und erhalten werden? Wie kann in der kleinen Gemeinde der weltweite Horizont der Kirche sichtbar werden?

Das Wesen der Gemeinde

In 1. Kor. 12 und in Röm. 12 schildert Paulus das Wesen der Gemeinde: Die Gemeinde ist der Leib Christi. Der Leib ist lebendig. Da gibt es Haupt und Glieder. Jesus ist das Haupt. Die Gläubigen sind die Glieder, die in diesem Organismus leben. Das Bild vom Leib schildert treffend das, was Gemeinde ist. Dort, wo die Gemeinde ist, ist Jesus Christus.

Wohl ist auch dort schon Jesus Christus, wo zwei oder drei in Jesu Namen versammelt sind. Aber als Gemeinde wird man erst größere Gruppierungen ansehen können, in denen sich Menschen mit verschiedenen Ansichten und Einsichten, Gaben und Begabungen zusammenfinden und miteinander ihr Leben gestalten und Aufgaben wahrnehmen. Der Pulsschlag jeder Kirche ist in der überschaubaren Gemeinde, der Ortsgemeinde, zu spüren. Ohne Ortsgemeinden ist die Kirche tot. Darum ist es richtig, wenn heute der Ruf ertönt: »Macht die Gemeinde stark!« oder immer wieder von der überschaubaren Gemeinde gesprochen und der »Gemeindedienst« wichtig genommen wird.
Wenn auf überregionalen Tagungen und in Akademien, auf Freizeiten und anderen Treffen davon gesprochen wird, daß die Teilnehmer »Gemeinde« sind, dann deshalb, weil hier eine überschaubare Gruppe beisammen ist, auch wenn sie nicht mit einer Ortsgemeinde gleichgesetzt werden kann.

Der Grund der Gemeinde

Christliche Gemeinde besteht seit Jesu Auferstehung. Sie entstand, als den Jüngern aufging, als sie glaubten, daß Jesus lebt. Pfingsten ist der Tag, an dem die Jünger mit dem lebendigen Jesus zu rechnen anfingen. Und Jesus hat sich an diese Jünger, an diese erste Gemeinde gebunden. Wo diese Gemeinde ist, da ist Jesus. Wo Jesus ist, da ist auch Gemeinde. Die Gemeinde ist begründet in dem Bekenntnis Jesu zu seinen Freunden und in dem Bekenntnis dieser Freunde zu Jesus (Matth. 16). Dieser Grund der Gemeinde ist fest, ihn kann niemand überwältigen. Dieser Glaube hat Menschen durch die Jahrhunderte bei Jesus gehalten und hat sie auch zu Märtyrern werden lassen.

Die Vielfalt der Gemeinde

Die Vielfalt der Gemeinde liegt in denen begründet, die zu ihr gehören: in deren Gaben, die zu Aufgaben werden. Also nicht Pluralismus kennzeichnet die Gemeinde, sondern Pluralität, kein unverbundenes Vielerlei, sondern eine aufeinander bezogene Vielfalt, kein auseinanderstrebendes Nebeneinander von beliebigen Gaben und Ansichten, sondern ein auf das Zentrum zugehendes

und von ihm ausgehendes Bündel von Gaben, die Jesus als Ausgangs- und Zielpunkt haben.
In 1. Kor. 12 schildert Paulus die vielfältigen Gaben der Gemeinde, die sich in verschiedenen »Ämtern« oder »Berufen« zeigen. Hier wird nicht von der Aufgabe, sondern von der Gabe her gedacht: Apostel und Lehrer, Propheten und Wundertäter, Dolmetscher und andere »Ämter« werden aufgezählt. Als besondere Geistesgabe wird die Liebe genannt (1. Kor. 13). Nicht jeder einzelne und auch nicht jede Gemeinde hat alle Gaben. Jeder soll aber seine Gabe entdecken, sie einbringen und so zur Vielfalt der Gemeinde beitragen.
Die Vielfalt der Gaben ermöglicht, eine Vielfalt von Aufgaben anzupacken, deren Gemeinsames in 1. Kor. 13 und in Röm. 13 »Nächstenliebe« genannt wird. Auch Jesus hat sie schon so gesehen (Gott lieben, den Nächsten wie sich selbst lieben; vgl. Matth. 22, 34-40). Diese Liebe zeigt sich nicht nur im Tun, sondern in der ganzen Existenz und im Wort der Gemeinde. Jesus legt in der Bergpredigt (Matth. 5-7) das Programm für die Gemeinde vor: Stadt auf dem Berg, Licht der Welt und Salz der Erde zu sein. Das heißt also: Mit Wort und Tat tun die Gemeindeglieder Dienst in der Gemeinde und setzen so ihre Begabung ein: »Dienet einander, ein jeglicher mit der Gabe, die er empfangen hat, als die guten Haushalter der mancherlei Gnade Gottes« (1. Petr. 4, 10).

Die Versammlung der Gemeinde

Menschen, die denselben Herrn haben, brauchen Gemeinschaft und müssen sich immer wieder (regelmäßig) treffen: um sich ihres Glaubens zu versichern, sich gegenseitig im Glauben und Leben zurechtzuhelfen, sich die Wahrheit über Gott, die Welt und sich selbst sagen zu lassen. Die Gemeindeglieder müssen sich Kraft und Mut zum Glauben und Tun zusprechen lassen, Aufgaben werden ihnen gegeben, und miteinander sollten sie neue Aufgaben und Gaben entdecken. Das Lob Gottes umgreift dies alles. Dieses Zusammenkommen hieß in der Urgemeinde: Versammlung. Wir sagen heute: Gottesdienst. Damals verstand man unter Gottesdienst das ganze Leben des Christen (Röm. 12, 1-2). Aber ohne die Versammlung, das Zusammenkommen der Christen als Gemeinde konnte man nicht Christ sein. Man brauchte einander. Man lebte in und von dieser Gemeinschaft, dieser »communio«, die in Apg.

2, 42 so beschrieben wird: »Sie blieben beständig in der Apostel Lehre, in der Gemeinschaft, im Brotbrechen und im Gebet.«
Lehre: Predigt und Unterricht waren und blieben Bestandteil dieser Zusammenkünfte. Ohne sie ging es nicht. Man lernte Neues dazu.
Gemeinschaft: Damit ist das »Füreinanderdasein«, die Diakonie gemeint. Man hatte gemeinsamen Besitz. Wenn einer etwas hatte, hatten alle etwas.
Brotbrechen: Dies ist die Kurzformel für Abendmahl oder Herrenmahl. Man hielt es »hin und her in den Häusern« oder in größeren Gemeinschaften, und stets »mit großer Freude«.
Gebet: Darin bestand die Kraftquelle der Gemeinde. Aus dem Gebet kam die Kraft für Tat und Bekenntnis im Alltag, auch dem heidnischen Familienglied und Nachbarn gegenüber.

Das Ziel der Gemeinde

Möglichst viele Menschen zu gewinnen, um dieser Menschen willen, war und ist Ziel der Gemeinde. Gemeinde ist die Familie Gottes, die ganz und auf immer mit dem Herrn zusammensein will. Gemeinde wartet immer auf den Herrn, der ihr in jeder Hinsicht voraus ist. Darum ist sie immer auf ihn angewiesen. Sie erwartet von ihm Kraft und Liebe und ewiges Heil. Sie erwartet von ihm Ewigkeit. Die Offenbarung des Johannes zeichnet das Bild dieser Gemeinde.

Kurt Rommel

Ausgewählte Bibelstellen

Matth. 5-7; 16; Apg. 2, 42-47; Röm. 12-13; 1. Kor. 12-14; Offbg. 2-3

Ergänzende Literatur

Bäumler, Ch.: Treffpunkt Gemeinde (vergriffen)
Bonhoeffer, D.: Gemeinsames Leben. München 1973
Kugler, G.: Zwischen Resignation und Utopie. Die Chancen der Ortsgemeinde. Gütersloh 1971
Schnell, H.: Die überschaubare Gemeinde. Hamburg 1962
Evangelischer Erwachsenenkatechismus, a.a.O., S. 1128ff

Fragen zum Thema

1. Wie steht die Gemeinde des Neuen Testaments mit der des Alten Testaments in Verbindung?
2. Welche Bilder für Gemeinde gibt es noch in der Bibel?
3. Wie sind heute Organisation und Organismus zusammenzubringen?
4. Wie sieht Gemeinde heute aus?
5. Wer gehört zur Gemeinde?

Beantwortung der Fragen nach Gemeindegesprächen

Frage 1:
Gemeinde gibt es auch im Alten Testament und im Judentum. In der jüdischen Gemeinde ist Jesus groß geworden. In dieser Gemeinde waren und sind die Psalmen heimisch. In ihr wurde und wird das Wort der Propheten, das Wort Gottes überliefert und lebendig gehalten. Ohne Gemeinde im Alten Testament bzw. im Judentum gäbe es keine neutestamentliche Gemeinde. Jesus lebte in der Gemeinde des jüdischen Volkes:
Der zwölfjährige Jesus (Luk. 2, 41-52) ist ein Beispiel dafür, wie Jesus mit seinen Eltern in der jüdischen Gemeinde zu Hause war. In Luk. 3, 16-21 lesen wir, wie Jesus im Synagogengottesdienst der jüdischen Gemeinde lebte.
Das Passahmahl (Luk. 22, 7ff) ist ein Festmahl der jüdischen Gemeinde, das Jesus mit seinen Jüngern hielt.
Und die Worte Jesu am Kreuz (zum Beispiel Matth. 27, 46 = Psalm 22) sind ein Zeichen dafür, daß Jesus das Gebet- und Liederbuch der jüdischen Gemeinde kannte und liebte.
Auch die Apostel knüpften an die jüdische Gemeinde an. Paulus suchte Juden in Philippi am Sabbat beim Gottesdienst auf (Apg. 16) und gründete in der jüdischen Gemeinde die christliche.

Frage 2:
Im Neuen Testament werden für die Gemeinde weitere Bilder gebraucht (neben »Leib«), die über Sinn und Ziel der Gemeinde Auskunft geben.
1. Petr. 2, 4. 5: »Zu ihm kommt als zu dem lebendigen Stein . . .

Bauet auch ihr euch als lebendige Steine zum geistlichen Hause . . .«
Joh. 15, 5: »Ich bin der Weinstock, ihr seid die Reben.«
Joh. 10, 11: »Ich bin der gute Hirte. Der gute Hirte läßt sein Leben für die Schafe.«
Die Bilder »Steine«, »Reben« und »Schafe« zeigen immer eine Mehrzahl. Das heißt doch, daß sie auf eine Gemeinschaft zielen. Ein einzelner Stein kann kein Haus bauen. Eine Rebe genügt noch nicht zum Wein. Ein Schaf ist noch keine Herde.
Interessant ist auch, daß kein Bild ohne Bezug auf jemand anderen ist. Die Steine können sich deshalb zum geistlichen Haus zusammenfügen, weil der eine lebendige Stein da ist: Jesus Christus. Die Reben können nur dann Frucht bringen, wenn sie am Weinstock bleiben: Jesus Christus. Und die Herde bleibt nur dann am Leben, wenn sie dem guten Hirten folgt: Jesus Christus.
Diese Bilder unterstreichen das Bild vom Leib (Haupt und Glieder) des Paulus und weisen darauf hin, daß nur dort christliche Gemeinde ist, wo es um Jesus Christus geht. Eine noch so gut funktionierende soziale Gemeinde, in der Mitmenschlichkeit groß geschrieben wird, kann niemals als christliche Gemeinde bezeichnet werden.

Frage 3:
Organisation und Organismus kann man leicht gegeneinander ausspielen. Es ist klar: Je kleiner eine Gemeinde ist, um so weniger braucht man Organisation. Je größer eine Gemeinde ist und je mehr Gemeinden sich (zu einer Kirche) zusammenschließen, je größer also der Verband einer Kirche wird, um so mehr Ordnungen, Regeln, Absprachen, Vorschriften und Paragraphen sind nötig. Grundsätzlich gilt: Menschen sind lebendige Wesen, und das Zusammenleben der Menschen ist ein Organismus. Dieses Organische sollte so weit wie möglich beibehalten werden. Die Organisation sollte so weit wie möglich in den Hintergrund treten. Allerdings: Christliche Freiheit besteht nicht nur in der Freiheit von Ordnung und Bindung, sondern sie setzt auch Ordnung und Bindung. Organisation hat insoweit ihre Berechtigung, als sie einem lebendigen Organismus genügend Raum läßt.

Frage 4:
Jede (überschaubare) Gemeinde hat ihr eigenes Gesicht. Das hängt von ihren Mitarbeitern ab, von den hauptamtlichen, neben- und

ehrenamtlichen, von der Einstellung der hauptamtlichen zur Arbeit der ehrenamtlichen. Betrieb macht noch kein lebendiges Gemeindeleben aus.
In Röm. 12, 1-2 wird dargestellt, was das Leben eines Christen ist: Der Christ lebt sein ganzes Leben als Gottesdienst, weil ihm Gott seinen Dienst erwiesen hat. Das Gemeindeleben ist also nichts anderes als Gottesdienst dieser Gemeinschaft. Die einzelnen, immer wieder zerstreut, müssen zusammenkommen, um sich als Gemeinde darzustellen.
Sie werden gemeinsam *feiern:* Gott ehren und preisen, ihn loben und zu ihm beten. Sie werden Gottes Wort hören und versprechen, aus seinem Wort zu leben und ihm gehorchen zu wollen.
Sie werden gemeinsam *dienen:* Der Gehorsam der Gemeinde drückt sich in Taten der Liebe aus, die nicht immer den Erwartungen der Menschen entsprechen müssen. Sie können in Aktionen für den Frieden und im Dienst für Behinderte bestehen.
Sie werden gemeinsam *Feste halten:* Sie werden dabei an sich selber denken und einfach miteinander darüber froh sein, daß Gott ihnen Leben und Liebe, Glück und Freiheit gegeben hat.
Es wird nun jede Gemeinde selber versuchen müssen, ihren Lebensgottesdienst zu gestalten.

Frage 5:
Es ist schwer zu beantworten, wer eigentlich zur Gemeinde gehört. Durch die Taufe werden Menschen zu Gliedern einer ganz konkreten Gemeinde und damit zugleich zu Gliedern einer Kirche, einer Konfession. Sie werden solche Glieder, auch wenn sie kein eigenes Ja zur Gemeinde gesprochen haben oder jemals geben. Sie gehören wohl zur Organisation der Kirche. Gehören sie zur Gemeinde, auch wenn sie nicht innerlich dabei sind, wenn sie nicht glauben?
Wer gehört zur Gemeinde: der Beter? Der Bibelleser? Wer an Jesus Christus glaubt? Der Gottesdienstbesucher? Wer noch zusätzlich in eine Bibelstunde oder einen Kreis geht? Oder wer in einer Gemeinde mitarbeitet?
Sicher ist, daß Christsein ohne Gemeinde, ohne Gemeinschaft nicht möglich ist (Zinzendorf). Sicher ist aber auch, daß Gemeinde nicht nur innerhalb der evangelischen Kirche vorhanden ist.
Die Frage der Gemeindezugehörigkeit, die Frage, wer ein Christ ist, wird Gemeinde und Kirche beschäftigen, solange sie bestehen.

Kurt Rommel

Zusammenfassende Thesen

Die Gemeinde ist die überschaubare Kirche. Wenn man Kirche als Institution oder Organisation mißverstehen kann, dann fällt einem das bei der Gemeinde auf jeden Fall schwerer. Gemeinde ist dem Organismus näher. Gemeinde hat es mit Gemeinschaft zu tun. Gemeinde ist der Ort, wo christlicher Glaube gelebt, wo Liebe geübt, wo Hoffnung erprobt wird. Gemeinde ist der Raum, in dem Christen leben und sterben, wo sie Gottes Wort hören und darauf antworten. Gemeinde ist der Rückhalt für das Leben in der Welt, für die Mission in der Welt. Ohne Bindung an eine ganz konkrete Gemeinde, mit Menschen aus Fleisch und Blut, ist Christsein nicht möglich. Gemeinde ist die Heimat des Glaubens.

Gemeinschaft

Viele evangelische Christen denken bei dem Wort »Gemeinschaft« zuerst an eine pietistische »Stunde«. Gemeindeglieder, die sich meist bewußt zu ihrer Kirche zählen, kommen zusätzlich zur eigenen »Erbauung« unter der Bibel zusammen.
Wer solchen Gruppen nicht nahesteht oder zu ihnen gehört, wird wohl zuerst an den dritten Glaubensartikel denken, der von der »Gemeinschaft der Heiligen« als einer Äußerung des Heiligen Geistes spricht, oder er setzt christliche Gemeinschaft und christliche Gemeinde gleich.

»Gemeinschaft« im Neuen Testament

Die Hochschätzung des Wortes »Gemeinschaft« in Kirche und Glaubenslehre ist verständlich. Denken wir daran, daß es im Neuen Testament an einer Stelle auftaucht, die für die frühe Kirche fast zur verbindlichen Regel einer Christengemeinde geworden ist. In Apg. 2, 42 wird die Gemeinde von Jerusalem so beschrieben: »Sie blieben aber beständig in der Apostel Lehre und in der Gemeinschaft und im Brotbrechen und im Gebet.« Dies haben die Christen meist als eine deutliche Absage an jede Form von Privatgläubigkeit verstanden. Predigt, Abendmahl und Gebet geschehen hier gemeinschaftlich, so daß Gemeinschaft ein unabdingbares Zeichen des Christseins selbst zu sein scheint. Christen halten Gemeinschaft, oder sie geben sich selbst auf. Das heißt aber, daß Christen nicht zufälligerweise ihren Glauben gemeinsam leben oder vertreten. Ihre Gemeinschaft ist tiefer verwurzelt als in einem Entschluß, nun einmal zusammenzuhalten. Dies können wir bei Paulus nachlesen. Er redet von einer »Jesus-Gemeinschaft« (1. Kor. 1, 9). Die Verbindung mit Jesus ist es, die die Christen untereinander zusammenschließt. Denn gemeinsam feiern sie das Abendmahl, in dem das Leiden Jesu, sein »Blut und Leib« Schuldbefreiung und Versöhnung verleiht (1. Kor. 10, 16). Schuld ist aber immer konkret. Sie betrifft das Zusammenleben unter Menschen. Deshalb ist »Jesus-Gemeinschaft« selbstverständlich

ein Dreiecksgeschehen zwischen mir, Jesus und dem Bruder. Dies hat natürlich zur Folge, daß Jesus seine Jünger auch in die »Leidens-Gemeinschaft« mit seinem eigenen Leiden stellen, ihnen solches Leiden zumuten kann, nicht nur einzelnen, sondern auch einer ganzen Gemeinde (Phil. 3, 10). Daran kann man erkennen, daß der Heilige Geist wirkt, weshalb Paulus auch von einer »Geist-Gemeinschaft« sprechen kann (Phil. 2, 1 und 2. Kor. 13, 13).
Eine derartige Gemeinschaft muß sich allerdings auch Grenzen setzen gegenüber denen, die ihre Voraussetzungen verneinen, gegenüber der »Finsternis« (2. Kor. 6, 14 und Eph. 5, 11). Der 1. Johannesbrief faßt unsere seitherigen Gedanken noch einmal zusammen (1. Joh. 1, 5-7). Man sollte ihn allerdings ganz lesen und sich warnen lassen, die Grenze zwischen Licht und Finsternis allzuschnell in die Gemeinde selbst hineintragen zu wollen und den von Christus angenommenen Bruder abzulehnen, weil er eine andere Erkenntnis (Gnosis) hat. So haben das die Juden mit den Samaritern gemacht (Joh. 4, 9). Gerade diese Schranke aber durchbricht Jesus mit seiner frohen Botschaft.

»Gemeinschaft der Heiligen« im Glaubensbekenntnis

Unter diesen Vorzeichen ist nun auch das Wort »Gemeinschaft« in den dritten Glaubensartikel gekommen. Dort heißt es freilich nicht »Gemeinschaft der Gläubigen«. So hätten wir es erwartet, so hätten wir die »wahre« Christengemeinde gerne genannt. Es heißt aber »Gemeinschaft der Heiligen« (Communio sanctorum). Nun, im Neuen Testament sind Heilige keine Idealgestalten, die ihre Heiligkeit durch Werke oder moralische Qualitäten erworben haben, sondern Menschen, die Gott heilig gemacht hat, also geheilt hat. Heilig wird man durch ein priesterliches Handeln Gottes, eben durch Vergebung und Versöhnung. Diesen Priesterdienst hat Gott aber innerhalb der Christengemeinde an die Brüder übertragen. Der Priesterdienst innerhalb der christlichen Bruderschaft, Beichte, Freisprechung, brüderliche Mahnung (Matth. 18, 15f) und Tröstung geschehen im Auftrag Gottes und schaffen jene »Heiligen«, die Gemeinschaft bilden können. Brüderliches Gespräch kennzeichnet sie, Bereitschaft, dem anderen nach dem »Gesetz Christi« Lasten abzunehmen, seine Anfechtung mitzutragen, sogar unter seiner Sünde mitzuleiden, in der Not das leibliche Gut mit ihm zu teilen, den Schwachen die eigene Stärke zu leihen.

Man könnte in dieser Aufzählung lange fortfahren. So wird die Gemeinschaft der Christen ein Teil des menschgewordenen Wortes Gottes oder auch des Heiligen Geistes.

Modellgemeinschaften

Eine so geartete »Gemeinschaft der Heiligen« stellt offensichtlich hohe Anforderungen an jedes ihrer Glieder. Und darum hat man in der größer werdenden Christenheit, vor allem als sie nach den Christenverfolgungen volkskirchliche Züge annahm, vielerorts die Frage gestellt, ob denn alle Christen, etwa alle Getauften, automatisch zu dieser Gemeinschaft gehörten, auch wenn sie den verlangten Einsatz verweigerten. Ein Ausweg aus diesem schweren Problem bot sich dadurch an, daß sich Gleichgesinnte, solche, die »mit Ernst Christen sein wollten« (Luther), an verschiedenen Orten zusammentaten, um »echte« oder »wahre« Gemeinschaft zu bilden.
Dies geschah unter anderem im Mönchtum. Ohne das Mönchtum wäre die christliche Kirche in der ausgehenden Völkerwanderung oder im frühen Mittelalter vermutlich untergegangen. Die Germanen wären nicht Christen geworden, Luthers Reformation hätte gar nicht stattzufinden brauchen.
Auch die zu Anfang genannten »Gemeinschaften« des Pietismus sind ein solcher Versuch, das Glaubensbekenntnis in kleinen Gruppen zu verwirklichen. Und die Geschichte des Protestantismus wäre ohne diesen Beitrag des Pietismus nur halb geschrieben.
In ähnlicher Weise haben sich heute die sogenannten »Kommunitäten« gebildet. Das lateinisch-französische Wort steht für eine Sache, für die im Deutschen der sprachliche Ausdruck besetzt ist. Bekannt sind die Darmstädter Marienschwestern und die Bruderschaft von Taizé. Sie versuchen, im protestantischen Raum das gute Erbe des Mönchtums auf neue Weise wieder aufzunehmen.

Anfragen

Es ist deutlich, daß der Weg der christlichen Sondergemeinschaften ein großes Dilemma des Christentums sichtbar macht, nämlich das weite Auseinanderklaffen zwischen christlichem Ideal und christlicher Wirklichkeit. Gerade deshalb aber müssen alle derarti-

gen Versuche unter einigen Anfragen leben. Wer entscheidet über die Zugehörigkeit zur Gemeinschaft Jesu? Ist es die Gemeinschaft selbst, oder ist es Christus? Kann christliche Gemeinschaft gemessen werden an Normen und Satzungen, wie zum Beispiel Ehelosigkeit, Gütergemeinschaft, Gebetszeiten, ethischen Regeln, theologischen Bekenntnissen oder Richtungen usw.? Ist es nicht vielmehr Christus selbst, der sein priesterliches, versöhnendes Amt schwachen Menschen überträgt? Dann werden sie nicht herrschend an seine Stelle treten, sondern wissen, wie ähnlich sie dem Bruder sind, den sie beurteilen, und wie nötig sie selbst die Gnade Jesu Christi haben.
Dann werden auch unsere Modellversuche christlicher Gemeinschaft jene Offenheit bewahren, die dem offenen Vaterhaus Gottes und den einladenden Händen Jesu Christi entspricht.

Karl Hartmann

Ausgewählte Bibelstellen

Matth. 18, 15f; Apg. 2, 42; 1. Kor. 1, 9; 10, 16; 2. Kor. 6, 14; 13, 13; Eph. 5, 11; Phil. 2, 1; 3, 10; 1. Joh. 1, 5-7

Ergänzende Literatur

Bonhoeffer, D.: Gemeinsames Leben. München 1973
Jetter, W.: Was wird aus der Kirche? Stuttgart 1968 (vergriffen)
Luther, M.: Vorrede zur Deutschen Messe 1526. In: Luther deutsch. Die Werke Martin Luthers, hrsg. von Kurt Aland, Bd. 6. Göttingen 1966
Motel, H.B. (Hrsg.): Glieder an einem Leib. Die Freikirchen in Selbstdarstellungen. Konstanz 1975
Müller-Gangloff, E.: Artikel »Gemeinschaft« in: Theologie für Nichttheologen, a.a.O.
Präger, L.: Frei für Gott und die Menschen. Evangelische Bruder- und Schwesternschaften der Gegenwart in Selbstdarstellungen. Stuttgart 1964 (vergriffen)
Stökl, A.: Die Communauté de Taizé. Siebenstern-Taschenbuch 184, Hamburg 1974
Evangelischer Erwachsenenkatechismus, a.a.O., S. 418ff, 910ff

Fragen zum Thema

1. Kennen Sie eine christliche Kommunität oder Bruderschaft in Ihrem Umkreis? Welche Ordnungen hat sie sich gegeben?
2. Welchen Einsatz sind Sie selbst einzubringen bereit, um wirklich zur »Gemeinschaft der Heiligen« zu gehören?
3. Denken Sie über den Ausdruck »Priestertum aller Gläubigen« nach!

Ergänzende Überlegungen

(aus Gesprächen mit Gemeindekreisen)

Frage 1:
In Gesprächen mit Gemeindekreisen trat zutage, daß weitaus die meisten Glieder der Kirche nicht über die modellhaften Versuche informiert sind, die im Raum der Landeskirche und darüber hinaus in Geschichte und Gegenwart »Gemeinschaft der Gläubigen« zu verwirklichen versucht haben. Es wurde der Wunsch laut, auf die pietistischen Gemeinschaften hinzuweisen, die zum Beispiel im Raum der württembergischen Landeskirche bodenständig sind oder größeren Einfluß haben: die altpietistische, die Hahnsche und die Pregizergemeinschaft aus der Schule des älteren Pietismus, die Süddeutsche Gemeinschaft, der Brüderbund, die Langensteinbacher Gemeinschaft aus dem Bekehrungspietismus des vergangenen Jahrhunderts und andere.
In ähnlicher Weise muß auf die Kommunitäten hingewiesen werden: zum Beispiel Taizé, Darmstadt und Selbitz, sowie aus der Berneuchener Bewegung die Michaelsbruderschaft.
Modellgemeinschaften im Rahmen der Kirche sind aber auch einige diakonische Gruppen, die im Artikel selbst nicht erwähnt sind, zum Beispiel die Diakonissenhäuser, die Diakonenausbildungsstätten und viele Anstalten der Diakonie mit ihren engagierten Freundeskreisen. Gerade an ihnen könnte das Zusammenwirken der verschiedenen Gaben in einem Organismus (dem Leib Jesu Christi) besonders deutlich werden. Dieser Gesichtspunkt wurde im Artikel vermißt. Das Kennzeichen eines wirklichen »Organismus« ist ja gerade nicht die gleiche Interessenlage, das gleiche theologische Grundwissen und die gleichen Talente, sondern gerade die Verschiedenheit derer, die hilfreich zusammenwirken.

Frage 2:
Es entsteht kaum eine wirklich christliche Gemeinschaft dadurch, daß man scheidend und richtend den andersartigen Bruder ausscheidet, um »unter sich« zu sein. Im Gegenteil, im Ertragen und Annehmen der Verschiedenheit des anderen zeigt sich echte Gemeinschaft. Es wird nämlich offenkundig, daß sie nicht durch menschlichen Entschluß geschaffen wird, sondern durch den Willen Gottes, der sich eine Gemeinde bilden will. Gott aber hat nicht eine Masse Gleicher geschaffen, sondern eine Summe von sehr verschieden geprägten Originalen. Eben deshalb ist das entscheidende Kennzeichen einer Gemeinschaft von Christen nicht die Gleichschaltung, sondern der gemeinsame Dienst nach außen.

Frage 3:
Sehr nachdenklich stimmte, daß die Christenheit im Blick auf Luthers unverwirklichten Traum eines allgemeinen Priestertums aller Gläubigen nicht wesentlich weitergekommen ist. Warum hatte Luther dazu »die Leute nicht«? Hat er hier einen grundsätzlichen Schaden der Christenheit erkannt, ohne zu wissen, wie er zu heilen sei? Als Beispiel dafür, daß es bis heute nicht gelungen ist, über Luther wesentlich hinauszukommen, wurde darauf hingewiesen, wie wenig gerade das Kernstück der christlichen Gemeinde, der Gottesdienst, gemeinschaftsbildende Kraft entwickelt hat. Man darf nur beobachten, wie sich Gottesdienstbesucher beim Betreten der Kirche und nach ihrem Verlassen in der Regel verhalten. Hier scheinen die Freikirchen ein Stückchen weitergekommen zu sein.

Karl Hartmann

Zusammenfassende Thesen

Gemeinschaft ist gelebter Glaube. Sie verhindert die Meinung, als ob der christliche Glaube nur eine Sache von einzelnen, nur eine persönlich-private Angelegenheit sei. Christlicher Glaube ist ohne Gemeinschaft nicht denkbar — eine Gemeinschaft, in der Schwierigkeiten und Gegensätze ausgehalten und ausgetragen, in der aber auch Glaube und Liebe praktiziert werden. Gemeinschaft ist ein Kennzeichen der Christen.

Gerechtigkeit

Eine Frauengestalt mit verbundenen Augen hält eine Waage in der Hand — so wird Justitia, die Göttin des Rechts, dargestellt. Sie will nicht sehen, wer da vor Gericht steht, um nicht parteiisch zu entscheiden. Der Reiche soll nicht im Vorteil sein gegenüber dem Armen, die Frau nicht im Nachteil gegenüber dem Mann. Jeder soll das Recht finden, das ihm zusteht, jeder die Strafe bekommen, die er verdient. »Jedem das Seine«, das ist der Grundsatz der verteilenden Gerechtigkeit. Ob diese neutrale Göttin immer ein gern gesehener Gast ist in den Gerichtssälen zwischen Tokio, Moskau, Pretoria und Madrid?
Leidenschaftliche Stimmen fordern soziale Gerechtigkeit, Chancengleichheit für die Kinder in den Schulen (kann man sie dort noch herstellen?), gleiches Recht für alle — warum gelingt das so selten im Westen wie im Osten? Auf die Spitze getrieben führt diese Forderung zu Revolution, zu Gewalt und Mord, zur erzwungenen Umverteilung von Geld und Macht. Wir erschrecken vor solchen Perspektiven — erschrecken wir ebenso vor der Kluft, die reiche Industrienationen von unterentwickelten Völkern trennt?
Gerechtigkeit erwarten wir voneinander, Kinder von ihren Eltern, Schüler von ihren Lehrern, der Arbeiter von seinem Meister. Die Frau erwartet von ihrem Mann mehr, als juristisch einklagbar ist. Wir müssen einander gerecht werden, Gerechtigkeit spielt sich im Verhältnis zueinander ab.

Gerecht vor Gott?

»Noah war ein frommer Mann und ohne Tadel zu seinen Zeiten. Er wandelte mit Gott.« Der das so schrieb, meinte wohl auch, daß ihn ein gehöriger Abstand von Noah trenne, und ein Bibelausleger unserer Zeit überschreibt seine Betrachtungen: »Ich bin nicht fromm wie Noah.« Gerechtigkeit vor Gott — kann man das ausrechnen? Haben wir alle Gebote erfüllt oder doch wenigstens keines übertreten, fast keines? Wer kann Gott gerecht werden, das Geschöpf seinem Schöpfer? »Du sollst lieben Gott, deinen Herrn, von ganzem Herzen und deinen Nächsten wie dich selbst.« Oder können wir dieser Forderung ausweichen mit dem Hinweis, das sei ja doch unerfüllbar? »Es ist dir gesagt, Mensch, was gut ist und was der Herr von dir fordert, nämlich Gottes Wort halten und Liebe üben und demütig sein vor deinem Gott.« Wenn es aber so steht, was bedeutet dann

Gottes Gerechtigkeit?

Gott ist ein gerechter Richter, und selbst Christus wird im Evangelium und in der Offenbarung als der Weltenrichter vorgestellt. Die Gerechtigkeit Gottes als des allwissenden Richters erschreckt uns. Aber wir Heutigen fragen auch: Kann man nach Auschwitz und Hiroshima noch an einen gerechten Gott glauben? Die Frage nach der Gerechtigkeit Gottes wird stellvertretend für alle Leiden im Hiob-Buch durchdiskutiert. Sind unbegreifliche Leiden als Prüfung durch Gott zu verstehen? Hiobs leidenschaftliche Anklagen bringt Gott durch den Erweis seiner Schöpfermacht zum Schweigen. Jesu erschütternde Frage: »Mein Gott, mein Gott, warum hast du mich verlassen?« hat er nicht zum Schweigen gebracht, er hat sie beantwortet durch seine Schöpfertat, als er Jesus von den Toten auferweckte. Aber ist für den, der hier nicht mitkann, das Kreuz Jesu nicht die tiefste Verdunkelung der Gerechtigkeit Gottes?
Gottes Gerechtigkeit hatte der Mönch Martin Luther zuerst immer als die strafende Gerechtigkeit eines Richters verstanden. Nun ging ihm an Ps. 31, 2 auf, daß die Bibel unter Gerechtigkeit Gottes oft sein schöpferisches Handeln versteht, durch das er den gottfernen Menschen wieder ins rechte Verhältnis zu sich bringt. Diese Erkenntnis war die Wünschelrute, mit der Luther nun durch die ganze Bibel ging und immer neue beglückende Zusagen Gottes im Wort »Gerechtigkeit« entdeckte. So verstand er auch Gottes Bund mit den Erzvätern und mit Israel am Sinai. Aber der Bund vom Sinai wird sofort gebrochen. Immer wieder fällt Israel von seinem Gott ab, kündigt ihm das Vertrauen auf und muß immer von neuem erfahren, in welches Elend dieser Abfall führt. Vor und nach der Katastrophe, in der Jerusalem und der Tempel untergehen, sehen die Propheten ihre einzige Hoffnung in einem neuen Bund, in dem Gott sein Volk nicht mehr zwingen muß, sondern von innen her bewegt, indem er ihm ein neues Herz schenkt (vgl. Jer. 31 und Hes. 36).

Bringt Jesus die »bessere« Gerechtigkeit?

Als Lehrer der Gerechtigkeit tritt Jesus Christus sowohl Mose wie den Schriftgelehrten gegenüber mit seinem »Ich aber sage euch« (Bergpredigt, Matth. 5-7). Worin soll die Gerechtigkeit der Jesusjünger »besser« sein »als die der Schriftgelehrten und Pharisäer« (Matth. 5, 20)? »Gerechtigkeit im Überfluß« (so wörtlich dort) deutet auf eine Quelle hin. Sie sprudelt in den Seligpreisungen denen, »die hungert und dürstet nach Gerechtigkeit«. Das Geheimnis der Bergpredigt ist der Bergprediger selbst, »Jesus Christus, der gerecht ist«. Seine Gerechtigkeit ist weit mehr als sittliche Tadellosigkeit, so gewiß auch das in der urchristlichen Predigt von ihm ausgesagt wird. »Die Gerechtigkeit des Reiches Gottes« ist nicht richterliches Reagieren auf menschliches Verhalten, sondern der Vorstoß des Retters zu den Verlorenen, die er in seine Nähe holt und dadurch ins Vaterhaus heimbringt. Sie antworten seiner überströmenden Liebe mit überströmender Dankbarkeit (Luk. 7, »Große Sünderin«), mit dem Fest zur Heimkehr des verlorenen Sohnes (Luk. 15). Diese Freude ist die Quelle der neuen, die Forderung des Gesetzes überströmenden Gerechtigkeit.

Das neue Lebenselement

In den Briefen der Apostel wird das weiter entfaltet. Indem Jesus an die Stelle der Verlorenen trat und Gottes Gericht über den Abfall der Menschheit auf sich nahm, hat er allen, die seinen Dienst von Herzen annehmen, Versöhnung mit Gott und Frieden gebracht. Das ist gemeint mit dem »neuen Bund in seinem Blut« (Matth. 27, 27f), mit dem Bekenntnis: »Er ist unser Friede« (Eph. 2, 14) und dem Wort: »Jesus Christus ist uns gemacht von Gott zur Weisheit und zur Gerechtigkeit und zur Heiligung und zur Erlösung« (1. Kor. 1, 30).

In den Katakomben findet sich öfters das altchristliche Symbol des Fisches. Wie der Fisch im Wasser als seinem Lebenselement sich tummelt, so bewegt sich der Christ (nicht im Strom seiner frommen Gefühle oder hilfreichen Taten — sondern) im Frieden mit Gott als der neuen, von Christus geschaffenen Lebensmöglichkeit. Dürfen wir darauf vertrauen, daß sie trägt über der unmeßbaren Tiefe unserer Lebensrätsel und Konflikte? Erinnern wir uns daran, wie wir schwimmen lernten. »Im Wasser sinkt man unter«, das war unsere erste Erfahrung mit diesem Element. Vielleicht half uns jemand, die Angst zu überwinden. Dann spürten wir auf einmal überrascht und beglückt: »Das Wasser trägt mich ja!« Wie aus dieser Erfahrung Freude, Zuversicht und Kraft entsprangen, so weckt der Umgang mit Jesus, unserem Retter, Mut, Freude und Kraft, uns ihm zu überlassen. Darum: »Ist jemand in Christus, so ist er eine neue Kreatur.« Das annehmen heißt glauben. Wer an Jesus glaubt, ist gerecht.

Heinz Dauber

Ausgewählte Bibelstellen

Ps. 31, 2; Jer. 31; Hes. 36; Matth. 5-7; 27, 27f; Luk. 7; 15; 1. Kor. 1, 30; Eph. 2, 14

Ergänzende Literatur

Barth, K.: Kurze Erklärung des Römerbriefes. Siebenstern-Taschenbuch 94, Hamburg 1972
Eichholz, G.: Auslegung der Bergpredigt. Biblische Studien 46. Neukirchen 1970
Giertz, B.: Und etliches fiel auf den Fels (vergriffen)
Gollwitzer, H.: Die reichen Christen und der arme Lazarus. München 1970
Käsemann, E.: Der Ruf der Freiheit. Tübingen 1972
King, M.L.: Testament der Hoffnung. Gütersloher Taschenbücher 79, Gütersloh 1974
Lüthi, W.: Der Römerbrief. Ausgelegt für die Gemeinde. Basel 1963
Schweitzer, W.: Artikel »Gerechtigkeit« in: Theologie für Nichttheologen, a.a.O.
Thielicke, H.: Das Leben kann noch einmal beginnen. Ein Gang durch die Bergpredigt. Taschenbuchausgabe, Stuttgart 1965
Evangelischer Erwachsenenkatechismus, a.a.O., S. 416ff, 446ff (zu »Rechtfertigung«)

Fragen zum Thema

1. Hat das Christentum nicht jahrtausendelang viel soziale und völkische Ungerechtigkeit geduldet, ja gebilligt und selbst begangen? Wie war das möglich?
2. Welchen Sinn hat es für einen Christen, in der heutigen Welt um Gerechtigkeit zu kämpfen, wenn unsere Hoffnung sich auf einen neuen Himmel und eine neue Erde richtet, »in welchen Gerechtigkeit wohnt« (2. Petr. 3, 13)?
3. »Im Reich dieses Königs hat man das Recht lieb« (Ps. 99, 4) — aber in der Bergpredigt lehrt Jesus seine Jünger, auf ihr Recht zu verzichten oder mehr zu geben, als man von Rechts wegen von ihnen verlangen kann. Wie geht das zusammen?

Beantwortung der Fragen

Frage 1:
Christen in den griechischen Gemeinden des Apostels Paulus war das Wunder ihrer Erneuerung durch den Geist Gottes so überwältigend, daß sie auch anderen Menschen davon erzählen mußten. Aber »mündige Bürger«, die bereit gewesen wären, für politische und soziale Zustände in der Welt Verantwortung zu übernehmen, konnten sie nach den Anschauungen jener Zeit nicht werden. Die Abschaffung der Sklaverei, der größten sozialen Frage jener Zeit, betrieben die Christen schon deshalb nicht, weil sie die Wiederkunft ihres Herrn und damit das Ende aller irdischen Strukturen noch zu ihren Lebzeiten erwarteten. Nach zum Teil furchtbaren Verfolgungen stellte Kaiser Konstantin das Christentum im Jahr 313 den Staatskulten gleich. 379 wurde es allein berechtigte Staatsreligion. Das römische Reich mit seiner Hauptstadt, seinem zentralistischen Aufbau und seiner Machtausübung beeinflußte auch die Gestalt der jungen christlichen Kirche. In ihr entstand eine Priesterherrschaft vom Papst in Rom bis zum Bischof einer kleinasiatischen Gemeinde. Das war auch deshalb möglich, weil an die Stelle der »königlichen Priesterschaft« (1. Petr. 2, 9) aller Gläubigen bald ein neuer Priesterstand mit besonderen geistlichen Vollmachten trat, der die Leitung der Gemeinde, die Verwaltung der

Sakramente und die Predigt der Lehre zu seinem Monopol machte. Beides zusammen führte die Kirche an die Seite der Macht und machte sie dadurch unfähig, sozialen Mißständen oder dem Mißbrauch der Macht entgegenzutreten.

Frage 2:
Jesus sagte: »Mein Reich ist nicht von dieser Welt.« Für die »letzte Zeit« hat er angekündigt, daß die Ungerechtigkeit überhandnehmen wird. Damit dürfen sich Christen aber nicht abfinden. Die Liebe Jesu Christi gebietet ihnen, für gerechte soziale Verhältnisse einzutreten. Wenn die Christen auf eine neue Erde hoffen, in der Gerechtigkeit wohnt, müssen sie sich heute schon so verhalten, als gelte Gottes neue Ordnung schon (Gollwitzer). Sonst machen sie ihren Glauben und ihre Hoffnung auf Jesus unglaubwürdig. Aber »die Liebe tut dem Nächsten nichts Böses«. Darum liegt eine tiefe Tragik über allen christlichen Versuchen, durch Anwendung von Gewalt Gerechtigkeit herbeizuführen. Mission oder ökumenische Diakonie ist darum eine falsche Alternative. Die eine kann ohne die andere nicht sein.

Frage 3:
Die Bergpredigt ist an die Jünger gerichtet. Sie nimmt im Glauben die Ordnung der zukünftigen Welt, des Reiches Gottes, schon vorweg. Wir Christen leben aber zugleich in der alten Welt, in der »der Staat unter Androhung und Ausübung von Gewalt für Recht und Ordnung zu sorgen hat« (Barmer Theologische Erklärung V). Luther versuchte dieser Spannung dadurch gerecht zu werden, daß er sagte, im »Amt« müsse der Christ die Notordnung für die gefallene Welt handhaben, als Privatmensch aber auf sein Recht verzichten. Das aber ergibt eine zwiespältige Ethik. Wir müssen die Spannung zwischen der kommenden und der jetzigen Weltzeit aushalten. Schon jetzt dürfen wir mit der Liebe Jesu Christi dankbar und kritisch in dieser Welt leben. Persönlicher Glaube kann darum nicht Rückzug in ein privates Christentum sein. Dienst in dieser Welt kann aber nicht bedeuten, daß wir unsere tiefsten Beweggründe verschweigen und nur noch von Menschlichkeit sprechen, wenn wir nach der Quelle der Diakonie gefragt werden. Wo wir unser Recht wahren und wo wir auf unser Recht verzichten sollen, kann nur unter der Leitung des Geistes entschieden und muß im Glauben gewagt werden. *Heinz Dauber*

Zusammenfassende Thesen

Gerechtigkeit hat es immer mit Gemeinschaft zu tun. Ein Mensch kann nie für sich allein gerecht sein. Von seiner Gerechtigkeit sind immer andere betroffen — auch vom Gegenteil, der Ungerechtigkeit. Dasselbe gilt von Gottes Gerechtigkeit. Gott will seine Gerechtigkeit dem Menschen zugute kommen lassen. Er schenkt sie ihm und macht ihn dadurch »vor Gott« gerecht. Dieses Geschenk ist in Jesus Christus sichtbar geworden. Dieses Geschenk annehmen heißt: glauben.

Gewissen

Jeder Mensch hat ein Gewissen. Manchmal wird gesagt: ein Mensch habe gewissenlos, ohne Gewissen, gehandelt. Das heißt nicht, daß er kein Gewissen habe, sondern kann nur heißen, daß er nicht nach seinem Gewissen gehandelt hat. Gewissen (lateinisch: conscientia) heißt »Mitwissen mit einem anderen«, »Mitwissen mit sich selbst«. Wenn Paulus im Römerbrief (2, 15) vom Gewissen spricht, das »bezeugt«, so versteht der Apostel unter Gewissen das »Bewußtsein um sich selbst, das sich kritisch gegen die eigene Lebensführung zu wenden vermag« (E. Käsemann). Das Gewissen wirkt bei der Entscheidungsfindung mit und nimmt zu einer getroffenen Entscheidung hinterher Stellung, urteilt, ob die Entscheidung gut oder schlecht war. Wenn der Mensch nicht seinem Gewissen folgt, hat er nachher ein »schlechtes« Gewissen; folgt er seinem Gewissen, so hat er ein »gutes« Gewissen. Das Gewissen kann uns anklagen, beunruhigen — wir haben dann Gewissensbisse —, es kann uns aber auch Ruhe, Zufriedenheit und Geborgenheit vermitteln. Das Gewissen kann uns freisprechen, auch dann, wenn wir von anderen angeklagt werden, weil wir der festen Überzeugung sind, daß wir getreu unserem Gewissen gehandelt haben.

Das Gewissen spricht recht unterschiedlich zu den einzelnen Menschen. Es gibt Leute, von denen wir sagen, sie haben ein »scharfes« und »waches« Gewissen, und es gibt Menschen, von denen wir sagen, ihr Gewissen sei »abgestumpft«.

Unterschiedliche Gewissensentscheidungen

Das führt dann dazu, daß recht unterschiedliche Gewissensentscheidungen getroffen werden. Derjenige, der ein weites Gewissen hat, kann eine Handlung mit seinem Gewissen noch vereinbaren, die einem anderen schon Gewissensbisse bereitet. Ein Beispiel für diesen Konflikt finden wir im Neuen Testament. Im Römerbrief (Kap. 14) und ersten Korintherbrief (8, 7ff; 10, 25ff) nimmt Paulus zu dem Essen von Götzenopferfleisch Stellung. Dazu wur-

den in den Gemeinden verschiedene Meinungen vertreten und unterschiedliche Stellungnahmen abgegeben, und die Art und Weise, wie Paulus diesen Konflikt zu regeln versucht, ist für uns beispielgebend.
Solche Konflikte gibt es auch heute noch in unseren Gemeinden. Da gibt es junge Menschen, die den Wehrdienst mit ihrem Gewissen vereinbaren können. Andere jedoch müssen diesen Wehrdienst aus Gewissensgründen ablehnen. Ein weiterer Konflikt wurde in der Diskussion über die Reform des Abtreibungsparagraphen deutlich. Eine Gruppe konnte die Fristenlösung mit ihrem Gewissen vereinbaren, eine andere Gruppe mußte diese Regelung aus Gewissensgründen ablehnen. Auch in der Auseinandersetzung über Gewalt und Gewaltanwendung wurden unterschiedliche Stimmen in den Gemeinden laut. Die einen können Gewaltanwendung im äußersten Notfall gegen ein Unrechtsregime mit ihrem Gewissen vereinbaren, während die anderen Gewalt grundsätzlich ablehnen. Die entscheidende Frage lautet aber nun: Wer oder was prägt, bestimmt das Gewissen der Menschen? Wonach richtet sich das Gewissen? Die Antwort muß wohl lauten: Unser Gewissen wird durch Erziehung, die Kultur, den Zeitgeist, die Gesellschaft und ihre Gesetze geprägt. »Das Wissen um das Gute, seine Normen, Modelle, Zeichen, wird dem einzelnen«, so sagt Hans Küng, »sozial vermittelt.«
Wie schnell das Gewissen durch solche Vorgänge umgestimmt werden kann, zeigt folgendes Beispiel: Bei der jetzigen Gesetzeslage (1975) lehnt eine Frau die Abtreibung ab. Sie sagt aber: »Wenn das Gesetz geändert wird und die Abtreibung nicht mehr unter Strafe gestellt wird, dann kann ich einen solchen Eingriff vornehmen lassen und mit meinem Gewissen vereinbaren.«

Die Orientierung an Gott

Gemeinhin wird gesagt: Das Gewissen weiß, was gut und böse ist. Nach christlicher Überzeugung weiß der Mensch jenseits von Eden jedoch nicht mehr, was gut und böse ist. Das muß ihm erst wieder gesagt werden. Im Michabuch heißt es: »Es ist dir gesagt, Mensch, was gut ist und was der Herr von dir fordert« (6, 8). Im Römerbrief schreibt Paulus: »Ich sage die Wahrheit in Christus und lüge nicht, wie mir Zeugnis gibt mein Gewissen in dem heiligen Geist« (9, 1). Paulus spricht nicht allgemein von dem Gewissen, sondern von dem »Gewissen in dem heiligen Geist«, also von dem Gewissen, das durch das Wirken des heiligen Geistes bestimmt wird. Das christliche Gewissen wird bestimmt und geprägt durch die Forderungen und den Willen Gottes. Die Gewissensentscheidungen, die mit Gottes Forderungen im Einklang stehen, sind allein gut.

Das Wissen und das Tun

Nun ist es aber noch lange nicht so, daß derjenige, der die Forderungen Gottes kennt, entsprechend handelt. Das macht der Aufschrei des Apostels Paulus deutlich: »Das Gute, das ich will, das tue ich nicht; sondern das Böse, das ich nicht will, das tue ich. Ich elender Mensch!« (Röm. 7,19.24). Dann wird das Gewissen zum Ankläger, der den Menschen — wie Martin Luther — fragen läßt: »Wie bekomme ich einen gnädigen Gott?« Wie bekomme ich ein ruhiges Gewissen? Denn alle Versuche, etwas wiedergutzumachen, bringen diesen Ankläger nicht zum Schweigen.

Das erlöste Gewissen

Wie bekommt der Mensch ein »gutes« Gewissen (1. Tim. 1, 19; 1. Petr. 3,16), so daß er Gott mit »reinem« Gewissen (2. Tim. 1,3) dienen kann? Das getröstete Gewissen können wir uns nicht verschaffen. Der Ankläger Gewissen ist von uns durch nichts zu beruhigen. Luther schrieb, als ihn sein Gewissen zu zermürben drohte, mit Kreide auf den Tisch: »Ich bin getauft.« Dazu schreibt Helmut Thielicke: »Denn die Taufe bedeutet, daß ich im Namen der Auferstehung Jesu Christi in einem neuen, mir von ihm erworbenen Leben wandle und daß die alte Existenz in den Tod gegeben ist. Das gute Gewissen habe ich also nicht durch ein Hinwegdisputieren und Verdrängen der Sünde, sondern dadurch, daß ich sie im Bad der Taufe ertränke. Ich habe es also nur in der Berufung auf meine Taufe.« Daraus schloß Dietrich Bonhoeffer: »Jesus Christus ist mein Gewissen geworden. Das bedeutet, daß ich die Einheit mit mir selbst nur noch in der Hingabe meines Ich an Gott und die Menschen finden kann.« Der mit Gott versöhnte Mensch hat ein gutes Gewissen, »ein fröhliches Gewissen und ein unbeschwertes Herz vor Gott« (Martin Luther).

Christliche Ethik

Das Gewissen des Christen wird durch die Versöhnung mit Gott nicht nur »getröstet«, sondern gereinigt, geschärft und in der Gemeinschaft der Glaubenden geläutert. Die Gewissensentscheidung ist eine ganz persönliche Sache, aber da sie sich in der Gemeinschaft bewahrheiten muß, ist der einzelne auf die Gemeinschaft angewiesen. Wie der Christ gewissensmäßig handeln kann und soll, dies darzustellen ist die Aufgabe der christlichen Ethik. Die christliche Ethik kann sich nicht gesetzlich auf einzelne Bibelstellen berufen, sondern gründet sich vielmehr auf das Grundverständnis von Gott, Mensch und Welt, das sich dem Glaubenden im Leben, Geschick und in der Botschaft des gekreuzigten und auferstandenen Jesus von Nazareth erschließt. Dabei zeigt es sich, daß die einzelnen Christen zu unterschiedlichen, gewissensmäßig begründeten Urteilen kommen und daß ihre Wertvorstellungen sich von den anderen Weltanschauungs- oder gesellschaftlichen Gruppen unterscheiden. Ihre Aufgabe wird es dann sein, den sittlichen Wertvorstellungen von allgemeiner Gültigkeit Gehör zu verschaffen, damit der Zerstörung von Mensch und Welt gewehrt wird.

Horst Keil

Ausgewählte Bibelstellen

Micha 6, 8; Röm. 2, 15; 9, 1; 14; 1. Kor. 8, 7ff; 10, 25ff; 1. Tim. 1, 19; 2. Tim. 1, 3; 1. Petr. 3, 16

Ergänzende Literatur

Scharfenberg, J.: Die Gewissens-Frage. Radius-Projekte 54. Stuttgart 1972
Schrey, H. H.: Artikel »Gewissen« in: Theologie für Nichttheologen, a.a.O.
Evangelischer Erwachsenenkatechismus, a.a.O., S. 325ff
Neues Glaubensbuch. Der gemeinsame christliche Glaube, hrsg. von J. Feiner und L. Vischer, Freiburg/Zürich 1974

Fragen zum Thema

1. Wie wird die Gemeinde mit den unterschiedlichen Gewissensentscheidungen ihrer Glieder fertig, ohne dadurch zerrissen zu werden?
2. Was bedeutet die Bindung des einzelnen an die Gemeinde für seine Gewissensentscheidung?
3. Wie kann es dem Christen gelingen, die Gewissen seiner Mitmenschen zu schärfen?

Beantwortung der Fragen

Frage 1:
Die Gewissensfreiheit ist ein hohes Menschen- und Grundrecht, das wir durch nichts einschränken lassen sollten. Die Kirche und die Christen haben die Gewissensfreiheit auch dann zu verteidigen, wenn die Gewissensentscheidung anderer immer weniger mit ihren eigenen Wert- und Rechtsvorstellungen übereinstimmt. Wenn sich jemand auf sein Gewissen beruft, so ist das zu respektieren. Dieser Vorschuß an Respekt ist die beste Voraussetzung für die gemeinsame Prüfung der unterschiedlichen Gewissensentscheidungen. Diese ist jedoch immer geboten und möglich, weil das Gewissen kein absolutes Gut und auch keine absolute Idee oder Maxime ist, sondern durch die unterschiedlichsten Einflüsse gebildet wird und sich bildet.
Wenn das Gewissen der Christen vor allem durch das Wort Gottes geprägt und geschärft wird, so ist dieses Wort der Maßstab, an dem die unterschiedlichen Gewissensentscheidungen geprüft werden müssen. Unterschiedliche Gewissensentscheidungen mögen die Gemeinde trennen, aber die Berufung aller auf das Wort und die Prüfung des Gewissens an diesem Wort, das ist es, was die Gemeindeglieder verbindet und dazu führt, daß sie sich auch in Konflikten nicht loslassen. Sie werden miteinander im Gespräch sich gegenseitig treu bleiben, einer auf den andern achten und im Bewußtsein, daß jeder von dem rechten Weg abkommen kann, dankbar für eine kritische Begleitung sein. Gemeinsam müssen wir fragen, ob wir richtig wandeln »nach der Wahrheit des Evangeliums« (Gal. 2, 14). Meinen wir, daß das Gewissen des anderen die-

ser Prüfung am Wort nicht standhält, so müssen wir »ihm ins Angesicht« (Gal. 2, 11) widerstehen, wie es Paulus gegenüber Petrus getan hat, als dieser heuchelte. Unterschiedliche Gewissensentscheidungen der Glieder dürfen die Gemeinde nicht zerreißen, weil diese Tatsache eine Gemeinde geradezu erfordert.

Frage 2:
Wer sich der Gemeinde zugehörig fühlt, wird sich jederzeit von den Gliedern dieser Gemeinde nach der Begründung seiner Gewissensentscheidung befragen lassen. Er wird sich dem Gespräch stellen, es nicht verweigern und von sich aus auch nicht abbrechen. Er wird auf die anderen hören und versuchen, ihre Gewissensentscheidung zu verstehen und diese ernst zu nehmen.
Aber die Bindung an die Gemeinde kann noch mehr bewirken: sie kann mich veranlassen, von den Freiheiten, die mir von meinem Gewissen her möglich wären, keinen Gebrauch zu machen, weil ich den Gemeindegliedern keinen Anstoß geben möchte gemäß dem Pauluswort: »Mir ist alles erlaubt, es frommt aber nicht alles« (1. Kor. 6, 12).
Dieser Verzicht auf die Verwirklichung von Freiheiten kann aber niemals gefordert oder gar erzwungen werden, sondern wird nur aus Liebe zur Gemeinde möglich. Selbst die Entscheidung einer Mehrheit kann niemals eine Einschränkung der Gewissensentscheidung eines anderen Menschen bedeuten. Er ist zwar an die Gemeinde gebunden und ihr verantwortlich, aber letztlich muß er seinem Gewissen mehr gehorchen als den Menschen und das vor Gott verantworten können.

Frage 3:
Die Schärfung des menschlichen Gewissens erfolgt durch die Verkündigung des Wortes Gottes. In der Begegnung mit diesem Wort erfährt der Mensch, was gut und böse ist. In der Begegnung mit dem richtenden, Sünde aufdeckenden Wort bekommt der Mensch ein »schlechtes« Gewissen. In der Begegnung mit dem Wort der Gnade und Versöhnung bekommt er ein »gutes« Gewissen. Wir schärfen das Gewissen der Menschen, wenn wir ihnen dieses Wort verkündigen und mit dem Zeugnis unserer Existenz für dieses Wort eintreten.
Abgestumpfte Gewissen wieder empfindlich zu machen, das ist eine schwere Aufgabe. Wer lange genug am Bahndamm wohnt, hört die Züge nicht mehr. Wer lange genug mit Bösem umgeht, er-

kennt es nicht mehr. Hinzu kommt, daß die Menschen die Nachrichten, die sie bestätigen, bereitwillig aufnehmen, während sie die Nachrichten, die ihnen widersprechen, nicht zur Kenntnis nehmen. Zuversicht gibt allein die mit dem Wort Gottes verbundene Verheißung, daß das Wort tun wird, was Gott gefällt, und ihm gelingen wird, wozu er es sendet (Jes. 55, 11).

Horst Keil

Zusammenfassende Thesen

Das Gewissen ist wie ein Gefäß, in das man Material einfüllen kann: Erziehung, Tradition, Brauchtum, Einsichten, Arbeitsergebnisse, auch Glaubenserfahrungen und Erkenntnisse. Was uns umgibt, womit wir umgehen, prägt unser Gewissen. Es liegt sehr viel an seinem Willen, an seiner Grundeinstellung, ob ein Mensch ein an Gott gebundenes, ein »christliches Gewissen« hat. Nach seinem Gewissen handeln kann dann auch heißen: nach seinem Glauben handeln. Dann ist das Gewissen das »Gefäß« des christlichen Glaubens.

Gott

Von wem reden wir, wenn wir das Wort »Gott« in den Mund nehmen und aussprechen?
Es scheint schwierig, darüber etwas Gewisses auszumachen. Den Mond kann man erforschen, die Lichtjahre errechnen, die Tiefen der Meere ergründen, das Menschenherz durchleuchten, wobei freilich gerade bei dem zuletzt Genannten unser Wissen auf Grenzen stößt und unser Fragen und Forschen an kein Ende kommt. »Abgründig über alles ist des Menschen Herz, wer kann's ergründen?« (Jer. 17, 9). Aber Gott? Wer kann etwas Gewisses über ihn aussagen? Niemand hat Gott je gesehen (Joh. 1, 18). Er wohnt in einem Licht, da niemand zukommen kann (1. Tim. 6, 16). Soviel steht fest: Darüber, wer Gott ist, kann man sich nicht in gemeinsamem Hinsehen verständigen. »Gefühl ist alles; Name ist Schall und Rauch, umnebelnd Himmelsglut.« Für viele Zeitgenossen ist dieses berühmte Wort aus Goethes »Faust« auch heute der Weisheit letzter Schluß. Und in riesigen Räumen der Erde leben Millionen Menschen, für welche das Wort »Gott« eine erledigte, überholte Vokabel ist, der nie eine Wirklichkeit entsprach.

Wer ist Gott?

Meist wird die Frage anders gestellt, wenn das Gespräch die Themen »Glaube, Kirche, Religion« aufgreift. Nämlich so: Gibt es einen Gott? Aber das ist eine kindische Fragestellung! Man kann fragen: Gibt es den Osterhasen? Gibt es noch unerforschte Ölquellen? Gibt es Menschen oder irgendwelche Lebewesen auf anderen Himmelskörpern im Weltall, die wir noch nicht erforscht haben? Aber: »Einen Gott, den es gibt, gibt es nicht.« Dieser Satz stammt nicht von einem verbohrten Atheisten. Er ist vielmehr bei Dietrich Bonhoeffer nachzulesen, der nicht nur ein wegweisender Theologe, sondern auch ein großer Beter war. Es gibt Gott nicht so wie die Dinge, die Menschen, die Fakten und Zustände dieser Welt, über die wir uns in gemeinsamem Hinsehen verständigen können. Er ist — wenn anders er wirklich Gott ist — niemals der

Gegenstand, das Objekt unseres Erkennens. Er ist vielmehr das Subjekt, der Herr des Menschen und aller Dinge, die er geschaffen hat und mit seiner Macht umfaßt und erhält. Ehe wir nach ihm fragen, sind wir — an jedem Ort und in jedem Augenblick — schon in seiner Hand, von seinem Willen regiert, von seiner Macht umschlossen. Auch wer sich künstlich blind macht gegen seine Wohltaten, wer ihm die Existenz abstreitet, wer sich vielleicht nicht einmal die Mühe macht, ihn wenigstens zu leugnen, ist dennoch in Gottes Hand, Macht und Gewalt. Wir sind ihn nicht los und wir werden ihn nicht los, wie gottlos wir uns auch verstehen oder gebärden mögen. Er, der lebendige Gott, ist unser aller Schöpfer, Gebieter und Richter. Man kann ihm die kalte Schulter zeigen, den Rücken zukehren, seine Herrschaft leugnen, seine Existenz theoretisch bestreiten und seinem Willen sich trotzig verweigern. Aber wer den Beistand Gottes nicht will, erfährt seinen Widerstand. Keiner kann ihm letztlich entrinnen (Ps. 139,7ff; Amos 9,2).

Wie lautet sein Name?

Wer einen Menschen kennenlernen und ansprechen will, stellt die Frage: »Wie ist Ihr Name?« Mit einem anonymen Gesprächspartner kann man vielleicht einmal ein paar belanglose Worte wechseln, aber eine ernsthafte Sache mit ihm besprechen, sich ihm anvertrauen — das kann man nicht! Mit »Gott« verhält sich's nicht anders. Nur wer ihn mit Namen kennt, kann sich mit ihm einlassen, auf ihn verlassen. Die Vokabel »Gott« ist vieldeutig. Und es hilft uns nicht weiter, wenn wir ein Lexikon oder ein Lehrbuch der Religionsgeschichte aufschlagen. Die Vielzahl der Namen, die man für Gott oder auch für eine Vielzahl von Göttern erfunden hat (Jupiter, Zeus, Wotan, Allah usw.), ist verwirrend. Sie erweckt den begründeten Verdacht, daß die Gottheiten eine Erfindung des Menschen sind, der seine Abhängigkeit spürt, einen Halt sucht und seines eigenen Werts im Weltganzen sich versichern will. Wer ist nun wirklich Gott? Wer ist Gott wirklich? (Vgl. Sprüche 30,4.) Kein Mensch konnte und kann durch eigenes Nachdenken darüber etwas Gewisses aussagen. Niemand weiß dies besser als die Bibel, die den Gott bezeugt, den niemand je gesehen hat (Joh. 1, 18), der in einem Licht wohnt, da niemand zukommen kann (1. Tim. 6, 16). Wenn sie sich dennoch nicht in Schweigen hüllt, wenn vielmehr in diesem Buch der Bücher von dem Unbekannten, Unfaßbaren klar, eindeutig, verbindlich die Rede ist, dann allein deshalb, weil der allmächtige Gott selbst den Schleier zerriß, der uns sein Antlitz verbarg. Empfänger und Zeuge dieser Selbstenthüllung des lebendigen Gottes war das Volk Israel, das er, der Schöpfer, Gebieter und Richter aller Menschen und Völker, zu seinem Zeugen erwählte, für seinen Dienst beschlagnahmte. Wer in Erfahrung bringen will, wer Gott ist, muß bei Mose und den Propheten in die Schule gehen. Unter dem Eigennamen »Jahwe« (irrtümlich »Jehova« gelesen) hat er sich hier bezeugt (vgl. 2. Mose 3, 13f). »Gott sprach zu Mose: Ich werde sein, der ich sein werde. So sollst du zu den Kindern Israel sagen: ‚Ich werde sein', der hat mich zu euch gesandt.« Viel wurde an der Deutung dieses Namens herumgerätselt. Fest steht auf jeden Fall: Der Gott, der hier und so sich bezeugt hat, ist kein erdachter, sondern ein wirklicher, ein lebendiger Gott! Er ist keine schweigende Sinnmitte des Alls. Er ist ein redender, handelnder Gott. Ein Gott, der zum Aufbruch ruft, in die Zukunft weist, Geschichte eröffnet. Ein Gott, der weiß, was er will und wo er hinauswill.

Wie heißt sein Sohn?

Jesus heißt er — so bezeugt uns das Neue Testament. So gewaltig und herrlich sich der allein wahre, lebendige Gott im Alten Testament bezeugt, das von der Geschichte Gottes mit Israel erzählt — hier ist mehr als »Mose und die Propheten«! Hier ist der eine, der von sich sagen durfte: »Wer mich sieht, der sieht den Vater« (Joh. 14, 9), der sieht Gott ins Herz! »Nachdem Gott manchmal und auf mancherlei Weise geredet hat zu den Vätern durch die Propheten, hat er in diesen letzten Tagen (vollgültig und endgültig!) zu uns geredet durch den Sohn« (Hebr. 1, 1). Niemand kann jetzt mehr behaupten, über Gott ließe sich nichts Gewisses ausmachen. Es sei weder klar, ob das Wort »Gott« nur eine Vokabel, eine Leer-Formel sei oder ob eine lebendige Wirklichkeit dahinter stehe, noch könne man etwas Genaues darüber wissen und aussagen, wessen wir uns von diesem Gott zu versehen haben, was er mit der Welt und jedem einzelnen vorhat und was wir ihm schuldig sind. Gewiß: Wir können uns Gott nicht vorstellen. Wir sollen es auch nicht. Denn was wir uns vorstellen können, das können wir auch wieder wegstellen. Dies aber ist hier nicht möglich! Sind wir doch in jedem Augenblick, heute und ewig von seiner Macht umfaßt.

Wir sollen uns auch kein Bild von Gott machen, weder aus Holz oder Stein noch mit Hilfe unserer Einbildungskraft. Genug zu wissen, wie wir mit Gott dran sind, was er mit uns vorhat und zu unserer Rettung getan hat, was wir von ihm erwarten dürfen und ihm schuldig sind. Was denn? Nun, eben dies, daß wir Gott wirklich *Gott* sein lassen, nach seinem Willen fragen und uns mit unserer ganzen Existenz in seiner Treue verankern. »Das heißt nicht, einen Gott haben, so du ihn mit dem Munde bekennst oder mit Knien und Gebärden ihn anbetest, sondern so du ihm von Herzen traust und dich alles Guten und aller Wohltat von ihm versiehst, im Wirken und Leiden, im Leben und Tod, in Lieb und Leide« (Luther). Daran lernt keiner aus.

Helmut Lamparter

Ausgewählte Bibelstellen

2. Mose 3, 13ff; Ps. 53, 2-4; Spr. 30, 4; Jer. 17, 9; Joh. 1, 18; 3, 16; 14, 6; Röm. 11, 33-36; 2. Kor. 1, 3f; 1. Tim. 6, 16; Hebr. 1, 1

Ergänzende Literatur

Grabner-Haider, A. (Hrsg.): Gott. Grünewald-Materialbücher 1. Mainz 1972
Gollwitzer, H.: Die Existenz Gottes im Bekenntnis des Glaubens. München 1968
Koch, G.: Artikel »Gott« in: Theologie für Nichttheologen, a.a.O.
Kutschki, N. (Hrsg.): Gott heute. 15 Beiträge zur Gottesfrage. München 1968
Ott, H.: Die Antwort des Glaubens. Systematische Theologie in 50 Artikeln. Stuttgart 1972
Ott, H.: Gott. Themen der Theologie 10. Stuttgart 1971
Schultz, H.J. (Hrsg.): Wer ist das eigentlich — Gott? suhrkamp taschenbuch 135, Frankfurt/Main 1973
Thielicke, H.: Und wenn Gott wäre ... Reden über die Frage nach Gott. Stuttgart 1971
Zahrnt, H.: Gott kann nicht sterben. Wider die falschen Alternativen in Theologie und Gesellschaft. Taschenbuchausgabe dtv 957, München 1973
Zahrnt, H.: Die Sache mit Gott. Die protestantische Theologie im 20. Jahrhundert. Taschenbuchausgabe dtv 846, München 1972
Zink, J.: Erfahrung mit Gott. Stuttgart 1974
Evangelischer Erwachsenenkatechismus, a.a.O., S. 47ff

Fragen zum Thema

1. Was sollen wir von der Rede vom »toten Gott« halten?
2. Ist der Gott des Alten und der Gott des Neuen Testaments derselbe Gott?
3. Was ist von dem Glaubensbekenntnis »Gefühl ist alles« zu halten?

Beantwortung der Fragen

Frage 1:
Viele sagen: »Gott ist tot.« Was soll man davon halten?
Antwort: Niemand weiß es besser als die Bibel, daß der Gott (bzw. die Götter), den (die) der Mensch erdenkt, um sich selbst einen Halt und Trost zu geben und sich des eigenen Werts im Weltganzen zu versichern, ein irreales Wunschbild ist. »Die Götzenmacher sind alle nichtig; woran ihr Herz hängt, das ist nichts nütze« (Jes. 44, 9). Wir begegnen bei den Propheten von Elia bis zum Zweiten Jesaja einer an Schärfe nicht überbietbaren »Religionskritik«, die — längst vor Ludwig Feuerbach und seinen Nachrednern — den illusionären Charakter aller erdachten Götter aufgedeckt hat.
Wenn ernsthafte Theologen das Schlagwort »Gott ist tot« aufgenommen haben, so wollten sie damit die Tatsache bewußt machen, daß die weit überwiegende Mehrzahl der Zeitgenossen sich daran gewöhnt hat, ihre Lebensprobleme ohne Gott zu lösen. Dieser praktische Atheismus als Massenerscheinung ist zweifellos ein Symptom unserer heutigen Welt. Aber wer sich künstlich blind macht, löscht damit nicht die Sonne aus! Es ist und bleibt »des Menschen Vollkommenheit, Gottes zu bedürfen« (Kierkegaard). Wenn Gott (wirklich!) tot ist, dann ist der Tod Gott. Wir sind und wir werden Gott — den allein wahren, lebendigen Gott — nicht los, wie gottlos wir uns auch verstehen oder gebärden. Wer seinen Beistand nicht will, erfährt seinen Widerstand. Die Gottlosen haben keinen Frieden!

Frage 2:
Ist der Gott des Alten Testaments, dieser zürnende, strafende, richtende Gott, wirklich derselbe wie der Vater im Himmel, zu dem uns Jesus beten lehrt?
Antwort: Bei genauerem Studium der Bibel entdeckt man bald,

daß hier kein Gegensatz besteht. Es steht im *Alten* Testament: »Barmherzig und gnädig ist der Herr, geduldig und von großer Güte« (vgl. auch Jes. 49,15; 54,7). Es steht im *Neuen* Testament, daß es schrecklich ist, in die Hände des lebendigen Gottes zu fallen (Hebr. 10, 39). Es ist Jesus, der uns den über alles fürchten lehrt, der »Leib und Seele verderben kann in der Hölle« (Matth. 10, 28)! Daß der eine Gott, der geredet hat zu den Vätern durch die Propheten, zuletzt zu uns durch den Sohn (Hebr. 1, 1f), sich, als die Zeit erfüllt war, sein Liebstes, den Sohn, vom Herzen riß, das freilich ist unableitbar und wunderbar.

Frage 3:
»Gefühl ist alles. Name ist Schall und Rauch, umnebelnd Himmelsglut« (Goethe, »Faust«). Was ist von diesem »Glaubensbekenntnis« zu halten?
Antwort: Es kann subjektiv ehrlich sein, ist aber objektiv falsch und völlig unbiblisch. Gott hat sich namentlich vorgestellt (vgl. 2. Mose 3, 14). Er hat uns seinen Willen klar und verbindlich kundgetan. Er hat uns in Jesus Christus, seinem Sohn, sein Innerstes entdeckt. Wer ihn sieht, der sieht den Vater, der sieht Gott selbst ins Herz (Joh. 14, 9). Das ist gewißlich wahr. *Helmut Lamparter*

Zusammenfassende Thesen

»Gott« ist ein menschlicher Begriff, der eine einzelne Eigenschaft, die man Gott zuschreibt, wiedergibt und betont: »Der Gute« (= Gott). Dieses Wort zeigt, daß man sich an Gott nur herantasten, aber nicht eigentlich aussagen kann, wie seine Seinsweise ist. Der Begriff versucht auszudrücken, wie sich Gott dem Glaubenden gegenüber verhält. Was Jesus Christus von Gott gesagt hat, zeigt ihn als »den Guten«. Wenn wir von Gott sprechen, müssen wir sagen, welchen Gott wir meinen. Denn Gott und Gott sind zweierlei. Unser Gott ist der Gott, der in Jesus Christus durch den Heiligen Geist unser Herr ist. Er ist das Gegenüber unseres Glaubens.

Gottesdienst

Eine These vorweg: »Christlicher Gottesdienst — das ist Jesus Christus unter uns.« Und umgekehrt: »Wo Jesus Christus unter uns ist — da ereignet sich Gottesdienst.« Das hat sich im folgenden am biblischen Zeugnis zu messen.

Jesus feiert den Gottesdienst Israels

Jesus hat keine neue Gottesdienstform eingeführt. Er nimmt an den Gottesdiensten in Tempel und Synagoge teil. Er besucht regelmäßig den Tempel (Mark. 11, 11 u.a.); er schickt die geheilten Aussätzigen zum Priester und hält sie zum vorgeschriebenen Opfer an (Mark. 1, 44); in der Synagoge ergreift er das Wort zur Lesung und Auslegung, wozu er als Jude jederzeit das Recht hatte (Luk. 4, 16ff). Mit seinen Jüngern feiert er das Passahmahl in der vorgeschriebenen Weise und beschließt es mit dem festgelegten Hymnus (Mark. 14, 12-26).

Das ganze Leben Israels war ja vom Gottesdienst umfaßt. Zwei grundsätzlich verschiedene Arten hatten sich herausgebildet.

1. In Jerusalem stand das eine, zentrale Heiligtum, der Tempel. Dort feierte die Gemeinde — oft von weither gekommen — einen Gottesdienst, der wesentlich durch das Opfer bestimmt war. Der Tempel (hervorgegangen aus dem Wanderheiligtum der Stiftshütte) galt als der Ort der Gegenwart Gottes. Dort, im Dunkel des Allerheiligsten, wollte er wohnen. Dort wollte er angebetet werden, dort sollte durch tägliche Opfer Schuld bekannt und gesühnt, Vergebung und Gnade empfangen werden. Der große Abstand zwischen dem heiligen Gott und seinem Geschöpf wird durch eine Fülle von Ritualen deutlich gemacht; nicht zuletzt durch den Dienst einer besonderen Priesterschaft.

Aber nun war dieser Heilige, dessen Altar nicht berührt werden durfte (2. Mose 29, 37) und dessen Größe Jesaja erfährt (Jes. 6), zugleich der, der sich mit seinem Volk verbunden hatte. Israel feierte diesen Bund im fröhlichen Opfermahl (vgl. 1. Sam. 1, 3-9), erinnerte sich desselben im priesterlichen Segen (4. Mose 6, 22-27) und im Hören auf die alten Berichte von Gottes Handeln mit seinem Bundesvolk (vor allem anläßlich der großen Feste, vgl. 5. Mose 26, 1-11).

2. Ein völlig anders gearteter Gottesdienst entstand in späteren Zeiten. Israel hatte die Erfahrung gemacht, daß sein Gott nicht an einen heiligen Ort gebunden war. Der Tempel wurde zerstört; Gott stieß sein Volk ins Exil — und ging mit! In der Folgezeit hat sich der in Babel entstandene Wortgottesdienst in der Synagoge weit verbreitet. Nicht mehr der heilige Ort ist notwendig für Gottes Gegenwart, sondern die versammelte Gemeinde (mindestens 10 Männer) und das in ihrer Mitte verlesene Gesetz (Thora). Fürbitten, Gesetzesverlesung und Auslegung gaben dem neuen Gottesdienst das Gepräge. Priester waren nicht vonnöten. Mit diesem so anders gearteten Gottesdienst wandelte sich auch die jüdische Religion: sie wurde Schriftreligion. Als im Jahr 70 n. Chr. der Tempel zerstört wurde, hat der Schmerz darüber den Glauben der jüdischen Gemeinden nicht zerbrochen. Die Erfahrung war längst da: Gott ist gegenwärtig überall, wo die Gemeinde das kostbarste Gut, das ihr anvertraut ist, das Gesetz, liest und beachtet.

Von der Synagoge ist vieles in unsere Gottesdienste übergegangen: Schriftlesung, Fürbitte, Segen und vor allem: die Predigt.

Jesus feiert den Gottesdienst neu

Jesus feierte den Gottesdienst Israels. Aber er durchbricht die starren Ordnungen, die Tempel und Synagoge aufgestellt hatten. »Soll man am Sabbat (in der Synagoge) Gutes tun oder Böses tun?« fragt er die erbosten Sittenwächter (Mark. 3, 4) und tut dann, was »man« eben nicht tun durfte: er heilt im Sabbatgottesdienst, weil der Sabbat und sein Gottesdienst um des Menschen willen da ist und nicht der Mensch um des Sabbats bzw. des Gottesdienstes willen (Mark. 2, 27). Immer, wenn Jesus das Bestehende kritisiert (zum Beispiel Beten, Fasten, Almosengeben; Matth. 6, 1-18), will er keine neue Kultform einführen, sondern den Gottesdienst wieder auf sein Ziel hinführen: den Menschen Gottes Heil erfahren zu lassen.

So geschieht überall dort, wo Jesus auftritt, Heilsames. Jesu ganzes Leben wird zum Gottesdienst, in dem die Menschen erfahren: Gott ist unter uns und wendet sich allen zu. Der Gichtbrüchige empfängt die Absolution (Mark. 2, 1-12), die laut Gesetz nur der Priester beim Opfer aussprechen konnte (vgl. 3. Mose 4 und 5). Die

Unreinen werden von Jesus angerührt und so einbezogen in sein heilsames Handeln (Mark. 1, 41). Zöllner und Sünder erfahren in der Tischgemeinschaft mit Jesus, was ihnen der Gottesdienst nicht geben konnte: angenommen zu sein (Mark. 2, 13-17). So wird Jesu ganzes Leben zum Gottesdienst.

Jesus — die Mitte des Gottesdienstes der Gemeinde

Die junge christliche Gemeinde begreift Jesu Kommen als Gottesdienst: sie rechnet mit seiner Gegenwart. So wird der erhöhte Herr die Mitte des neuen christlichen Gottesdienstes. Dieser Gottesdienst geschieht dort, wo Menschen an Christus glauben mit allen Konsequenzen, mit Hingabe von Leib und Leben. Kein liturgisches Formular, keine spezielle Veranstaltung macht diesen Gottesdienst aus. Es sind die Menschen, die bereit sind zu Veränderungen des Denkens und die stets neu überprüfen, was Gottes Wille für die Menschen ist (Röm. 12, 2). Dieser tätige Gottesdienst umfaßt alle Lebensgebiete. Nichts bleibt ausgeschlossen.
Die gottesdienstliche Versammlung wird dadurch keineswegs überflüssig. Im Gegenteil, in ihr soll zur Sprache kommen, was den »Lebensgottesdienst« betrifft. Hier sollen Zurüstung, Entlastung, Befreiung und Sendung geschehen. Der Gemeindegottesdienst kennt keine »besondere« Gegenwart Christi im Vergleich zu seiner Gegenwart in der Welt. Aber es ist wichtig für den Christen, daß es in seinem Leben die gottesdienstliche Versammlung gibt, wo er sich regelmäßig »in der Apostel Lehre« findet, »in der Gemeinschaft« mit andern Christen übt, »im Brotbrechen« die Gegenwart Christi erfährt und »im Gebet« lobt, dankt und Fürbitte tut (Apg. 2, 42).
Die Gottesdienste der frühen Christengemeinden waren nach ihrer Loslösung von der Synagoge reich an Formen und Möglichkeiten zum »Mitmachen«. Der Geist Christi (creator spiritus) machte die Menschen im wirklichen Sinne »kreativ«, schöpferisch. 1. Kor. 12 und 14 geben einen Einblick in die Gottesdienste einer jungen Gemeinde. Jeder hatte die Möglichkeit, sich mit seinen Gaben aktiv an der Feier zu beteiligen. So geschahen Schuldbekenntnis, Absolution, Heilung, Zurechtweisung, Sendung, Lobpreis. Feste liturgische Stücke und Männer mit bestimmten Aufgaben fanden sich neben dem unmittelbaren Geisteswirken. Allerdings gab es auch Mißbräuche, die abzustellen Paulus bemüht war.

Hundert Jahre später prägten bereits feste Ordnungen den christlichen Gottesdienst. Das spontane Geisteswirken hatte aufgehört. Der Gottesdienst wurde nun von ordinierten Männern gehalten. Das Herrenmahl hatte seinen Mahlcharakter verloren und wurde als Eucharistie mit der Predigt in einem Gottesdienst vereinigt. Damit war die Form des Gottesdienstes entstanden, die bis heute in den meisten Kirchen sich erhalten hat: die Messe. Die Kirchengeschichte berichtet viel von diesen Gottesdiensten, von ihrem Reichtum und ihren Möglichkeiten zum Mitfeiern; aber auch davon, wie die Gegenwart Christi in diesen Gottesdiensten zeitweilig kaum mehr zu erkennen war.
Das Neue Testament gibt uns auf, Gottesdienst als Gegenwart Christi zu feiern, das heißt als das, was heilsam ist für die Menschheit. So soll von unserem sonntäglichen Beisammensein Heil in die Welt hinausgehen, durch die Menschen, die im Namen Jesu zusammen sind und die den Gottesdienst über das »Amen« hinaus weitergehen lassen. *Heinz Dieter Metzger*

Ausgewählte Bibelstellen

2. Mose 29, 37; 25-30; 35-40; 3. Mose 1-10; 16; 4. Mose 6, 22-27; 5. Mose 26, 1-11; 1. Sam. 1, 3-9; Jes. 6; Matth. 6, 1-18; Mark. 2, 1-12. 13-17. 27; 3, 4; 11, 11; 14, 12-26; Apg. 2, 42; Röm. 12, 1-2; 1. Kor. 12-14; Hebräerbrief

Ergänzende Literatur

Harbsmeier, G.: Artikel »Gottesdienst« in: Theologie für Nichttheologen, a.a.O.
Hild, H.: Feiertage aktuell. Gütersloh 1973
Hoffmann, H./Jossua, J.-P.: Gott und Gottesdienst. Ökumenische Perspektiven 4. Frankfurt/Main 1973
Nagel, W.: Geschichte des christlichen Gottesdienstes. Sammlung Göschen 1202/1202a, Berlin 1970
Trautwein, D. (Hrsg.): Lernprozeß Gottesdienst. Gelnhausen 1972
Evangelischer Erwachsenenkatechismus, a.a.O., S. 1023ff

Fragen zum Thema

Wie verhalten sich Lebensgottesdienst und die Gottesdienstfeier im Neuen Testament und heute zueinander?
Auf welche Weise konnte man in neutestamentlicher Zeit im Gottesdienst »mitmachen«?
Welche Möglichkeiten bestehen heute dazu?

Weiterführende Gedanken zu den Fragen

1. »Unser Gottesdienst am Sonntagmorgen ist oftmals steril. Es fehlt ihm die Verbindung zum Leben der Wochentage.«
»Der Pfarrer gibt sich große Mühe, einen biblischen Text zu verdeutlichen. Er tut das sehr korrekt. Man spürt auch, daß er zu dem steht, was er sagt. Aber ich habe den Eindruck, er gelangt nicht zum Hörer, der ja aus ganz anderen Lebensbereichen zum Gottesdienst kommt.«
Solche Äußerungen lassen aufhorchen. Zeigt der Sonntagsgottesdienst eine wirkliche Verbindung zum »Gottesdienst des Lebens« an? Setzt er etwas in Gang, was »am Montag weitergeht«? Vielleicht könnte das Mitwirken von Gemeindegliedern, die aus unterschiedlichen Lebensbereichen kommen, dem Sonntagsgottesdienst mehr »Fleisch und Blut« geben.

2. »Es scheint, daß manche Kirchenleute den Sonntagsgottesdienst als ein Refugium betrachten, in das sie sich zurückziehen und worin sie alles vergessen, was in der Welt geschieht. Sie zelebrieren dann eine Liturgie, die aus uns heute unverständlichen Elementen besteht; sie pflegen einen Stil, der dem Menschen des 20. Jahrhunderts fremd ist.«
Die Vertreter solcher Ansichten haben gewiß in einem Punkt recht: Für den Gottesdienst gibt es kein Stilmonopol. Aber dem muß hinzugefügt werden: Es gibt guten und schlechten Stil. Im übrigen begreifen heute mehr und mehr Menschen den Sinn einer guten Liturgie. Sie kann Hilfe zum rechten Feiern sein, wenn sie es möglichst allen Beteiligten erleichtert, mitzumachen. Sie kommt dort zum Ziel, wo sie dem »Lebensgottesdienst« Raum zur Entfaltung bietet und wieder auf ihn zurückwirkt. Deshalb kann eine gute Liturgie nie starr sein.

3. »Wir sind dankbar, daß es den gefeierten Gottesdienst gibt als Gegenüber zum Leben des Werktags (vgl. 1. Mose 2, 1ff). Im Gottesdienst wollen wir Entlastung erfahren. Dort wollen wir auch daheim sein. Das Leben spielt uns oft hart mit. Der Gottesdienst sollte das nicht auch noch tun.«
Das ist gut zu verstehen. Gefeierter Gottesdienst und »Lebensgottesdienst« können durchaus einen Kontrast darstellen. Die Bibel kennt das Gegenüber von Arbeit und Ruhe. Aber es gibt auch eine falsche Ruhe, in der sich der Mensch nur selbst bestätigen läßt. — Der sonntägliche Gottesdienst wird durchaus die entlastende, befreiende Funktion haben, die den Menschen wieder zu sich und seinem Gegenüber »Gott« kommen läßt. Aber eben dieser Gott fordert uns Menschen auch heraus (er »provoziert«) zu konkretem Handeln und zu neuem Denken. Darum hat auch der Gottesdienst diese provokative Seite.

4. »Wozu überhaupt Gottesdienst am Sonntag? Wenn das ganze Leben ein Gottesdienst ist, braucht es doch nicht diese Selbstdarstellung der Gemeinde. Die Christen würden besser daran tun, statt zur Kirche zu gehen, ihren Lebensgottesdienst recht wahrzunehmen.«
Ist das möglich, ohne daß sich diese Christen zusammenfinden? Ohne daß sie sich entlasten und wieder neu beauftragen lassen? Kann ein Christ, oder auch eine Gemeinde von Christen, Lebensgottesdienst halten ohne Rücksprache mit anderen, ohne Rücksprache mit Gott?

5. »Im Gottesdienst muß ich meinen Mund halten; und wenn ich ihn auftun kann, dann schreibt mir der Pfarrer vor, was ich singen oder reden darf.«
Das stimmt! Leider! Die Zeiten von 1. Kor 14 sind vorbei. Aber niemand sagt, daß die heutigen Zustände so bleiben müssen. Nur — Zustände ändern sich nicht durch Verordnungen, sondern durch Menschen, die bereit sind, im Gottesdienst verantwortlich »mitzumachen«. Schwierigkeiten bieten äußere Umstände, wie ungeeignete Gottesdiensträume, der Umgang mit einer größeren Zahl von Teilnehmern, die alle mitmachen wollen. Am einfachsten lassen sich Liturgien verändern (aber vgl. das unter 2. Gesagte). Nur — das alles garantiert keinen lebendigen Gottesdienst. Dazu braucht es die Leute mit ihren Gaben. *Heinz Dieter Metzger*

Zusammenfassende Thesen

Gottesdienst ist Fest, Feier und Aktion. Im Fest denkt der Mensch an sich selbst: Er weiß sich von Gott geliebt und freut sich seines Gottes. In der Feier denkt der Mensch an Gott: Er weiß sich ihm gegenüber. In der Aktion bezieht der Mensch den Nächsten mit ein: In Fürbitte und Tat wird der Mitmensch in den Gottesdienst einbezogen. Im Sammelgebot der Liebe ist all das, was Gottesdienst ist, zusammengefaßt: »Du sollst Gott lieben, deinen Herrn . . ., und deinen Nächsten wie dich selbst.« Gottesdienst ist Sichtbarwerden und Verwirklichung des Glaubens.

Heil

»Heil gibt es nirgends als bei Christus. Kein anderer Name ist uns Menschen gegeben, auf den wir uns berufen, an den wir uns halten können. Niemand hilft uns unter dem weiten Himmel, mit Gott ins reine zu kommen, als er allein« (Apg. 4,12 nach Jörg Zink). Diese kurzen Sätze weisen wie die Spitze eines Pfeils in eine ganz bestimmte Richtung. Heil, das ist kein nebelhafter Begriff. Das Heil ist verkörpert in einem Namen, in einer Person. Was heißt das?

Das Wohl

»Zum Wohl!« sagt die Kellnerin und setzt das Glas mit dem frischen Getränk vor uns auf den Tisch. »Zum Wohl!« sagen auch wir, wenn wir unseren Gästen zutrinken. Und von unserer Gesellschaft sagen wir heute, sie sei vom »Wohlstand« geprägt. Was meinen wir aber, wenn wir vom »Wohl« sprechen? Wir ahnen wahrscheinlich kaum, daß wir hier ein Wort gebrauchen, das wir von den alten Griechen übernommen haben. Denn Heil (soteria) bedeutet nach griechischem Verständnis: Wohlergehen, Gesundheit des Leibes und der Seele.
In dem Wunsch der Kellnerin »Zum Wohl!« liegt noch eine andere Erkenntnis versteckt. Es ist uns allen bekannt, daß der Mensch durch ein Übermaß an Essen oder Trinken wie überhaupt durch alles Übermaß seiner Gesundheit schaden kann. Das Wohl (soteria) erreicht der Mensch nur durch Selbstbeherrschung. Das Wohl — so lehrt uns griechisches Denken — ist erreichbar durch den Einsatz des menschlichen Willens und der menschlichen Vernunft.

Das Heil als Person

Im Denken, das von der Bibel her geprägt ist, hat das Wort Heil eine ganz andere Bedeutung gewonnen. Heil bedeutet im Sprachgebrauch der Bibel soviel wie Rettung. Das hebräische Wort für

Heil (jeschua) ist abgeleitet von einem Stamm, der bedeutet: nach Hilfe schreien. Heil kommt also nicht von heilen, wie das im Deutschen naheliegen könnte, sondern es bedeutet die göttliche Antwort auf den Hilferuf von Jahrhunderten. Heil, das ist das Eingreifen Gottes. Heil, das ist die Sendung des Retters. Heil, das ist die göttliche Antwort auf den Hilferuf des Menschen: »Wer wird mich erlösen von dem Leibe dieses Todes?« (Röm. 7, 24). Das Heil ist nach dem Zeugnis der Bibel also kein bloßer Begriff. Das Heil begegnet uns in einer Person.
Jesus Christus ist diese Antwort Gottes. Er ist der »Heiland«, was ja nichts anderes als »Retter« heißt. Die Evangelien des Neuen Testaments berichten mit vielen eindrucksvollen Beispielen, wie Jesus Menschen aufgesucht hat und sie aus den Zwängen von Sünde und Angst befreit hat. Diese Befreiungsaktion Jesu hat mit seiner Kreuzigung vor den Toren Jerusalems ihren Höhepunkt erreicht. So wird dieses Geschehen am Kreuz zur Grundlage unseres Heils.

Heil als Person: Dieser Gedanke ist wichtig. Ich höre von einem besonders liebenswerten Menschen. Er wird mir geschildert, beschrieben. Man singt mir sein Lob. Vielleicht bekomme ich sogar ein Photo von ihm zu sehen. Ich weiß nun ziemlich genau über diesen Menschen Bescheid. Aber wie anders ist es, wenn es sich fügt, daß dieser Mensch in mein Leben eintritt und mir zum Freund wird. Dann bekomme ich nicht nur ein Bild von ihm, sondern es spielt sich etwas ab zwischen ihm und mir. Es kommt zur Gemeinschaft. Und darum geht es im Evangelium. Denn »das Evangelium bringt mir in seinem Kern nicht Belehrung, sondern schafft Begegnung zwischen dem Herrn und mir. Ich erfahre nicht nur, daß einmal einer für andere gestorben ist; sondern ich bekomme es ganz persönlich mit dem zu tun, der gestorben ist — und zwar: auch für mich gestorben ist« (Gottfried Voigt). Der harte Kern des Evangeliums ist, daß ich von Gott angenommen bin und daß auch diese Welt von Gott angenommen ist. »Er hat uns errettet von der Macht der Finsternis und hat uns versetzt in das Reich seines lieben Sohnes« (Kol. 1, 13).
»Glaubst du, so hast du«, hat Luther einmal gesagt. Und wir könnten hinzufügen: Glaubst du nicht, dann bleibt dir Christus unbekannt, wie der Mann, der auf der anderen Straßenseite geht, mit dem du noch nie etwas zu tun hattest und auch nie zu tun bekommst.

Das Geschehen des Heils

Wenn Eheleute von ihrer Ehe sagen müssen: wir leben nebeneinander her wie Fremde, dann ist das wie eine Todesanzeige für diese Ehe. Die Beziehungen sind abgebrochen. Die Liebe ist erloschen. Man redet nicht mehr miteinander — nur noch das Nötigste. In manchen Stunden gestehen diese Eheleute sich selbst, daß das kein Zustand ist. Aber wie soll die Entfremdung überwunden werden? Wie soll die erstorbene Liebe wieder zum Leben erwachen? Wer tut den ersten Schritt? Wer sagt das erlösende Wort, das Spannung und Verkrampfung löst?

Mit allem Nachdruck und mit aller Deutlichkeit sei es gesagt: im Verhältnis zwischen Gott und uns kommt dem Kreuzestod Jesu Christi die volle Bedeutung des ersten Schrittes zu. So ist die Sendung Jesu zu verstehen. So ist das Kreuz von Gott gemeint. Es ist das Angebot, die Bereitschaftserklärung zur Wiederaufnahme der gestörten Beziehung durch Gott. Nicht Worte tragen diese Erklärung. Hier wird ein Opfer gebracht. An diesem Opfer kann ich erkennen, wieviel ich Gott wert bin. Und auch das andere kann ich erkennen: es geht bei dieser Versöhnung, bei diesem Neuanfang um eine Sache auf Leben und Tod. Gott liegt daran, daß der unerträgliche Zustand ein Ende findet. Er will, daß ich Versöhnung, Vergebung empfange; daß ich losgelöst werden kann von allem, was mein Leben belastet, was mir den Schlaf raubt, den Frieden nimmt und die Freude hemmt.

Die Verkündigung des Heils

Die Kundmachung des Heils, das ist die entscheidende Aufgabe der Kirche. Denn wie sollen die Menschen wissen, wie es um sie steht und was Gott zu ihrem Heil getan hat, wenn es ihnen nicht gesagt wird? Schon Paulus stellt diese Gedankenreihe auf: »Wie sollen sie aber an den glauben, von dem sie nichts gehört haben? Wie sollen sie aber hören ohne einen, der predigt? Wie sollen sie aber predigen, wenn sie nicht ausgesandt worden sind?« (Röm. 10, 14f). Man muß von Christus gehört haben, um an ihn glauben zu können. Das Heil muß uns bezeugt werden, wenn wir ihm Vertrauen schenken sollen. Die Kundmachung des Heils geschieht nicht nur im sonntäglichen Gottesdienst. Auch im persönlichen

Zeugnis eines Christen, durch Bereitschaft zur Vergebung, durch selbstlose Liebe, durch Geduld im Leiden vollzieht sich (oft genug verborgen) Kundmachung des Heils.

Die soziale Verantwortung des Christen

»Das Heil, das wir für uns beanspruchen, soll uns in unserer gesamten persönlichen und sozialen Verantwortung verändern. Glaube ohne Werke ist tot.« Diese Sätze aus der Lausanner Verpflichtung machen deutlich, daß das erfahrene Heil unter uns Menschen wirksam werden will.
Weil Gott den ersten Schritt getan hat, darum kann jetzt auch ich erste Schritte tun. Ich kann derjenige sein, der zuerst Grenzen überschreitet, der zuerst das Schweigen bricht, auch jenes, das unversöhnlich war. Ich kann derjenige sein, der zuerst schreibt, zuerst grüßt, zuerst die Hand zur Versöhnung reicht. Von dem erfahrenen Heil gehen ungeahnte Wirkungen aus, auch in die Öffentlichkeit hinein. Denn das geschehene Heil gestaltet nicht nur unser Verhältnis zum Vater im Himmel neu. Es gestaltet auch unser Verhältnis und unser Verhalten zu den Menschen auf Erden.

Walter Röckle

Ausgewählte Bibelstellen

1. Mose 49, 18; Luk. 1, 68-71; Apg. 4, 12; Röm. 7, 24; 10, 14f; 2. Kor. 5, 18-21; 6, 2; Kol. 1, 13.

Ergänzende Literatur

Haag, H.: Er ward mir zum Heil. Theologische Meditationen 10. Köln 1966
Jochums, H.: Heilsgewißheit. Telos-Taschenbücher 35. Wuppertal o.J.
Lamparter, H.: Ich warte auf dein Heil. Metzingen 1971
Neun, M. (Hrsg.): Glück, nach dem wir suchen. Stuttgart 1976
Evangelischer Erwachsenenkatechismus, a.a.O., S. 416ff, 446ff (zu »Rechtfertigung«)

Fragen zum Thema

1. Gibt es so etwas wie Heilsgewißheit, oder ist das nur ein frommer Selbstbetrug?
2. Was bedeutet es, wenn wir Jesus den Heiland nennen?
3. Bewahrt das Heil vor Unheil?

Gesprächsergebnis (Gemeindekreis)

Frage 1:
In dem Gespräch, das sich an dieser Frage entzündet, sagt ein Teilnehmer: »Auf Lorbeeren auszuruhen, ist immer eine gefährliche Sache. Heilsgewißheit als Besitz kann auch verlorengehen.« Und ein anderer fügt hinzu: »In dieser Welt ist alles anfechtbar, auch der Glaube.«
Gibt es trotzdem Gewißheit? Die Gewißheit unseres Heils kommt nicht aus uns selbst. Sie ist in der Zusage Jesu begründet. Weil das Heil nicht unser Werk ist, sondern auf der vollbrachten Heilstat Gottes beruht, darum gibt es Heilsgewißheit. »Ich bin gewiß, daß weder Tod noch Leben, weder Gegenwärtiges noch Zukünftiges uns scheiden kann von der Liebe Gottes, die in Christus Jesus ist« (Röm. 8, 38f). Nicht unser Glaube ist das tragende Band, sondern Gottes Liebe hält durch. Sie ist stärker als alles. Es ist das Bekenntnis der Gemeinde zu aller Zeit: »Er ist der Herr, und keiner mehr, der uns das Heil gewähret.«

Frage 2:
In der Weihnachtsgeschichte steht der Satz: »Euch ist heute der Heiland geboren« (Luk. 2, 11). Damit ist ausgesprochen: Der, der die seit Jahrhunderten erflehte Rettung bringt, ist jetzt da. Diese Ankündigung bei seiner Geburt hat sich in seinem Leben als wahr, als richtig erwiesen. Die Evangelien berichten uns, wie Menschen in der Begegnung mit Jesus Heilung, Rettung, Befreiung ihres Lebens erfahren haben. An der Erzählung von der Heilung des Gichtbrüchigen (Mark. 2, 1ff) wird beispielhaft deutlich, wie in der Begegnung mit Jesus das Leben eines Menschen heil wird. Hier erfährt ein Mensch Befreiung von allem, was sein Leben belastet. Hier wird das Leben eines Menschen heil im weitesten Sinn.

Genau dieselbe Erfahrung machen Menschen bis zum heutigen Tag: »Eine sehr wesentliche Glaubenserfahrung, die ich in meinem Leben gemacht habe, ist die, daß Jesus Christus frei macht von vielen Dingen, die mich in meinem täglichen Leben belasten«, erklärt ein Student. »Er ist ein Halt für mich. Man muß sich doch an irgend etwas halten«, sagt eine Berufsschülerin. Menschen aller Zeiten und Zonen sind durch ihre Begegnung mit Jesus Christus und durch ihre Erfahrung mit ihm zu der Einsicht gelangt: »Wir bezeugen, daß der Vater den Sohn gesandt hat zum Heiland der Welt« (1. Joh. 4, 14).

Frage 3:
Unheil kann immer kommen. Davor sind wir nie sicher. Jesus verheißt uns keine goldenen Zeiten, aber getroste Herzen. »Ich kann in Angst versinken. Ich kann in die Enge geraten, in der kein Raum ist. Ich kann verleumdet und verfolgt werden. Es mag sein, daß ich in meiner Armut allen Blicken ausgesetzt bin, vielleicht sogar, daß ich in Lebensgefahr gerate. Doch das alles bedroht mich nicht. Ich habe einen, der mich liebt. Mit ihm zusammen ist mir der Sieg sicher« (Röm. 8, 35ff nach Jörg Zink). *Walter Röckle*

Zusammenfassende Thesen

Heil ist Rettung, Rettung aus falschen Bindungen (Sünde und Schuld), Rettung aus Verlorenheit (Angst und Tod), Rettung aus Egoismus (Haß und Lieblosigkeit). Heil gilt aber nicht nur dem einzelnen. Es gilt allen, weil Jesus zur Rettung aller gekommen ist. Heil gilt nicht nur dem »inneren Menschen«. Es gilt dem ganzen Menschen. Darum gehört der deutsche Begriff »Wohl« (= Schalom) zum Verständnis dazu. Jesus ist Heil in Person. Heil ist Inhalt unseres Glaubens.

Hoffnung

Im Buch des Predigers (9, 4) heißt es: Wer noch bei den Lebenden weilt, der hat Hoffnung. Hier werden Leben und Hoffnung in engste Beziehung zueinander gesetzt, wenn nicht gar einander gleichgestellt. Für den, der sich auf nichts mehr freuen kann, hat das Leben seinen Sinn verloren. Er lebt zwar noch, weil das Herz noch schlägt, aber es ist kein volles menschliches Leben mehr. Ein Mensch ohne Hoffnung unterscheidet sich vom Tier nur insofern, als er unter seiner Hoffnungslosigkeit leidet, während das Tier nur in der Gegenwart lebt und weder die frohe Erwartung kennt, noch die Angst vor dem, was kommt. Menschliches Leben dagegen ist wesentlich bestimmt vom Blick auf die Zukunft. Das weiß jeder aus eigener Erfahrung. In kritischen Zeiten können wir oft nur durchhalten, wenn wir die Hoffnung nicht aufgeben, daß es auch einmal wieder anders kommen wird. Darum ist die Frage, ob man einem Schwerkranken sagen darf, daß er keine Aussicht auf Genesung mehr hat, eine Frage, die viel Verantwortungsbewußtsein erfordert und darum gründlich bedacht sein will, zumal keiner mit absoluter Sicherheit den Verlauf einer Krankheit voraussagen kann. Manch einer lebt heute noch, den die Ärzte schon längst aufgegeben hatten. Die Hoffnung ist eine seelische Kraft, die sich bis in das leibliche Leben auswirken kann.

Leben heißt hoffen

Hoffnung ist wie ein Motor, der uns beständig in Bewegung hält: Das Kleinkind kann es kaum erwarten, bis es in den Kindergarten und in die Schule kommt. Der Schüler sehnt den Tag seiner Schulentlassung herbei. Der Berufstätige hofft von Jahr zu Jahr auf das große Geschäft oder die Beförderung und die Gehaltszulage. Und der Älterwerdende, der erfährt, wie seine Kräfte nachlassen, malt sich aus, wie er die Tage genießen wird, wenn er im Ruhestand frei sein wird vom Zwang der Sollerfüllung und des Leistungsdrucks. Wir bleiben bei dem Erreichten nie stehen. In jeder Erfüllung eines Wunsches steckt schon der Keim einer neuen Sehnsucht. Unsere

Träume und Wünsche, in denen wir beständig die Zukunft vorwegnehmen, halten uns in immerwährender Bewegung. Aber auch mit der Vernunft versuchen wir, kommende Entwicklungen in den Griff zu bekommen und zu bestimmen. Die neue Wissenschaft der Lehre von der Zukunft (Futurologie) spielt mit den modernen Denkmaschinen verschiedene Möglichkeiten zukünftiger Entwicklungen durch, um ihre Gestaltung vorauszuplanen.

Hoffnung gründet sich auf Gottes Verheißung

Aber nicht nur der Träumer, nicht nur der Wissenschaftler beschäftigt sich mit der Zukunft. Auch der Glaubende lebt im Blick auf das Kommende. Die Tatsache, daß die Hoffnung des Christen ohne den Glauben nicht zu denken ist — ja Hoffen und Glauben in der Bibel dasselbe meinen kann —, weist darauf hin, daß diese Hoffnung nicht durch Vorstellungen und Wünsche seines eigenen Herzens geweckt und genährt wird. Gott macht ihm Hoffnung durch das Wort seiner Verheißung. Er verspricht dem Abraham den Sohn, obwohl die Eltern schon hochbetagt sind, und seiner Nachkommenschaft das Land, in dem er als Fremdling lebt. Diese Verheißung hält Abraham für zuverlässig, obwohl sie allem Augenschein und allem vernünftigen Denken widerspricht. Er glaubt dem Wort Gottes. Gott selbst ist für ihn der Bürge des ihm für die Zukunft Versprochenen. »Darum hoffte er, obwohl es keinen Grund zur Hoffnung gab.«

Abraham nimmt damit vorweg, was sich in der Geschichte des Volkes Gottes beständig wiederholt. Gott beginnt das entscheidende Befreiungswerk, das Israels Geschichte begründete, mit der Sendung des Mose nach Ägypten. Dieser weckt als der Bote Gottes mit der Zusage der Errettung die Hoffnung in dem hoffnungslosen und versklavten Volk. Nur als solche, die dieses Wort gehört hatten, konnten sie die Befreiung als Geschichte Gottes, als Erfüllung der göttlichen Verheißung verstehen. Darum wurde die Erinnerung an den Gott, der sein Volk aus der Knechtschaft geführt hat, für Israel zum Glaubensbekenntnis. Diese Erfahrung, in der sich Gott offenbart hatte, wurde für das alttestamentliche Gottesvolk zur Garantie für seine Zukunft. Und auch solche Verheißungen, die zunächst unerfüllt blieben, wurden nicht abgelegt und vergessen, sondern von Generation zu Generation weitergegeben und gepredigt in der Gewißheit, daß Gott sein Wort wahrmacht.

Die Zukunft des Gekommenen

Als in Jesus Christus derjenige kommt, auf den die Propheten des Alten Testaments gewartet haben, macht er die Seinen erneut zu Wartenden. In seiner größten Erniedrigung, als er gefesselt zur Verurteilung vor dem Hohen Rat stand, hat er sich zu seiner zukünftigen Herrlichkeit bekannt: »Ihr werdet sehen des Menschen Sohn sitzen zur Rechten der Kraft und kommen in den Wolken des Himmels« (Matth. 26, 64). Es gibt nicht wenige Christen, die sich heimlich vor dem Kommen Jesu fürchten; ganz im Unterschied zu der ersten Christenheit, die in ihren Gottesdiensten betete: »Es komme der Herr«, und zu Martin Luther, der vom »lieben Jüngsten Tage« sprach. Müssen wir uns denn fürchten, wenn wir doch wissen, daß der Kommende kein anderer ist als der, den wir aus dem Neuen Testament kennen? Der Richter der Welt bleibt der Bruder der Geringsten. Der, dem alle Macht gegeben ist, trägt die Nägelmale des Gekreuzigten.
Er lebt, und wir sollen auch leben. Er verheißt den Seinen ein Leben, dem der Tod nichts anhaben kann. Denn Gott vergißt keinen, mit dem er einmal geredet hat (Luther). An wen Gott aber denkt, der ist gerettet, wie Noah, den das »Gedenken« Gottes dem Massensterben der Sintflut entriß.

Das persönliche Heil und das letzte Ziel Gottes

Aber das Neue Testament erwartet von der Zukunft nicht nur das Heil des einzelnen. Adolf Schlatter erzählt in seinem Buch »Erlebtes«, wie sein Vater nach dem Tode seiner Schwester der Familie die beiden letzten Kapitel der Offenbarung vorlas. »Die Eltern stellten jenes Wort vor uns, das einen Lichtstrahl auf die letzten Ziele Gottes fallen läßt. Die unvergleichliche Art der neutestamentlichen Hoffnung trat mir entgegen, die uns von unserem eigenen Schmerz und eigenen Besitz ablöst, unser Leben in Gottes Werk einordnet und unser Ziel im Anteil an seiner großen Gemeinde zeigt.«

Wir bekennen uns zu dieser Zukunft, die Christus uns verspricht, wenn wir bitten: Dein Reich komme! Dein Wille geschehe auf Erden wie im Himmel.

Christi Zukunft und unsere Gegenwart

Es gibt ein untrügliches Kennzeichen, ob es uns mit diesen Bitten ernst ist. Wir können nicht auf Gottes Reich hoffen und gleichzeitig den Frieden und die Gerechtigkeit dieses Reiches im Blick auf unser gegenwärtiges Zusammenleben zu weltfremden Illusionen erklären. Das Reich Gottes ist freilich nicht das Ergebnis unserer Anstrengungen. Wo Menschen das Reich Gottes in eigener Kraft schaffen wollten, ist noch immer eine Hölle entstanden. Die Zukunft Jesu Christi und seines Reiches kommt auf uns zu. Die neue Welt ist Gottes Werk. Wer sich aber auf sie freut, der fängt jetzt schon an, nach der Grundordnung des Reiches Gottes und im Gehorsam gegen Gottes Willen zu leben. *Walter Warth*

Ausgewählte Bibelstellen

1. Mose 15; Ps. 71, 5; Matth. 24, 42-51; 25, 31-46; Röm. 4, 18; 1. Petr. 1, 3-9

Ergänzende Literatur

Heim, K.: Jesus der Weltvollender. Wuppertal 1973
Hildmann, G.: Jenseits des Todes. Stuttgart 1970 (vergriffen)
Lamparter, H.: Die Hoffnung der Christen. Metzingen 1976
Moltmann, J.: Das Experiment Hoffnung. München 1974
Moltmann, J.: Theologie der Hoffnung. München 1973
Neun, M. (Hrsg.): Tatsache Tod. Wie können wir damit leben? Stuttgart 1974
Tillich, P.: Artikel »Hoffnung« in: Theologie für Nichttheologen, a.a.O.
Evangelischer Erwachsenenkatechismus, a.a.O., S. 871ff

Fragen zum Thema

Wie ist der Satz zu beurteilen: »Hoffen und Harren macht manchen zum Narren«? Macht christliche Hoffnung weltfremd? Was ist von einem Terminplan für die biblische Zukunftserwartung zu halten?

Gesprächsprotokoll (Hauskreis)

Wir stellten zunächst fest, daß die Hoffnung der Christen des Neuen Testaments bei uns eine auffallend geringe Rolle spielt. Wir haben die Erwartung der Wiederkunft Christi weithin den Sekten überlassen. Es wurde von einer Frau berichtet, deren Mann in jungen Jahren starb und sie mit den unversorgten Kindern zurückließ. Ein Sektierer suchte sie in der Zeit der Ratlosigkeit für die Überzeugungen seiner Gemeinschaft, für die Gedanken an das Ende der Welt und die Endzeit zu gewinnen. Wir waren uns einig, daß diese alleinstehende Frau zuerst Beistand braucht in den sie jetzt bedrängenden Fragen, wie es nach dem Tode ihres Mannes weitergeht.

Zugleich wurde uns an diesem Beispiel deutlich, daß die christliche Gemeinde sich der Not der Welt stellen muß, wenn sie ihrem Herrn nicht ungehorsam werden will. Je mehr sie dies aber tut, desto stärker wird sie von dem Elend der Welt angefochten sein. Sie kann heute weniger als je an diesem Elend vorübergehen, weil sie in jeder Zeitung, in jeder Tagesschau vor Augen geführt bekommt, daß Hunger und Krankheit, Ungerechtigkeit und Gewaltherrschaft vielen Menschen das Leben zur Qual machen.

Was bedeutet in diesem Zusammenhang für unseren Glauben, daß Jesus Christus alle Gewalt im Himmel und auf Erden gegeben ist? In der Anfechtung, die aus dem Widerspruch zwischen dem heillosen Zustand der Welt und der in Jesus Christus angebrochenen Herrschaft Gottes besteht, heißt uns Jesus beten: Dein Reich komme. Er lehrt uns aus der Bedrängnis und Anfechtung des Glaubens heraus darum bitten, daß Gottes Wille auf Erden wie im Himmel geschehe. Jesus hat diese Bitten den anderen Bitten des Vaterunsers vorgeordnet.

Es ist nicht zufällig, daß in den Zeiten der Bedrängnis der christlichen Gemeinde die Erwartung des wiederkommenden Herrn neu lebendig wurde. Als die römische Staatsmacht der jungen Christengemeinde den Kampf auf Leben und Tod ansagte, entstand die Offenbarung des Johannes, die im Blick auf die kommende offenbare Königsherrschaft Jesu Christi die angefochtene Gemeinde von der lähmenden Angst befreien und sie im Kampf durch den Blick auf den endgültigen Sieg Jesu Christi stärken wollte.

Es ist eine Folge der Privatisierung des Christenglaubens, bei der die Beziehung zwischen Gott und der einzelnen Seele in den Mit-

telpunkt des Interesses gerückt wurde, daß die Erwartung der Königsherrschaft Gottes im Leben der Christen weithin eine so geringe Rolle spielt. Das Neue Testament hat nicht nur die Vollendung und das Heil des einzelnen im Blick. Hier ist die Gewißheit lebendig, daß der einzelne Glied des Volkes Gottes ist und daß dieses Volk Gottes schon aufgrund des Alten Testaments eine entscheidende Rolle im Plan Gottes mit der Welt hat.
In diesem Glauben, daß Gott durch Jesus Christus über alles siegt, was sich jetzt noch seiner Herrschaft widersetzt, kann die Gemeinde es wagen, den Mächten der brutalen Gewalt die wehrlose Liebe entgegenzustellen in dem Vertrauen, daß zuletzt Gottes Liebe den Sieg behält. Ihre Hoffnung erwartet die Erlösung von allem Übel nicht nur für sich selbst, sondern sie hofft für jeden. Darin bewährt sich die Liebe, die aus dem Glauben kommt.
Wenn unsere Hoffnung krankt, wenn die Erwartung des kommenden Herrn eine geringe Bedeutung bei uns hat, dann ist das ein Zeichen, daß wir nicht wirklich an Christi Herrschaft glauben und seine Liebe nicht ganz unser Handeln bestimmt.

Walter Warth

Zusammenfassende Thesen

Hoffnung gehört zum Leben. Ohne Hoffnung gibt es kein Leben. Ein Leben, das nicht mehr mit dem morgigen Tag rechnet, hat aufgehört. Christliche Hoffnung rechnet über den morgigen Tag hinaus mit einem Sein bei Gott, einem Zusammensein mit Gott. Hoffnung muß sich darum besonders in Anfechtung und Zweifel bewähren. Hoffnung ist gezielter, verlängerter Glaube. Hoffnung heißt: Ich glaube auch noch morgen, und ich glaube an Gottes ewigen Morgen.

Israel

Wir kennen uns wenig; wir lieben uns wenig; wir helfen uns wenig: So könnte man das Verhältnis zwischen Christen und dem Volk Israel beschreiben.

Volk und Land Israel

Der Name »Israel«, von Gott dem Stammvater Jakob zuerkannt (1. Mose 23, 29), wird im Deutschen meist mit »Gottesstreiter« wiedergegeben. Eine andere Übersetzungsmöglichkeit ist: »Der, für den Gott streitet.« Es kennzeichnet die Geschichte des Gottesvolkes, daß Gott über sein Volk wacht und für es eintritt!
Gott gibt dem Volk Israel, das er sich zu eigen genommen hat, ein Land, darin es Wurzel schlagen und »vor ihm« leben kann: das Land der Verheißung und des Segens.
Die Beziehung zwischen Volk und Land geht bis zu den Ursprüngen der Geschichte Gottes mit Israel zurück (vgl. 1. Mose 12; 2. Mose 20, 12; 5. Mose 34). Auch in Zeiten des Gerichts, der Deportation und der Zerstreuung Israels unter den Völkern wurde diese Zusage des Landes nie zurückgenommen und aufgehoben.

Gottes erste Liebe

»Gottes Volk« zu sein ist zuerst einmal eine schwere Last. (So empfinden es jedenfalls viele Juden.) Wie viele Vorwürfe und Anschuldigungen sind gegen die Angehörigen dieses Volkes erhoben worden! Unerträgliche Anmaßung wurde ihnen unterstellt, Überheblichkeit gegenüber den anderen Völkern! Und dabei achteten die Kritiker weder auf die Aussagen der Bibel noch auf jüdische Stimmen, die erklären wollten, was die »Erwählung« für sie bedeutet.
Warum hat Gott Israel erwählt und zu seinem Volk gemacht? Wegen seiner Vorzüge? Oder wegen seiner Frömmigkeit? Dies alles hat bei Gottes Entscheidung keine Rolle gespielt. Im Gegenteil!

Die Bibel berichtet, daß Gott sich einem unbekannten Haufen von heimatlosen Fronarbeitern zugewandt hat. Und ihm aus Liebe seinen Namen gegeben hat. »Nicht hat euch der Herr angenommen und euch erwählt, weil ihr größer wäret als alle Völker — denn du bist das kleinste unter allen Völkern —, sondern weil er euch geliebt hat« (5. Mose 7,7f). Die unerklärliche und unverdiente Zuneigung Gottes ist Israel ins Gewissen gelegt; nie und nimmer ist sie ein Anlaß zum Stolz, sondern immer nur Grund zum Staunen und zum Gehorsam und Dienst.
Denn dies ist die andere Seite der Erwählung: Das »Volk des Eigentums« wird in Pflicht genommen; Gott legt ihm auf, seinen Willen zu tun und Glauben zu halten. Und er ruft es zur Verantwortung, wenn es seine Gebote mißachtet und sich von ihm abwendet.
In der Geschichte Israels verwirklicht sich diese Konsequenz der Erwählung. Gott müht sich um sein Volk; er geleitet und schützt es; er geht hart mit ihm ins Gericht, ja vertreibt es und verwüstet das Land; er wendet sich ihm in großem Erbarmen wieder zu, tröstet es und richtet es auf — die Dynamik der Erwählung führt das Volk in alle Tiefen und wieder heraus.
Eines aber steht nach dem Zeugnis der Bibel außer Zweifel: Gottes Treue gegenüber seinem Volk hört nicht auf; seine Liebe erlischt nicht. Israels Erwählung bleibt bestehen, weil Gott sich nicht untreu wird.

Das »neue Israel«

Unter uns Christen finden sich viele, die der Meinung sind, Gott habe genug von seinem Volk und dessen Widerspenstigkeit und habe es darum »enterbt«. (Wer so denkt, möge sich überlegen, woher wir dann die Gewißheit nehmen, daß er nicht auch einmal von der Christenheit genug haben könnte.) Seit den Zeiten der Kirchenväter bis auf unsere Tage geht die Rede vom »neuen Israel«. Meist wird darunter verstanden, daß die Christenheit das alttestamentliche Gottesvolk abgelöst habe und an seine Stelle getreten sei. Diese Anschauung ist unbiblisch. Das Verhältnis von Juden und Christen beschreibt der Apostel Paulus im Römerbrief. In den bekannten Kapiteln 9-11 will er der christlichen Gemeinde etwas von der Dynamik der Erwählung erklären, die in der Geschichte Israels sich abspielt. Und gleichzeitig sagt er ihr: Durch Christus seid ihr nun auch hinzugekommen und eingepfropft worden in den

Ölbaum Gottes (vgl. dazu Röm. 11, 17-24). Damit zieht er die Linie der alttestamentlichen Tradition aus; denn die Erwählung Israels war von Anfang an angelegt gewesen zum Segen für alle Völker (vgl. 1. Mose 12, 3: »In dir sollen gesegnet werden alle Geschlechter auf Erden«).
Es ist wichtig, daß wir die Zielrichtung seiner Aussage verstehen. Paulus liegt eben nicht daran, Israel abzuschreiben, sondern die Christen mit der aufregenden Neuigkeit vertraut zu machen: Ihr gehört auch dazu! Ihr seid nicht mehr »Gäste und Fremdlinge« (Eph. 2, 19), sondern in Christus Jesus »Miterben und Mitteilhaber der Verheißung« (Eph. 3, 6).

Nahe Verwandtschaft

Weil wir als Christen so eng mit Israel verbunden sind, haben wir Anteil an Gottes Segnungen, wie sie im Alten Testament gegeben sind. In unseren Gottesdiensten hören wir regelmäßig Abschnitte aus dem Alten Testament. Das »Schema Jisrael« (»Höre, Israel« — 5. Mose 6, 4f), den »Grundakkord des Judentums und durch alle Zeiten sein Losungswort und Treuebekenntnis« (Joseph Hertz), bezeichnet Jesus als den Kern der Gebote Gottes (vgl. Mark. 12, 28-34). Täglich beten Christen und Juden mit denselben Worten (den Psalmen) zu Gott. — Es ist viel, was wir gemeinsam haben; oft wissen wir es nur nicht.

Bruder Jesus

Es sei aber nicht verschwiegen, daß auch vieles uns trennt. Vor allem an der Gestalt Jesu scheiden sich Christen und Juden. Für die einen ist er ein großer Sohn ihres Volkes; für die anderen der Christus und Heiland Gottes. Während die Christen oft vergessen haben, daß Jesus Jude war, fiel es den Juden schwer, Zugang zu Jesus zu finden.
Für diese Fremdheit Jesu in seinem eigenen Volk tragen wir Christen viel Schuld. Die gemeinsame Geschichte von Christen und Juden ist nicht durch Verständniswillen und die Güte Christi gekennzeichnet gewesen, sondern durch Leiden, Schmach und Verfolgung. »Zu oft stand die Kirche zwischen Jesus und Israel. Sie hinderte Israel, Jesus zu erkennen« (Hans Küng). Es ist wahrhaftig an

der Zeit, die Feindschaft oder die Gleichgültigkeit zu überwinden und aufeinander zuzugehen.
Verheißungsvolle Ansätze scheinen sich in der Christenheit und in Israel zu regen. Jüdischerseits zeigen sie sich etwa in der Bemühung, Jesus kennenzulernen und als »Bruder Jesus« anzunehmen (siehe das gleichnamige Buch von Schalom Ben Chorin). Sehr persönlich sprach Martin Buber es aus: »Jesus habe ich von Jugend auf als meinen großen Bruder empfunden. Daß die Christenheit ihn als Gott und Erlöser ansieht, ist mir immer als eine Tatsache von höchstem Ernst erschienen, die ich um seinetwillen und um meinetwillen zu begreifen suchen muß.«

Begegnung mit Israel

Auch auf der christlichen Seite mehren sich die Anzeichen einer echten Gesprächsbereitschaft und Hinwendung zu Israel. Nicht nur einzelne Christen oder besondere Gruppen, auch Synoden und Kirchenleitungen fördern die gegenseitigen Beziehungen und suchen das Gespräch. Eine besonders wichtige Äußerung des »offiziellen Christentums« stellt die Erklärung des Vatikans vom Beginn des Jahres 1975 dar, in der jede Form von Antisemitismus verurteilt und Hinweise für den Dialog mit den »jüdischen Brüdern« gegeben werden.
Nach Jahrhunderten einer leidvollen Geschichte sind dies hoffnungsvolle, aber auch leicht verletzliche Versuche einer Neuorientierung. Wird der Prozeß des Umdenkens weitergehen? Werden auch unsere Gemeinden diese Bewegung aufnehmen und nach den »nahen Verwandten«, von denen wir so wenig wissen, fragen? Um der Treue Gottes und der Liebe Christi willen?

Hartmut Metzger

Ausgewählte Bibelstellen

1. Mose 12; 23, 29; 2. Mose 20, 12; 5. Mose 6, 4f; 7, 7f; 34; Mark. 12, 28-34; Röm. 9-11; Eph. 2, 19; 3, 6

Ergänzende Literatur

Aron, R.: Die verborgenen Jahre Jesu. Frankfurt/Main 1962
Ben Chorin, S.: Bruder Jesus. List-Taschenbuch 394, München 1972
Eban, A.: Dies ist mein Volk. Knaur Taschenbuch 367, München 1974
Geis, R.R.: Vom unbekannten Judentum. Neuausgabe Freiburg 1975
Marquardt, F.W.: Die Juden und ihr Land. Siebenstern-Taschenbuch 184, Hamburg 1975
Haag, H.: Land der Bibel. Gestalt — Geschichte — Erforschung. Aschaffenburg 1976
Noth, M.: Geschichte Israels. Göttingen 1969
Rengstorf, K.H.: Artikel »Israel« in: Theologie für Nichttheologen, a.a.O.
Scholem, G.: Über einige Grundbegriffe des Judentums. edition suhrkamp 414, Frankfurt/Main 1970
Christen und Juden. Eine Studie des Rates der Evangelischen Kirche in Deutschland. Gütersloh 1975
Evangelischer Erwachsenenkatechismus, a.a.O., S. 51ff, 237ff

Fragenkreise zum Thema

Gesetz und Evangelium; Vergelten und Vergeben; zorniger Gott und gnädiger Gott.

Ein Fachmann nimmt Stellung

1. Gesetz und Evangelium

Während die Juden unter der Last des Gesetzes leben und sorgsam bedacht sind, die vielen Gebote und Verbote zu beachten — Speise-Vorschriften, Sabbat-Heiligung und anderes mehr —, sind wir Christen durch Jesus doch davon befreit. Sie *müssen* durch ihr Verhalten einen gnädigen Gott »verdienen«, während wir ihn durch den Glauben »umsonst« bekommen.
In der Tat richten sich die frommen, oder besser gesagt: gesetzestreuen Juden auch heute noch konsequent nach den Weisungen der Thora (die fünf Bücher Mose). Sie gehen davon aus, daß der Gott Israels in seiner unendlichen Barmherzigkeit und Liebe sie

aus der Knechtschaft in Ägypten befreite, damit sie ihm im verheißenen Land Kanaan in Freiheit dienen können. Damit sie dies aber in einer gefallenen, im Aufruhr gegen ihren Schöpfer lebenden Welt recht tun können, schloß er am Sinai mit Israel einen Bund und gab ihnen seine Weisungen. Die Juden sehen also in der Thora das kostbarste Geschenk Gottes, das je ein Volk erhalten hat und ohne das sie ja gar nicht wüßten, wie das Leben nach Gottes Willen überhaupt aussehen würde.
Der Gott, der Israel erwählte, befreite und sich mit ihm am Sinai in Liebe verband, beschenkte es danach mit seinen guten, gnädigen Weisungen. Für gesetzestreue Juden immer neu ein Grund zur Freude und zur Dankbarkeit! Nicht selten drückt sich diese Freude in laut jubelndem Psalmgesang und fröhlichem Reigentanz aus, etwa bei der festlichen Begrüßung des Sabbat am Freitagabend oder noch deutlicher beim Fest der Gesetzesfreude (Simchat Thora), dem Höhepunkt und Abschluß des Laubhüttenfestes. Eine bessere Auslegung des Psalms 119 gibt es wohl kaum, als das erwähnte Fest der Gesetzesfreude an der Westmauer des Tempelplatzes in Jerusalem mitzuerleben. Wer das erlebt hat, dem fällt es wesentlich leichter, statt von dem unter Christen weit verbreiteten Vorurteil, das Gesetz Gottes sei eine Last, über die Lust am Gesetz des Herrn zu sprechen und darüber nachzudenken.
Strenge »Gesetzlichkeit« und nach Verdienst schielende »Werkgerechtigkeit« sind sowohl für fromme Christen wie für gesetzestreue Juden eine dauernde Gefahr, die sie beide erkennen müssen, um die Gabe ja nicht vom Geber zu trennen und damit zu entwerten.

2. Vergelten und Vergeben

Die Juden leben ja noch immer nach dem Grundsatz »Auge um Auge, Zahn um Zahn«, also nach dem Prinzip der begrenzten Vergeltung. Sie können ja auch nicht vergeben, da sie die den Christen in Jesus geschenkte Vergebung nicht kennen.
Jesus war Jude und lebte nachweislich in den von Gott dem Volk Israel gegebenen Ordnungen. Wenn er nun mit seinen Jüngern, die ja alle auch Juden waren, etwa über die Vergebung sprach (Matth. 18, 21-35) oder kurz vor seinem Tod am Kreuz noch um Vergebung für seine Mörder bat (Luk. 23, 34), geschah damit keineswegs etwas Neues. Auch das »Vater unser« mit der Bitte um

Vergebung ist wie zahlreiche Psalmgebete (Ps. 103, 3ff) urjüdisch. Es ist nicht richtig, daß nur wir Christen zu Gott Vater sagen könnten und dürften. Alles, was wir Christen von Gott und über Gott wissen, kommt aus der Wurzel Israel, aber durch Jesus sind wir nun Miterben Israels (Eph. 3, 6).
Der höchste jüdische Feiertag war und ist der »Jom Kippur«, der große Versöhnungstag. In den Tagen davor prüfen die Juden mit großem Ernst ihr Leben im zurückliegenden Jahr. Und da ihnen bewußt ist, daß sich Gottes Vergebung und unsere Bereitschaft, anderen Menschen zu vergeben und in Ordnung zu bringen, was irgend möglich ist, nicht trennen lassen, nehmen sie dies in der Regel sehr viel ernster und genauer als wir Christen. Viele gesetzestreue Juden kleiden sich noch heute am Versöhnungstag ganz in Weiß, zum Zeichen, daß ihnen von Gott die Schuld abgenommen und ein neuer Anfang gegeben ist.
Es ist auch hilfreich, einmal in der Wortkonkordanz zur Lutherbibel nachzulesen, wo überall in der Bibel die Worte »vergeben« und »Vergebung« vorkommen.
Worin sich Juden und Christen aber wohl unterscheiden, ist, daß die Juden in und mit ihrer Geschichte leben, wie vielleicht kein anderes Volk der Erde. Sie haben ein langes Gedächtnis und trennen ziemlich genau zwischen Vergeben und Vergessen. Die freundliche, ja herzliche Aufnahme, die zum Beispiel Besucher aus Deutschland in Israel finden, kann dies verdeutlichen. Daneben wird aber in »Yad Vashem« und anderen Gedenkstätten für die Opfer der Nazizeit und an einem jährlichen Gedenktag bewußt die Erinnerung an diese Katastrophe wach gehalten.

3. Zorniger Gott und gnädiger Gott

Ist der im Alten Testament immer wieder geschilderte heilige, gerechte, ja strenge und zornige Gott Israels überhaupt identisch mit dem gnädigen und barmherzigen Gott der Liebe, den die Christen als den Vater Jesu Christi verkündigen?
Ohne Zweifel sind für uns europäische Christen, die wir so gerne vom »lieben Gott« reden und denken, zahlreiche Stücke vorwiegend aus dem Alten Testament ziemlich anstößig. Etwa die sogenannten »Rachepsalmen« oder manche Befehle Gottes ans Volk Israel, ihre Feinde mit Stumpf und Stiel auszurotten; aber auch Hiob Kapitel 9 zum Beispiel oder manche Propheten, die in ihrer Auf-

lehnung gegen die schweren Führungen Gottes in ihrem Leben offen gegen ihn Anklage erheben und den Tag ihrer Geburt verfluchen. Übrigens begegnet uns dieser oft unbegreifliche Gott auch in der Verkündigung und im Leben, Leiden und Sterben Jesu selber, und auch die Auferweckung Jesu ist ein für uns unfaßliches Ereignis. Nur haben die Christen dieser Botschaft zu oft die Spitze abgebrochen und das Ärgernis des Kreuzes verharmlost und neutralisiert.

Weder vom »lieben Gott« noch vom »lieben Heiland«, geschweige denn vom »lieben Jesulein« im idyllischen Stall von Bethlehem, steht in der Bibel Alten und Neuen Testaments etwas. Dies sind neuere Erfindungen.

Dagegen ist bereits das Alte Testament voll von Zeugnissen des Volkes Israel über seine Erfahrungen mit dem barmherzigen, gnädigen, geduldigen, gütigen und grenzenlos liebenden Gott. Welcher Christ kann über Gott und sein Verhältnis zu uns mehr und Besseres sagen, als es die Juden taten und tun, wenn sie den Psalm 103 beten? Oder worin unterscheidet sich die frohe Botschaft des Neuen Testaments von den Heilsworten etwa des zweiten Jesaja? Abgesehen davon, daß Jesus diese Verheißungen auf sich bezog.

Jüdisches Reden von Gott geschieht mehr in der Weise, wie es etwa bei Luther in der Erklärung der 10 Gebote heißt: »Wir sollen Gott fürchten und lieben . . .«, oder wie es Jes. 55, 8 und 9 lautet: »Meine Gedanken sind nicht eure Gedanken und eure Wege sind nicht meine Wege, spricht der Herr.« Der Gott Israels und der Vater Jesu Christi sind aber absolut identisch, und wir müssen die sich für unser menschliches Verstehen, Denken und Reden von und über Gott ergebenden Spannungen aushalten, auch wenn es uns oft sehr schwer fällt. Unser Wissen und Erkennen muß auch nach Jesus in dieser Hinsicht Stückwerk bleiben, so wahr eben Gott Gott ist und nicht ein Mensch.

Wir Christen brauchen die Juden, die Kirche braucht Israel so nötig wie ein Baum seine Wurzeln, ohne die er ja nicht leben kann. Diese Erkenntnis, die auch in der jetzt vom Rat der Evangelischen Kirche in Deutschland herausgegebenen Studie »Christen und Juden« betont wird, sollte, trotz aller Verschiedenheit und allem Trennenden, die weitere, hoffentlich brüderliche Zukunft bestimmen.

Rudolf Maurer

Zusammenfassende Thesen

Israel ist Volk und Staat in einem. Ob der heutige Staat Israel dem entspricht, was Altes und Neues Testament über »Israel« sagen, bleibt offen. Als Volk war, ist und bleibt Israel das Volk Gottes: das Volk seiner Erwählung und Verheißung. Durch Jesus, der als Angehöriger dieses Volkes lebte und starb, sind die Christen mit Israel verbunden: nicht als es in der Heilsgeschichte ablösende Nachfolger, sondern als hinzutretende Teilhaber an der unwiderruflichen Erwählung und Verheißung Gottes. Darum gibt es kein Christsein ohne die brüderliche Nähe zu Israel. Am Verhalten gegenüber diesem Volk bewährt sich christlicher Glaube.

Kirche

Das Wort Kirche gehört sicher zu den meistgebrauchten Wörtern im christlichen Sprachraum. Wahrscheinlich reden wir öfter von »Kirche« als von »Gott« oder von »Jesus«. Es gibt auch kaum ein vergleichbares Wort, das so ungenau und so mißverständlich angewandt wird wie dieses Wort.
Kirche ist ein griechisches Lehnwort, das bis ins 4. Jahrhundert zurückzuverfolgen ist. Damals nannte man ein Gebäude, das der christlichen Gemeinde zum Gottesdienst und zur Versammlung diente: Kyriaké oikia = Haus des Herrn. Ferner wurde alles, was in diesem Haus im Namen und zur Ehre dieses Herrn geschieht, mit Kyriaké bezeichnet. Noch heute sagen wir: »Um 10 Uhr geht die Kirche an«, und meinen damit den Beginn des Gottesdienstes. Und schließlich hat man auch die sich in diesem Haus versammelnde Gemeinde — jeweils an ihrem Ort und zugleich an allen Orten — »Kirche« genannt. Kirche meint stets etwas Lebendiges, das mit dem persönlichen Glauben zu tun hat, nicht etwas Äußerliches oder bloß Diesseitiges, denn in dem Wort selbst steckt unverlierbar der Bezug zum lebendigen Herrn. Das heißt: Kirche »gibt« es nicht — Kirche »geschieht«. Das Haus wird jeweils zur »Kirche«, wenn in ihm die Hinwendung zum Herrn vollzogen wird. Eine Gemeinde ist erst dann »Kirche«, wenn sie das lebt, was das Wort besagt: dem Herrn gehören. Die äußere Form, die sichtbare Versammlung, ist nur der Möglichkeit nach »Kirche«. Sie wird es, indem sie den Herrn bekennt, sich ihm anvertraut, sich nach seinem Wort ausrichtet und dieses Wort in die Welt hineinträgt.

Kirche als Volkskirche

Evangelische Kirche existiert bei uns seit den Tagen der Reformation in der Gestalt der Volkskirche. Freilich wird dieser Begriff Volkskirche bei uns in sehr verschiedenartiger Weise gebraucht. Volkskirche, darunter versteht man zunächst eine Kirche, die die Gesamtheit oder zumindest einen sehr hohen Prozentsatz eines Volkes umfaßt.

Hier ist also der Begriff Volkskirche in statistischem Sinne verstanden. Wenn in der Bundesrepublik auch heute noch mindestens 90 Prozent der Bevölkerung einer der beiden großen Kirchen angehören, so kann man sowohl im Blick auf die katholische wie auf die evangelische Kirche den Begriff Volkskirche anwenden. Ob die beiden großen Kirchen freilich noch in einigen Jahren oder Jahrzehnten Volkskirchen in diesem Sinne sein werden, wissen wir nicht. Die Zahl der Kirchenaustritte mehrt sich. Möglicherweise bahnt sich ein Wechsel von der Volkskirche als Mehrheitskirche zu einer Minderheitskirche an.

Auftrag der Kirche

Im Augsburgischen Bekenntnis heißt es im 7. Artikel: »Es wird auch gelehrt, daß alle Zeit müsse eine heilige, christliche Kirche sein und bleiben, welche ist die Versammlung aller Gläubigen, bei welchen das Evangelium rein gepredigt und die Heiligen Sakramente laut des Evangeliums gereicht werden.« Das behält auch heute seine Gültigkeit. Aber inmitten des weltweiten Krisenbewußtseins der Gesellschaft ist auch die Kirche in ihrem Selbstverständnis keineswegs intakt geblieben. Man spricht von der Theologie im Umbruch. Und nichts kennzeichnet diese Umbruchsituation mehr als eine tiefe Verunsicherung im Blick auf das, was das Wesen und der Auftrag der Kirche heute ist. Worauf es in dieser Situation ankommt, ist die Erkenntnis, daß die heutige Verunsicherung darum so grundsätzlich ist, weil sie den Glauben selbst betrifft, und zwar in einer unerhörten Schärfe. Die einen, denen er nur Seelenfrieden ist, sind damit genötigt, aus der sie täglich umgebenden technisch-revolutionären Welt in einen Innenraum rein persönlicher Frömmigkeit überzuwechseln. Die andern, denen der Glaube Solidarität mit den Opfern der Gesellschaft ist, sind vielfach aus der verfaßten Kirche ausgewandert — und das nicht nur innerlich! Dann sind da noch die »Grenzgänger«! Leute, die man zuweilen »drinnen« und zuweilen »draußen« antrifft.

Die Kirche müßte sich als Schrittmacherin verstehen. Von ihrer Tradition und ihren Gottesdiensten her könnte sie nicht wenig Erfahrung einbringen, um dem Menschen jenen Raum der Freiheit offenzuhalten, in dem er ganz bei sich selbst ist, in dem er dem ständigen Leistungsdruck entnommen ist. Ist die Kirche wirklich nur dann bei der Sache, wenn sich die heißesten gesellschaftspoli-

tischen Themen des Tages, mit denen der Zeitgenosse die Woche über durch Zeitung und Fernsehen konfrontiert war, als Diskussion bis in den Gottesdienst hinein fortsetzen? Hat der Gottesdienstbesucher nicht auch einen Anspruch auf die Stimme dessen, der gesagt hat: »Lernet von mir, so werdet ihr Ruhe finden für eure Seelen« (Matth. 11, 29)?
Man sage nicht zu rasch, das sei falsche Innerlichkeit oder gesellschaftlich unbedeutende Erbauung. Aus solcher Erbauung können Menschen werden, die sich dem Alltag und den Ansprüchen der Gesellschaft ganz neu gewachsen zeigen.
Das heißt nicht, man sollte einmal in der Woche die Möglichkeit haben, hinter die Mauern einer weltlosen Frömmigkeit zu flüchten. Gemeint ist: die Kirche war mit ihren Andachten und Gottesdiensten schon immer ein Anwalt für die lebensnotwendige Einkehr des Menschen bei sich selbst, und das sollte sie bleiben.

Freiheit der Kirche

So setzt sie sich selber ins Bild als eine geschichtliche Bewegung, in der es nicht auf Herrschaft ankommt, sondern auf Dienst, nicht auf Selbsterhaltung, sondern auf Hingabe an die Welt, nicht auf sakrale Ordnungen und religiöse Programme, sondern auf immer neu gewagten Auszug auf das offene Feld der Geschichte, nicht auf den tötenden Buchstaben des Gesetzes, sondern auf den lebendigmachenden Geist der Gnade, nicht auf das Getto eines religiös ausgeklammerten Raumes, sondern auf das Experiment der Freiheit inmitten aller Weltlichkeit. Die Kirche weiß um eine Freiheit, die nicht einfach das Ergebnis menschlicher Vernunft und Planung ist, sondern das Geschenk göttlicher Gnade. Sie weiß um die Freiheit, zu der uns Christus befreit hat. Diese Freiheit jedoch um einer billigen Weltlichkeit willen preiszugeben, bedeutet den Verzicht auf den Anspruch, Kirche Jesu Christi zu sein.
Fassen wir den Auftrag der Kirche noch einmal zusammen in der Formulierung, wie die Ziele der missionarischen Arbeit bei der Weltkirchenkonferenz in Evanston 1954 umschrieben wurden:
— Menschen zu einer persönlichen Begegnung mit Christus führen und sie teilnehmen lassen an seinem ewigen Leben. Das ist der Kern der Sache.
— Menschen in die Gemeinschaft der Kirche aufnehmen, wie es in den verschiedenen Formen der Gemeinde zum Ausdruck kommt;

denn ein isolierter Christ, wenn es ihn gäbe, wäre in einer traurigen Lage.
— Die frohe Botschaft so verkündigen, daß das Bild der Gesellschaft dadurch verändert wird, und zwar mit dem Ziel, menschliche Lebensformen dem Willen Gottes entsprechend zu gestalten.

Manfred Neun

Ausgewählte Bibelstellen

Matth. 5; 11, 29; 28; Luk. 10; Joh. 17; Apg. 2 und 6; 1. Kor. 1 und 3

Ergänzende Literatur

Blail, G.: Meine evangelische Kirche. Stuttgart 1972
Bonhoeffer, D.: Das Wesen der Kirche. Kaiser Traktate 3. München 1971
Hoekendijk, J. Chr.: Artikel »Kirche« in: Theologie für Nichttheologen, a.a.O.
Jetter, W.: Was wird aus der Kirche? Stuttgart 1968 (vergriffen)
Moltmann, J.: Kirche in der Kraft des Geistes. München 1975
Stammler, E.: Kirche am Ende unseres Jahrhunderts. Stuttgart 1974
Evangelischer Erwachsenenkatechismus, a.a.O., S. 908ff, 925ff

Fragen zum Thema

1. Wo sehen Sie Möglichkeiten, daß die Kirche der Ort und die Gemeinschaft in der Welt wird, wo in der Erfahrung des Leidens Christi das tiefste Leiden der Welt erfahren und zur Sprache gebracht wird?
2. Was läßt sich in der Kirche demokratisieren und was nicht?

Fragenbeantwortung (Gemeindegespräche)

Frage 1:
Im Gottesdienst ist der Ort, wo Leiden Christi und Leiden der Welt vorkommen. Im Abendmahl, wo sich Jesus im Brot gibt, wird auch deutlich, daß sich Liebe zum Leidenden im Weitergeben von Brot

zeigen kann. Im Gottesdienst, in Wort und Abendmahl liegen Möglichkeiten, das Leid in Freude zu verwandeln. Denn die Leiden Christi gingen in Ostern auf.

Frage 2:
Demokratische Spielregeln haben in der Kirche nur bedingt Platz, so sehr das auch manchen Fachleuten und modernen Kirchenleuten gegen den Strich geht. Was wahr ist, kann nicht durch Mehrheitsbeschluß festgestellt werden. Es kann auch einmal einer gegen alle die Wahrheit sagen. Andererseits gibt es auch in der Kirche Prozesse der Wahrheitsfindung, die aber mit dem Stichwort »Demokratie« nicht umschrieben sind. Daß die Bibel für uns gültig ist, steht jenseits der Diskussion. Wie sie ausgelegt wird, was sie jeweils für uns zu sagen hat, muß gesucht werden in gemeinsamem Ringen. Sicher gibt es aber auch in einer Kirchengemeinde organisatorische, finanzielle und kirchenpolitische Fragen, die so partnerschaftlich und menschenfreundlich wie möglich angegangen werden sollen. Hier ist die »demokratische« Form die beste.

Kurt Rommel

Ergänzende Gedanken

Ökumenische Kirche
Ökumenische Kirche: heißt das, eine künstliche und gewaltsame Einheit herstellen zu wollen, die es in Wirklichkeit gar nicht gibt oder gar nicht geben kann? Strebt die Ökumene eine Einheitstheologie oder eine uniforme Kirchenorganisation an? Der Ökumenische Rat hat als Grundlage für die Übereinstimmungen im Glauben folgenden Satz formuliert: »Der Ökumenische Rat der Kirchen ist eine Gemeinschaft von Kirchen, die den Herrn Jesus Christus gemäß der Heiligen Schrift als Gott und Heiland bekennen und darum zu erfüllen trachten, wozu sie gemeinsam berufen sind, zur Ehre Gottes, des Vaters, und des Sohnes und des Heiligen Geistes.«
Die ökumenische Gemeinschaft der Kirchen kann nicht eine künstliche und gewaltsame Vereinerleiung sein. Die Einheit, die uns verbindet, ist allein die Gemeinsamkeit des Ursprungs und der Hoffnung. Indem wir von dem gleichen Jesus, dem Christus, dem Stifter der Versöhnung herkommen, indem wir gleichermaßen auf den Sieg des Gottesheils warten, gehören wir zusammen. Daneben aber haben wir verschiedene Aufgaben und Ausdrucks-

formen. Die Kirchen sollen einander nicht zu sich herüberzwingen. Jeder Partner soll den andern zu sich selbst bringen. Und gerade die besonderen Gaben jeder Kirche können dem ökumenischen Partner dienlich sein, als Korrektiv für seine eigene, besondere Gefährdung. Im geduldigen, liebevollen, offenen Gespräch einander korrigieren und korrigieren lassen, das ist der Weg der Ökumene. Im Vertrauen und in der Hoffnung auf den einen Christus, der unser aller Kraft und Halt ist, suchen wir einander und bleiben wir beisammen.

Kirche und Staat

Die christliche Kirche im Abendland ist seit den Tagen des Kaisers Konstantin eine enge Verbindung mit dem Staat eingegangen. Auch die Reformation hat daran wenig geändert, obwohl ihr theologischer Ansatz, der ja die staatsfreie Kirche geradezu forderte, Möglichkeiten dazu geboten hätte. Indem aber Luther die Landesfürsten als »Notbischöfe« der Kirche einsetzte, wurde die alte Verbindung von Staat und Kirche weiter konserviert.

Seit 1918 ist mit dem Zusammenbruch des landesherrlichen Kirchenregiments die Verbindung von Thron und Altar gelöst worden. Hat die Kirche aber nicht doch weiterhin Vorrechte? Wie zum Beispiel: Kirchensteuereinzug mit Hilfe der Finanzämter, theologische Fakultäten an den Universitäten, christlicher Religionsunterricht an öffentlichen Schulen, »Seelsorgevertrag mit der Bundeswehr« usw. Nun wird man freilich in all diesen Erscheinungen nicht ohne weiteres nur Restbestände alter Privilegien sehen dürfen, denn Trennung von Staat und Kirche bedeutet ja nicht, daß zwischen beiden keine Beziehung mehr bestehen darf, daß Staat und Kirche sich feindlich gegenüberstehen müssen oder die Kirche gar in die Situation der Verfolgung durch den Staat gerät. Die Trennung von Kirche und Staat ermöglicht und erfordert vielmehr Partnerschaft in einem freien Gegenüber beider Größen. So kann und muß es zum Beispiel auf dem Gebiet der Sozialarbeit partnerschaftliche Abkommen geben. Unser Grundgesetz will die Scheidung von Aufgabengebieten zwischen Kirche und Staat, die Abgrenzung der beiderseitigen Rechtssphären, die Trennung im Sinne gegenseitiger Unabhängigkeit. Aber die Rechtssphäre der Kirchen wird nicht aus dem öffentlichen Leben gedrängt, nicht gleichsam eingemauert in die Gebäude der Kirche. Dem erweiterten Spielraum entspricht ihr Charakter als Körperschaft des öffentlichen Rechts. Auch nach der Auffassung des

Bundesverfassungsgerichts sind die Aufgaben der Kirche öffentliche Aufgaben. Und in der Tat, Öffentlichkeit gehört wesensgemäß zu dem, was wir als Christen unter Kirche verstehen. Kirche ohne öffentliche Verkündigung, ohne öffentliche Wirksamkeit ist schwer vorstellbar (vgl. Matth. 10, 27).
Nach unserer Verfassung gibt es also keine Verschmelzung und Abhängigkeit von Staat und Kirche, wohl aber Zusammenarbeit und Verständigung. Dabei ist die religiöse Neutralität des Staates ein wichtiger Teil seines geltenden Verhältnisses zur Kirche. Dem Staat ist es verboten, durch Hoheitsakte in den Tätigkeitsbereich der Kirchen und sonstigen Religionsgemeinschaften einzugreifen. Er darf sich auch nicht selbst mit einer bestimmten religiösen Richtung identifizieren und gewährleistet die gleichen Bürgerrechte und Chancen, wenn er die Verfassung streng handhabt, für die Angehörigen aller Bekenntnisse genauso wie für die Konfessionslosen.

Manfred Neun

Zusammenfassende Thesen

Kirche ist ein vielschichtiger und vielseitiger Begriff. Gemeinschaft und Gemeinde gehören dazu. Kirche aber ist mehr. Die eine Kirche ist Gegenstand des Glaubens. Und doch ist Kirche sichtbare Wirklichkeit auf der ganzen Erde in der Gestalt vieler Kirchen. Diese Kirchen sind vielfältig verbunden und unterschieden, verwandt und distanziert. Und trotzdem: Ohne Kirche ist Christsein nicht möglich, denn sie ist die Gemeinschaft der Glaubenden.

Konfirmation

Die Kirche hier »... tauft Säuglinge und erzieht Kleinkinder in evangelischen Kindergärten; sie hat Einfluß auf das Schulwesen genommen ...; sie hat Schulgottesdienste organisiert ...; sie läßt Konfirmandenunterricht erteilen ... Zu guter Letzt folgt die Konfirmation. In der Tat: zu guter Letzt! Das Kind knallt mit einem Seufzer der Erleichterung die Kirchentür hinter sich zu.« So schreibt ein holländischer Pfarrer, der einige Jahre in der Bundesrepublik gearbeitet hat, in seinem »Tagebuch eines theologischen Gastarbeiters«. Damit spricht er auf seine Weise aus, daß Konfirmandenunterricht und Konfirmation bei uns in einer Krise stekken.

Geschichte

Im Gegensatz zum katholischen Sakrament der Firmung, bei dem der »nur Getaufte« zur Kräftigung den Heiligen Geist empfängt, geht es bei der Konfirmation nicht um eine notwendige Ergänzung der Taufe. Von Anfang an bestreiten die Reformatoren den Sakramentcharakter der Konfirmation. Für sie wurde der Getaufte mit der Konfirmation an dem Leben der Gemeinde beteiligt, an Gottesdienst und Abendmahl, an christlicher Lehre und christlicher Gemeinschaft. Die Ansätze gehen zurück auf den reformatorischen Katechismus und eine geordnete Zulassung zum Abendmahl, vor der man Rechenschaft über seinen Glauben ablegen mußte. In der Kirchengeschichte war die Konfirmation lange umstritten, vor allem wegen ihrer Nähe zur Firmung. Die öffentliche Konfirmation wurde 1722 in Württemberg eingeführt und löste die bis dahin für alle gültigen, fortlaufenden Katechismusprüfungen ab. Jetzt endet die kirchliche Unterweisung mit der Konfirmation.

Folgen

In unserer Gesellschaft gilt die Konfirmation weithin als Schwelle zwischen Kindheit und Jugendalter, als »Schritt ins Leben«. Das

Konfirmationsalter fällt weithin mit dem Ende der Schulpflicht zusammen; die Konfirmation wird jahrgangsweise gehalten. Bestimmte Verhaltensregeln und Bräuche (früher glich die Konfirmandenkleidung der bei einer Hochzeit) begleiten diesen wichtigen Schritt.
Für die Kirche bedeutet die Konfirmation den Abschluß eines einbzw. zweijährigen Unterrichts, an dessen Ende die Aufnahme in die Gemeinde der Erwachsenen steht, mit der Zulassung zum Abendmahl und zum Patenamt.

Zwei Stimmen

Eine Zeitschrift veröffentlichte vor ein paar Jahren Auszüge aus Gesprächen mit Konfirmanden. Zur Frage »Warum läßt du dich konfirmieren?« zwei Stimmen, die sicher auch heute noch gültig sind: »Ich lasse mich konfirmieren, weil meine Mutter es will. Aber ich habe auch nichts dagegen, es stört mich nicht weiter. Mir bedeutet die Konfirmation an sich überhaupt nichts. Ich finde das alles ganz lustig, vor allem wegen der Geschenke. Meine vier Geschwister haben zur Konfirmation ganz prima Sachen bekommen, und ich wäre schön doof, wenn ich darauf verzichten würde. Aber mit Religion hat das bei mir nichts zu tun.« Dieser sicherlich nicht vereinzelten Stimme steht eine andere gegenüber: »Es ist mein Entschluß. Mein Vater ist eher der Meinung, daß Konfirmation überflüssig ist, aber er hat mich nie zu beeinflussen versucht. Meine Mutter freut sich darüber, daß ich mich konfirmieren lassen will. Ich finde, die Konfirmation selbst ist nicht so bedeutend, das ist ja nur ein Tag. Aber der Konfirmandenunterricht sollte wichtig sein; da kann man sich ... mit dem christlichen Glauben befassen und prüfen, was man davon hält. Ich finde, das gehört einfach dazu, wenn man protestantisch ist.« (Brigitte 2/72).

Kritik am Unterricht

Der Konfirmandenunterricht steht heute im Kreuzfeuer der Kritik. Konfirmanden beklagen den Lernzwang, die Verschulung überhaupt. Das Auswendiglernen, das oft nicht einmal Rücksicht nimmt auf das Verständnis des Inhalts, wird nicht eingesehen. Starre Unterrichtsformen, mangelndes Eingehen auf Fragen und Probleme der Jugendlichen und das Fehlen kritischer Auseinan-

dersetzung werden gerügt. Die Eingliederung in die Gemeinde und in bestimmte religiöse Rollen wird vielfach als Zwang empfunden. Die Pfarrer weisen auf Unlust und Passivität bei vielen Konfirmanden hin; zunehmend gibt es Disziplinschwierigkeiten. Sie vermissen immer mehr die Bereitschaft zur Einübung in die Gemeinde. Überholte Lehrpläne ohne genügendes pädagogisch-methodisches Nachdenken bestimmten das Bild.
Auf diesem Hintergrund entstand in den letzten Jahren eine Fülle von Modellen und Experimenten mit dem Konfirmandenunterricht. Die Württembergische Landessynode erarbeitete eine neue »Anleitung für den Konfirmandenunterricht«, zumal sie mehrheitlich der Meinung ist, man müsse dem entstandenen »Wildwuchs« der Experimente wehren. Dabei wurde versucht, die anstehenden Fragen zusammen mit Kirchengemeinderäten und den Gremien der Kirchenbezirke zu diskutieren. Freilich hatte man den Eindruck, bei diesen Gesprächen gehe es mehr um die Rahmenbedingungen als um den Inhalt des Unterrichts.

Resignation?

Es gibt Vorschläge, die Konfirmation wegen all ihrer Schwierigkeiten ganz abzuschaffen. Dagegen spricht aber schon die Situation der Jugendlichen und die Funktion, welche die Konfirmation mit dem vorausgehenden Unterricht für sie hat oder jedenfalls haben könnte. Damit leistet die Kirche einen wichtigen Beitrag in unserer Gesellschaft. Um so mehr aber müßten die Ziele von Konfirmandenunterricht und Konfirmation an den Bedürfnissen der Jugendlichen orientiert sein. Es geht darum, das Evangelium im Rahmen ihrer Situation zur Geltung zu bringen.
Im Unterschied zum Religionsunterricht ist der Konfirmandenunterricht nicht an schulische Leistungsforderungen, bestimmte Klassengrößen und Organisationsformen gebunden, sondern er kann ein möglichst großes Maß an Freiheit gewähren, damit die Konfirmanden zu einer echten Gemeinschaft zusammenfinden.

Ausblick

Der Konfirmationstag ist nur ein erstes Teilziel im Christwerden eines Menschen, eine Station auf dem Weg zu einem eigenen Glauben. Helfer auf diesem Weg sind Eltern und Paten, Pfarrer und Jugendleiter, die ganze Gemeinde. Dabei wird allerdings deutlich, daß neben dem Konfirmandenunterricht der Jungen und Mädchen ein Konfirmandenunterricht der Eltern nötig ist. Und Konfirmandenunterricht für Erwachsene ist in manchen Gemeinden schon üblich. Dies macht deutlich: Der Konfirmationstag ist der Anlaß, um über die Konfirmation als Prozeß zu reden. Der Prozeß der Konfirmation endet erst mit dem Leben. Aus der Schule der Konfirmation, aus dem Konfirmationsunterricht darf keiner vor seinem Tod aussteigen, es sei denn, er wolle nicht Christ sein.

Gerhard Voß

Ausgewählte Bibelstellen

Matth. 28, 18-20; Apg. 2, 42; 17, 11.

Ergänzende Literatur

Dienst, K.: Moderne Formen des Konfirmandenunterrichts. Gütersloh 1973
Pioch, W.: Weg und Ziel im Konfirmandenunterricht. Hamburg 1967
Schultze, H.: Konfirmation heute und morgen. Stuttgart 1969 (vergriffen)
Evangelischer Erwachsenenkatechismus, a.a.O., S. 1086ff
Kursbuch für Konfirmanden. München 1975

Fragen zum Thema

1. Welche Möglichkeiten gibt es, den Konfirmationstag in das Leben des jungen Christen einzubinden?
2. Was hat Konfirmation mit Bekenntnis, mit Abendmahl, mit Gemeinde zu tun?
3. Wie können Jugendarbeit, Religionsunterricht, Kindergottesdienst bzw. Gottesdienst und Konfirmandenunterricht zusammengesehen werden und voneinander lernen?
4. Welche Aufgabe hat die Gemeinde beim Konfirmandenunterricht? Was bedeutet es für die Gemeinde, eine Gruppe junger Menschen (Konfirmanden) in ihrer Mitte zu haben?

Aus Gesprächen mit Konfirmanden und Gemeinde

Frage 1:
Der Konfirmationstag wird zu sehr vom Erwachsenen aus geplant, gedacht und gestaltet, zu wenig vom Konfirmanden aus. Darum ist die Gefahr groß, daß der Konfirmationstag wohl ein großes Fest, aber zu schnell und zu leicht ein Abschlußfest wird. Formulierungen, Liedauswahl und Predigt gehen oft an den Kindern vorbei. Nach jahrelangen Erfahrungen müßte der Konfirmationstag ein Fest sein, das zwischen Unterrichtszeit und Jugendgruppenzeit eingespannt und eingefügt ist. Am Konfirmationstag müssen Programmpunkte vorkommen, die den Kindern bisher Spaß gemacht haben und weiterhin Spaß machen werden. Der Konfirmationstag soll ja ein Auftakt für die Lebenskonfirmation sein. Also müssen die Kinder Hilfen dazu bekommen.

Frage 2:
Konfirmation ist ein Rechtsakt innerhalb der Kirche. Die Konfirmierten gehören durch die Taufe zur Gemeinde. Sie werden aber durch die Konfirmation bewußt und mit ihrer Einwilligung in die Gemeinde gebracht und bekommen das Recht des Patenamts übertragen. Das Bekenntnis zu Jesus Christus kann man nicht fordern, sondern nur von Gott für sie erbitten. Die Frage des Abendmahls ist bis jetzt noch offen. Zur Zeit bedeutet Konfirmation auch Zulassung zum Abendmahl. Erprobt wird allerdings das Kinderabendmahl, wofür viele Argumente sprechen.

Frage 3:
In dieser Frage geht es um das Gesamt-Jugendkatechumenat. Bisher werden die Unterrichts-, Text- und Arbeitspläne aller religionspädagogischen Instanzen ohne Absprache erstellt. Sie stören sich gegenseitig. Es ist an der Zeit, daß Konzepte für ein Gesamt-Kinder- und Jugendkatechumenat entwickelt werden. Das bedeutet, daß sich die entsprechenden Fachleute aus Jugendarbeit, Religionsunterricht, Kindergottesdienst und Konfirmandenunterricht zusammensetzen müssen.

Frage 4:
Die Gemeinde lebt bisher in der Erwartung, daß die Konfirmanden selbstverständlich zu ihr kommen und ihre Angebote annehmen. Auf jeden Fall aber erwartet sie, daß die jungen Leute sich so

verhalten, wie sie es sich denkt. Ein Kontakt der Erwachsenen mit den Konfirmanden während des Unterrichts, ein Mitgestaltenlassen eines Gottesdienstes vor der Konfirmation erleichtert den Zugang zu den Jungen und öffnet für sie die Tür der Erwachsenen. Es muß verschiedene Verhaltensstile in der Gemeinde geben, wenn sie Gemeinde Jesu Christi sein soll und will. *Kurt Rommel*

Zusammenfassende Thesen

Konfirmation beruht auf der Taufe. Sie ist ein Versuch der Kirche und der Kirchen, mit dem Problem der Kindertaufe fertigzuwerden, auf jeden Fall diesem Problem zu begegnen. Kindertaufe wird ja immer auf Hoffnung vollzogen. Der Taufunterricht muß nachgeholt werden: als Konfirmationsunterricht. Der Konfirmationsgottesdienst ist Abschluß des Unterrichts und Anfang der Lebenskonfirmation. Konfirmation ist eine Lebensaufgabe, von Gott her gesehen ein Lebensangebot.

Kreuz

Manche tragen es an goldenen Kettchen. Einige haben es an den Wänden hängen. Ab und zu begegnen wir ihm an irgendeinem Feldrain. Und natürlich steht es in den Kirchen. Viele gehen ihm aus dem Weg. Sehen weg, oder hören weg. Auch unter Christen gibt es Einwände. »Vieles von dem, was in der Bibel steht, geht mir ein, aber das Kreuz — das geht mir nicht ein«, äußerte einer.

Ein Bild des Todes?

So ist es vielen ein sperriges Symbol. Und nicht nur das. Manche wehren sich geradezu leidenschaftlich dagegen: »Ein Bild des Todes, das einer fortgeschrittenen Zeit nicht würdig ist.« Was wehrt sich in uns gegen das Kreuz?
Reinhold Schneider erzählt einmal eine bezeichnende Episode aus dem Mittelalter: »Aufrührer in einem Aufstand vergriffen sich an einer mächtigen, alten Kreuzigungsgruppe. Sie stürzten das mittlere Kreuz um und ließen die Kreuze der Schächer stehen. Sie zerschlugen das göttliche Bild, das ihnen entgegen war. Sie schonten die Bilder der Schächer, in denen sie Abbilder ihres eigenen Wesens sehen mochten.«
Golgatha also ohne das Kreuz in der Mitte? Die Gekreuzigten ohne den einen, an dem sich für sie alles entschied?
Ist das nicht geradezu symptomatisch auch für unsere Zeit? Viele Kreuze und eine einzige Erinnerung an alles, was der Mensch an Ungerechtigkeit erfährt und was ihn zuletzt, gleichsam als Kreuz der Wirklichkeit, zu Tode bringt. Und das ohne Verbindung mit der Geschichte, die auf Golgatha ihren Anfang nahm.

Die Mitte des Glaubens

Stimmt es also: das Kreuz in der Mitte abgebrochen, übersehen, übergangen von der Moderne? Der Tod Jesu, befreiend, versöhnend, interessiert nicht mehr. Subjekt allen befreienden Handelns ist der Mensch selbst.

Vielleicht gehört das alles mit zu dem, was Christus am Kreuz erlitten hat. Er läßt sich aus der Welt herausdrängen an das Kreuz. Er leidet alle Entfremdung und alle Gottverlassenheit mit dem Menschen mit. Er teilt seine Anfechtungen. Er erträgt es, aus der Mitte unseres Daseins ausgestoßen zu sein.
Aber es ist ein Irrtum, wenn man meint, alles Kreuz und Leid der Welt sei ausgelöscht und vorbei, wenn das Kreuz Christi zerschlagen ist. Was hat sich denn geändert, seitdem der Mensch sich zum Herrn der Geschichte gemacht hat? Wie sieht es aus mit der Übernahme von Schuld? Ihr gegenüber hat man bestenfalls gelernt, »es nicht gewesen zu sein«.
Und gestorben wird weiter. Daran erinnern die beiden Kreuze rechts und links von dem einen in der Mitte.
So ist das Kreuz so etwas wie der geheime Drehpunkt des christlichen Glaubens. Es meint nicht Verherrlichung von Schwäche, Leid und Gottesferne und ist auch kein Zeichen stoischer Gelassenheit. Es ist kein Symbol für Resignation und Ohnmacht. Es verklärt auch nicht Angst, Blut und Tränen zu *den* christlichen Leitbildern. Es ist das Zeichen des Anfangs und der Mitte aller Liebe. Es ist die letzte Konsequenz der Fleischwerdung Gottes in Christus.

Fluchtbewegungen

Aber es ist auch das große Ärgernis. Für die einen, nach Paulus, ein Skandal, für die anderen eine Torheit.
Immer wieder haben deswegen Menschen an diesem Kreuz herumgemacht. »Ich will nichts zu tun haben mit einem Christentum, in dessen Mitte ein toter Gott steht. Ich wende mich woandershin, dorthin, wo in der Auferstehung unseres Volkes Hoffnung ist.« So ein junger Mann in der NS-Zeit.
Aber auch anderswie hat man sich so seine eigenen Gedanken gemacht. Das Kreuz zum Beispiel als das Symbol für alles Unrecht in der Welt, das je Menschen widerfuhr. Es gibt Leute, die deuten es so: »Es ist für mich das Zeichen dafür, wie der Mensch hin- und hergerissen wird zwischen den Gegensätzen, die in ihm sind. Da der senkrechte Balken: Zeichen, Hinweis darauf, wie der Mensch angelegt ist, nach dem Sinn, nach dem Dahinter seines Daseins zu fragen. Und da der waagrechte Balken, der uns erinnert, wie sehr wir der Erde verhaftet sind, eingebunden in ein Geflecht von oft allzu menschlichen Wünschen.« Das Kreuz also archetypisches

Modell? Mit seinen vier Himmelsrichtungen Grundschema der psychologischen Struktur? Symbol für Vielheit in der Ganzheit? Zusammenfassung aller Gegensätze in einem Ganzen? So oder ähnlich haben manche sich das gedeutet. Sie sind damit der Frage ausgewichen: Wo hat das Kreuz Christi im eigenen Leben seinen Platz? Denn man muß es in die eigene Geschichte stellen und nicht geheimnisvoll in eine Zeitlosigkeit.

Gott ist »unten«

Wer es in Beziehung setzt zu seiner Situation, wird das Entscheidende erkennen, was es hier zu erkennen gilt: Wie es um uns und wie es um Gott steht.
Wie ist es mit uns? Wir wollen uns behaupten, stets und überall. Wir wollen leben und überleben um jeden Preis. Und in unseren besten Stunden wollen wir hoch hinaus: ein besserer Mensch werden. Und Gott soll uns dabei helfen. Gott ist doch dort, wo man ganz oben ist.
Und da sagt uns das Kreuz, er ist ganz unten. Dort, wo die Schuld über einem Menschen zusammenschlägt. Dort, wo alles unbegreiflich und rätselhaft wird und die Angst, die Einsamkeit und alle Entfremdung den Menschen kaputtzumachen drohen — da ist Gott. Dort, wo jeder zurückgeworfen ist auf sich selbst, allein und verlassen dem Tod gegenüber — da ist Gott.
Das Kreuz Christi: der Schnittpunkt der Wege Gottes in unserem Leben. Es stirbt einer an uns, durch uns, aber auch für uns — damit wir leben können. *Johannes Kuhn*

Ausgewählte Bibelstellen

Matth. 10, 38; 1. Kor. 1, 17f; Eph. 2, 16; Phil. 2, 8; Kol. 2, 14

Ergänzende Literatur

Bornkamm, G.: Artikel »Kreuz« in: Theologie für Nichttheologen, a.a.O.
Lieger, P. (Hrsg.): Das Kreuz Jesu. Evang. Forum 12. Göttingen 1969
Moltmann, J.: Der gekreuzigte Gott. München 1972

Nitschke, H. (Hrsg.): Das Wort vom Kreuz — heute gesagt. Predigten. Gütersloh 1973
Viering, F. (Hrsg.): Das Kreuz Jesu Christi als Grund des Heils. Gütersloh 1969
Weber, H.-R.: Kreuz. Themen der Theologie, Ergänzungsband. Stuttgart 1976
Evangelischer Erwachsenenkatechismus, a.a.O., S. 371ff, 394ff

Fragen zum Thema

1. Stimmt der Satz — er stammt von Bernhard von Clairvaux —: »Das Kreuz Christi ist eine Last von der Art, wie es die Flügel für die Vögel sind. Sie tragen sie aufwärts«?
2. Was heißt es, sein Kreuz auf sich nehmen?
3. Das Kreuz: anderen ein Ärgernis und eine Torheit, uns aber eine Gotteskraft — was heißt das?
4. Kreuz und Auferstehung Jesu — wie gehören sie zusammen?

Fragenbeantwortung (Gemeindegespräche)

Frage 1:
Beethoven prägte den Satz: »Die Kreuze im Leben des Menschen sind wie die Kreuze in der Musik: sie erhöhen.« Es scheint so zu sein: Lebenskenner und Glaubensmänner sehen im Kreuz nichts Negatives, sondern etwas Hilfreiches. Das Kreuz ist der Hintergrund für das Positive, ist die Grundlage für den Weg nach oben. Das Kreuz Christi ist die Rettung aus Schuld und Tod. Das Kreuz im Leben der Menschen macht stark und läßt Kräfte fürs Leben erwachsen.

Frage 2:
In Matth. 16 geht es um die Nachfolge Jesu. Wohl heißt es im Volksmund, daß eben jeder sein »Päckle« oder sein Kreuz zu tragen habe (und wie oft wird der Ehepartner als »Hauskreuz« verstanden!). Diese Redewendung ist aber stark säkularisiert. Gemeint sind ursprünglich all die Leiden, die ein Christ in der Nachfolge Jesu auf sich nimmt oder nehmen muß: Verachtung, Nachteile, Verfolgung bis hin zum Märtyrertod. Abgeleitet davon kann dann ein Christ auch alles andere, was ihn belastet, als »Kreuz« ver-

stehen, das er auf sich nimmt und Jesus nachträgt. Er nimmt die Kraft zum Tragen aus der Tatsache, daß Jesus sein Kreuz getragen hat und zum Leben kam. Die Nachfolge Jesu heißt ja nicht »im Tod enden«, sondern »durch Kreuz und Tod ins Leben durchdringen«. »Das Kreuz auf sich nehmen« heißt also letztlich »ins Leben wollen«!

Frage 3:
»Das Kreuz ist Ärgernis und Torheit, uns aber Gotteskraft«, sagt Paulus in 1. Kor. 1, 17. Hier zeigt er, was Christen von Nichtchristen unterscheidet. Daß der Messias, daß Gott sich in einem Gehenkten zeigt, ist für griechisches und jüdisches Denken unvorstellbar. Christen glauben, daß gerade in dieser Erniedrigung die totale und radikale Liebe Gottes deutlich wird.

Frage 4:
Kreuz und Auferstehung gehören zusammen. Ohne Auferstehung würde niemand mehr vom Kreuz reden. Erst durch die Auferstehung, durch Ostern ist das Kreuz aus Nacht und Tod herausgetreten, verkündbar geworden. Erst durch das neue Leben bekommt der Tod Jesu am Kreuz seine Bedeutung. Darum gehören Tod und Auferstehung zusammen. Die Auferstehung bekommt ihr Gewicht und ihren Inhalt durch das Kreuz. Das Kreuz verliert seinen Schrecken und erhält seinen Sinn durch Ostern. Kreuz ohne Auferstehung ist Schrecken ohne Ende. Auferstehung ohne Kreuz allerdings ist Utopie.

Zum Kreuzzeichen:
Das Kreuz war ursprünglich ein heidnisches Zeichen, das auch in anderen Formen bekannt war (Hakenkreuz, Henkelkreuz usw.). Durch den Tod Jesu am Kreuz bekam die Kreuzform einen christlichen Symbolcharakter. Als der christliche Glaube im römischen Weltreich Staatsreligion wurde, nahm man das Kreuz als Zeichen für den christlichen Glauben. Es wurde überall angebracht. Verschiedene Kreuzformen entwickelten sich innerhalb der Kirche. Dabei war magischer Mißbrauch nicht ausgeschlossen. Und das »Kreuz schlagen« wurde zum Kennzeichen der (katholischen) Christen. Im Mittelalter verbreitete sich das Kreuz mit Kruzifixus (mit dem ans Kreuz Gehängten). Die Frage blieb dann für viele offen: Wie läßt sich das mit dem alten Bilderverbot vereinigen?

Kurt Rommel

Zusammenfassende Thesen

Das Kreuz ist zum christlichen Zeichen schlechthin geworden. Es hat als Gegenüber (in anderen Religionen) den Judastern und die Moslemsichel. Die Kreuzigung war die damals übliche römische Tötungsart für Verbrecher. Durch den Tod Jesu am Kreuz ist dieses zum Inbegriff des Christlichen überhaupt geworden. Es deutet darum immer auf den Tod Jesu und auf die Existenz der Christen hin. So versteht der Apostel Paulus das Kreuz, das den Nichtglaubenden Torheit, den Glaubenden aber Gotteskraft bedeutet. Christus »sein Kreuz nachtragen« heißt an Christus glauben.

Liebe

Das Diakonische Werk unserer Kirche wirbt mit dem Slogan »Nächstenliebe — deine Sache« für seine Arbeit und zugleich für das persönliche Engagement gegenüber Menschen und Menschengruppen, die auf Nächstenliebe dringend angewiesen sind. Der Slogan leuchtet auf den ersten Blick durchaus ein. Trotzdem muß man fragen: Ist er auch schlüssig? Kann die Nächstenliebe so ohne weiteres zu einer allgemein verbindlichen Tugend erklärt werden, daß nur noch ihre Verwirklichung zum Problem wird? Seien wir hier vorsichtig. Dem Buddhismus ist ein Gebot der Nächstenliebe im christlichen Sinn fremd. Und 1970 erklärte der Philosoph Max Horkheimer: »Ohne jede theologische Basis ist der Satz, daß Liebe besser sei als Haß, nicht zu begründen.«

Verschiedene Arten der Liebe

Freilich ist nun auch nicht zu bestreiten, daß es Arten der Liebe gibt, die man als allgemein menschlich bezeichnen kann. Die zwei wichtigsten: Mutterliebe und die Liebe zwischen Mann und Frau. Um den Wert und die Größe der Mutterliebe hat man wohl zu allen Zeiten gewußt. Heute haben die Psychologen und Verhaltensforscher sie auch wissenschaftlich gründlich erforscht und dabei festgestellt, daß die Erfahrung von Mutterliebe oder der Liebe einer anderen, festen Bezugsperson im Säuglings- und Kleinkindalter schlechterdings unersetzlich für die gesunde Entwicklung des Menschen ist. Auch die Liebe zwischen den Geschlechtern scheint einem menschlichen Grundzug zu entsprechen: man findet sie, natürlich in tausenderlei Gestalten, bei allen Völkern, zu allen Zeiten, unter sämtlichen kulturellen Voraussetzungen.
Beiden Formen der Liebe, der Mutterliebe und der Liebe zwischen Mann und Frau, sind zwei Dinge gemeinsam: Sie sind ein intensives und zärtliches Gefühl der Bindung an einen anderen Menschen, *und* sie haben einen biologischen »Unterbau«: hier die blutsmäßige Verbundenheit, dort die sexuelle Anziehungskraft, beides mit dem Sinn der Arterhaltung und -verbreitung. Freilich können bei der geschlechtlichen Liebe diese beiden Seiten — man

spricht von Eros als der geistig-gefühlsmäßigen, von Sexus bzw. Sexualität als der körperlichen — auch auseinandertreten, vor allem in der Weise, daß an Stelle der ganzheitlichen Liebe zum andern nur noch das sexuelle Begehren tritt.

Liebe im Alten Testament

Auch das Alte Testament kennt diese allgemein menschlichen Formen der Liebe und spricht in großer Unbefangenheit von der Mutter-, Freundes- und Gattenliebe (Hoheslied!). Entscheidend und beherrschend ist jedoch etwas anderes: die Liebe Gottes zum Volk Israel. Gott, der sich den Vätern geoffenbart hat, errettet Israel aus der Sklaverei in Ägypten, geleitet es durch die Wüste, schließt einen Bund mit ihm und führt es ins Gelobte Land. Das alles, so bekennt Israel, ist Erweis der frei erwählenden, barmherzigen Liebe Gottes gerade zu diesem Volk: »Weil er deine Väter geliebt und ihre Nachkommen erwählt hat, hat er dich herausgeführt mit seinem Angesicht durch seine große Kraft aus Ägypten« (5. Mose 4, 37). Diese Liebe darf nicht ohne Antwort bleiben. Sie zielt auf Dankbarkeit, Treue, bundesgemäßes Verhalten des Menschen, das nicht nur das Verhältnis zu Gott, sondern von Anfang an auch das positive Verhältnis zum Mitmenschen einschließt (vgl. die Zehn Gebote). Verhältnismäßig selten, aber an zentralen Stellen wird diese Antwort ebenfalls in dem Begriff der »Liebe« zusammengefaßt: »Du sollst den Herrn, deinen Gott, liebhaben von ganzem Herzen, von ganzer Seele und mit aller deiner Kraft« (5. Mose 6, 5), »Du sollst deinen Nächsten lieben wie dich selbst« (3. Mose 19, 18).

Jesus — Gottes Liebe in Person

»Auf die Frage, was Liebe sei, antwortet das Neue Testament ganz eindeutig, indem es ausschließlich auf Jesus Christus weist. *Er* ist die einzige Definition der Liebe« (Dietrich Bonhoeffer). Ist im Alten Testament der »Fixpunkt« der Liebe Gottes die Errettung des Volkes aus Ägypten, so ist dieser Fixpunkt im Neuen Testament die Person Jesu von Nazareth und das, was Gott durch ihn getan hat: »Also hat Gott die Welt geliebt, daß er seinen eingeborenen Sohn gab, auf daß alle, die an ihn glauben, nicht verloren werden, sondern das ewige Leben haben« (Joh. 3, 16). Wenn der 1. Johannesbrief (4, 8. 16) sagt: »Gott ist Liebe« und damit scheinbar eine »direkte« Aussage über Gott selbst macht, ist das, wie der Zusammenhang zeigt, kein Widerspruch zu dieser Bindung der göttlichen Liebe an Jesus. Denn eben, daß Gott tatsächlich »Liebe« ist, wird allein von Jesus her erfahren und glaubwürdig. Sie allein nämlich bewahrt uns davor, *unsere* Sehnsüchte, Erwartungen und Vorstellungen von einem »lieben Gott« zum Maßstab für sein Wirken zu machen und ihm alsbald enttäuscht den Rücken zu kehren, weil er diesen Vorstellungen nicht entspricht.

Vom Geliebtwerden zum Lieben

Welche Folgen hat nach dem Neuen Testament die Tatsache, daß Gott uns in Liebe begegnet und daß wir im Glauben diese Liebe erkennen? Die knappste Antwort steht im 1. Johannesbrief: »Lasset uns lieben, denn Er hat uns zuerst geliebt« (4, 19). Die Antwort auf Gottes Liebe zu uns, von dieser Gottesliebe selbst hervorgerufen, getragen und genährt, ist unsere menschliche Liebe zu Gott und zum Nächsten bzw. zu den Brüdern. Dabei ist die Liebe zu Gott eigentlich nur ein anderer Ausdruck für den Glauben, für das kindliche Vertrauen auf den Vater im Himmel, das von ihm alles Gute erbittet und erwartet. Aber auch die Nächstenliebe (und genauso die Bruderliebe, d.h. die Liebe zum Mitchristen) ist aufs engste mit dem Glauben verbunden: der Glaube entfaltet in der Liebe seine Energie (Gal. 5, 6), wird an ihr in seiner Echtheit erkannt (Joh. 13, 34f), wird in der Liebe auf einen bestimmten Menschen in seiner Not bezogen (Matth. 25, 31ff). An all dem wird deutlich: Nächstenliebe im Sinn des Neuen Testaments ist *keine* menschliche Möglichkeit, die wir von uns aus besitzen. Sie ist auch dann, wenn ich selbst mir dessen gar nicht mehr richtig bewußt bin (etwa wenn ich sage: Ich helfe rein aus Humanität), Antwort, Reflex auf die Liebe Gottes. Deshalb bezeichnen die Theologen diese Art der Liebe mit dem griechischen Ausdruck im Neuen Testament »Agape«.

Wirkungen der Liebe aus Glauben

Über die Wirkungen dieser Liebe von Jesus bis heute könnte man eine ganze »Weltgeschichte der Barmherzigkeit« schreiben. Der Barmherzigkeit: eben das ist ja ihr besonderes Kennzeichen, ihre »Adresse«: Sie wendet sich, jenseits von Sympathie oder Antipathie, an den Menschen in Not, an den, der Hilfe braucht und Hilfe sucht, und überschreitet dabei alle sonst gültigen Grenzen (vgl. das Gleichnis vom barmherzigen Samariter). Die alte Frage: »Wer ist mein Nächster?« läßt sich seit Jesus nur noch so beantworten: Dein Nächster ist jeder, der deine Hilfe braucht. Deshalb ist Nächstenliebe vor allem Tat. Hilfe, Verstehen, Verzeihen von Mensch zu Mensch in großen und kleinen Dingen, aber auch organisierte und gemeinsame Hilfe von Christen in den Nöten und Schwierigkeiten unserer Welt, also Diakonie und Entwicklungshilfe. Es ist nur zu offenkundig, daß wir Christen hier immer wieder versagt haben und noch versagen. Genauso deutlich aber ist, daß Jesus auch und gerade im Liebesgebot die Wahrheit ist und die Wahrheit sagt — die Wahrheit, die unsere Welt braucht und wir mit ihr.

Gerhard Oehlmann

Ausgewählte Bibelstellen

3. Mose 19, 18; 5. Mose 4, 37; 6, 5; Matth. 25, 31ff; Joh. 3, 16; 13, 34f; Röm. 12; 1. Kor. 13; Gal. 5, 6; 1. Joh. 4, 8. 16. 19.

Ergänzende Literatur

Brocher, T.: Von der Schwierigkeit zu lieben. Stuttgart 1975
Daiber, K.: Deine Liebe ist stärker. Meditationen zu Versen aus Römer 1-8. Stuttgart 1974
Friedrich, G.: Was heißt das: Liebe? Calwer Hefte 121. Stuttgart 1972
Meves, Ch./Illies, J.: Lieben — was ist das? Ein Grenzgespräch zwischen Biologie und Psychologie. Herder-Bücherei 362, Freiburg 1970
Rössler, D.: Artikel »Liebe« in: Theologie für Nichttheologen, a.a.O.
Schaffer, U.: Ich will dich lieben. Meditationen über die Liebe. Wuppertal 1974
Wyss, D.: Lieben als Lernprozeß. Kleine Vandenhoeck-Reihe 1400. Göttingen 1975
Evangelischer Erwachsenenkatechismus, a.a.O., S. 360ff, 551ff

Fragen zum Thema

1. In welchem Verhältnis stehen menschliche und christliche Liebe zueinander?
2. Warum sind gerade überzeugte Christen oft so intolerant gegenüber Andersdenkenden?

Gesprächsergebnis (Hauskreis junger Erwachsener)

Frage 1:
a) »Natürliche« Liebe des Christen (beispielsweise zum Ehepartner, zum Kind, zum Freund) — aus Glauben entspringende Nächstenliebe:
Beides kann durchaus Hand in Hand gehen. Aber die »Liebe aus Glauben« vertieft die menschliche Liebe, reinigt sie von egoistischen Beimengungen, gibt ihr immer wieder neue Kraft. Am wichtigsten wird sie dann, wenn die »natürliche« Liebe bedroht ist: durch Lieblosigkeit des andern, durch Gewohnheit, Konflikte, Enttäuschungen, Schwierigkeiten. Hier gibt christliche Liebe die Kraft, den andern weiterhin festzuhalten und zu bejahen und, wenn nötig, durch Vergebung einen neuen Anfang zu finden. Nächstenliebe aus Glauben ist oft auch dann gefordert und möglich, wenn zunächst keine persönliche Zuneigung vorhanden ist, etwa gegenüber jemandem, den man bisher noch kaum gekannt hat oder der einem unsympathisch ist. Die Liebe aus Glauben vermag aber sehr oft auch in solchen Fällen Anteilnahme und Sympathie hervorzurufen. Wichtig ist, daß man dem andern nicht nur praktisch hilft, sondern auch für ihn betet.

b) Allgemeine (humanistische) Nächstenliebe — christliche Nächstenliebe:
Es gibt echte Nächstenliebe als Liebestat nur um des andern willen auch bei Nichtchristen, allerdings ziemlich selten. Die Frage, ob das in jedem Fall eine — oft unbewußte — Frucht des christlichen Glaubens ist, blieb in der Diskussion offen. Der Atheist wird sich eine solche Deutung sicher verbitten. Die Motive »humanistischer« Nächstenliebe sind oft nicht uneigennützig: man hilft, weil man auch selber Hilfe erwartet, weil man gern eine »Rolle« spielt, weil man sich über Dankbarkeit freut. Das gleiche ist aber auch bei Christen oft zu finden! Die Feindesliebe als höchste Form der Nächstenliebe steht wohl nur dem Christen offen und fällt auch ihm schwer genug.

Frage 2:
Die in dieser Frage aufgestellte Behauptung wurde in der Diskussion bejaht. Intoleranz gegenüber anderen *Christen,* also zum Beispiel in der Auseinandersetzung zwischen »Pietisten« und »Modernisten«, hat ihre Ursache oft darin, daß eine bestimmte Art des

Glaubens (etwa »fundamentalistisch« oder »historisch-kritisch«) als die allein richtige und deshalb auch unbedingt notwendige angesehen wird. Die Intoleranz entspringt dabei allerdings oft nicht der Sorge um das Seelenheil des Andersdenkenden, sondern der Angst um die Tragfähigkeit der eigenen Glaubensüberzeugung. (Vgl. das beliebte Argument gegen jede kritische Beschäftigung mit der Bibel: »Wenn man an einer Stelle mit dem Kritisieren anfängt, dann kommt ja alles ins Rutschen.«) Oft hängt Intoleranz auch mit der jeweiligen persönlichen Erziehung und Umwelt zusammen, mit dem mehr oder weniger »beschränkten Horizont«. Richtig wäre Offenheit in allen Fragen, die nicht zentrale Glaubenswahrheiten betreffen — aber wo fängt das Zentrale an?
Im Dialog mit Andersgläubigen und Atheisten soll der Christ zwar, so gut er kann, auf diese Menschen eingehen und sie zu verstehen suchen. Er kann aber um Jesu willen (Missionsbefehl; »Es ist in keinem andern Heil . . .«) nicht einfach jede Ansicht und jeden Glauben als gleich richtig betrachten und die Wahrheitsfrage umgehen. Insofern gehört ein Stück »Intoleranz« notwendig zum christlichen Glauben, wobei aber scharf zwischen Sache und Person unterschieden werden muß (vgl. den Haß Gottes gegenüber der Sünde und seine gleichzeitige Liebe zum Sünder).

Gerhard Oehlmann

Zusammenfassende Thesen

Die Liebe hat viele Gestalten. Allen gemeinsam ist die Beziehung zu einem Gegenüber, einem Du: einem geliebten Menschen, dem »Nächsten«, Gott. Die Liebe zu Gott und dem Nächsten als Antwort auf Gottes Liebe zu uns ist das Kernstück christlichen Glaubens. Glaube sucht immer wieder nach Formen, in denen er sich ausdrükken und verwirklichen kann. In der Liebe findet er eine solche Form, die alle anderen überdauert. Glaube ist in der Liebe tätig, sagt Paulus: Liebe ist praktizierter Glaube.

Mission

»Missio« ist ein lateinisches Wort. Das Wörterbuch gibt dafür die Übersetzung »Ziehenlassen, Absenden, Schicken«. Wer sendet wen wohin? Was haben die »Gesandten« auszurichten?

Gottes Mission

Gott sendet, weil es ihm um die Rettung der Menschen geht. »Er hat mich gesandt« (Luk. 4, 18), sagt Jesus von sich selbst. Er gibt den Auftrag an seine Jünger weiter: »Gleich wie mich der Vater gesandt hat, so sende ich euch« (Joh. 20, 21).
Dieser Auftrag gilt allen, die seine Jünger werden. Paulus sagt im Rückblick auf seinen eigenen Weg: »Er (der Herr) sprach zu mir: Gehe hin; denn ich will dich ferne unter die Heiden senden« (Apg. 22, 21). Die junge Gemeinde in Antiochien hatte diesen Auftrag verstanden, wenn von ihr berichtet wird, daß sie ihrerseits Barnabas und Saulus »ziehen ließ« (Apg. 13, 3).
Die dauernde Rückbesinnung auf den Ursprung der Mission ist unumgänglich. Daran hatte schon Paulus zu erinnern: »Wir predigen nicht uns selbst, sondern Jesus Christus, daß er sei der Herr, wir aber eure Knechte um Jesu willen« (2. Kor. 4, 5). Die Geschichte der Mission kennt Beispiele, daß sich andere Ideen und Gedanken einschleichen, die nicht mit dem Auftrag Gottes zu vereinbaren sind.

Wer wird gesandt?

Niemand ist davon ausgenommen, Zeuge Jesu Christi zu sein. Als die erste christliche Gemeinde in Jerusalem vertrieben wurde, waren die Gemeindeglieder, wo immer sie hinkamen, Missionare (Apg. 8, 4). Die Minderheit soll als Sauerteig wirken. Für die Kirchen in Afrika und Asien ist dieser Gedanke selbstverständlich. Darum spielen in diesen Kirchen auch die Laien eine so wichtige Rolle. Im »christlichen Abendland« hat man sich lange Jahrhun-

derte nur mit sich selbst beschäftigt. Erst die Erweckungsbewegungen haben den Auftrag der Mission wieder entdeckt. Deshalb entstanden Missionsgesellschaften, allerdings nicht in, sondern neben den Kirchen. Die einzige Ausnahme in unserem Raum ist die Herrnhuter Brüdergemeine, bei der Mission und Kirche von Anfang an zusammengehörten. Mission blieb Sache der »Freunde der Mission«, nicht der Gemeinde, der Kirche als ganzer. Der »Missionar« wurde zum Spezialisten, der sich gerade durch seinen Beruf und seine Berufung von einem »normalen Christen« unterschied. Christus bekennen ist aber nicht auf einzelne beschränkt, sondern gehört zum Wesen dessen, der sich, nach dem Namen seines Herrn, »Christ« nennt.
»Wenn die Kirche eine lebendige Kirche sein will, dann muß sie eine missionierende Kirche sein.« Diese Feststellung der Kirche von Südindien aus ihrem Gründungsjahr 1947 formuliert gleichzeitig eine Rückfrage an die Kirchen »daheim« nach ihrem Verhältnis zur Mission. Dieser Anstoß wurde aufgenommen. 1958 wurde in Württemberg eine »Kommission für Kirche und Mission« gebildet und damit eine Entwicklung in Gang gesetzt, die zur Gründung des Evangelischen Missionswerks in Südwestdeutschland führte, einer »Gemeinschaft evangelischer Kirchen und Missionen e.V.«.
Einzelinitiativen, wie sie im Entstehen und in der Arbeit der verschiedenen Missionsgesellschaften so großartig dokumentiert werden, sind wichtig und nötig in der Mission. Deshalb hören die Missionsgesellschaften heute nicht einfach auf. Die Kirche als ganze aber muß ihre Verantwortung für die Mission neu lernen und übernehmen, so gut wie jedes einzelne Gemeindeglied.
»Die Evangelisation der Welt verlangt, daß die ganze Gemeinde der ganzen Welt das ganze Evangelium bringt.« So wird diese Tatsache in der Lausanner Verpflichtung unterstrichen. Niemand, der sich zur Gemeinde Christi zählt, ist ausgelassen, jeder ist ein »Gesandter«.

Gesandt wohin?

»Gesandter Jesu Christi« zu sein ist nicht geographisch festgelegt. Wenn man nach den »Enden der Erde« mit den Augen eines afrikanischen oder asiatischen Christen sucht, dann liegen sie woanders als für uns Europäer. Rev. Kwansa von der Presbyterianischen Kir-

che in Ghana berichtete der Württembergischen Synode im Februar 1975, daß ghanaische Missionare in Kamerun, USA, England und in der Schweiz arbeiten. Die japanische Kirche schickt Missionare nach Thailand und Bolivien.
Immer wieder taucht in unseren Gemeinden die Frage auf, ob wir den Moslems unter uns, türkischen Gastarbeitern etwa, auch das Evangelium schulden. »Fraglich« darf das eigentlich nicht sein. Die Frage zeigt aber, daß das Bild der Mission für uns im Laufe der Zeit eine recht einseitige Prägung bekommen hat.
Der Ort der Mission ist überall. Diese Erkenntnis hat sich niedergeschlagen in dem berühmten Wort von der »Mission auf sechs Kontinenten«. In Bangkok wurde darauf hingewiesen, daß Mission vor der eigenen Haustür beginne. Manche sind noch weitergegangen, wenn sie sagten, sie beginne innerhalb der eigenen Glastür!
Afrikanische und asiatische Christen sehen oft viel schärfer als wir selbst, daß das sogenannte »christliche Abendland« wieder Missionsland geworden ist. Sie fragen zurück, wie weit wir Missionare sind im eigenen Land, nicht nur in fernen Ländern.

Welchen Auftrag haben wir?

Der Missionsbefehl aus Matthäus 28 wird auch Taufbefehl genannt. Worauf sich ein Mensch einläßt, wenn er Christ wird, stellt sich bei der Taufe heraus. Dort bekennt er sich öffentlich zu Christus. Deshalb faßt das »Taufbekenntnis« aus 1. Kor. 12, 3 »Jesus Christus ist der Herr« klar zusammen, was wir als Gesandte auszurichten haben. Um die Herrschaft Christi überall bekannt zu machen, zogen Missionare in alle Richtungen. Ein sichtbares Zeichen der Verkündigung dieser Herrschaft sind die Kirchen und Gemeinden, die entstanden sind.
Die Herrschaft Christi ist umfassend. Was wäre sie für eine Herrschaft, wenn sie nur für bestimmte Bereiche Gültigkeit hätte? Jesus hat selbst eine Antwort gegeben, wie umfassend er seinen Auftrag verstanden hat. Lassen wir die Herrschaft Christi überall gelten? Überall, wo wir zu überlegen, mitzureden, zu entscheiden, zu handeln haben? Die ersten Missionare haben von Anfang an den ganzen Menschen im Blick gehabt beim Predigen, Unterrichten, Heilen, Bauen, Pflanzen. Reden und Tun lassen sich nur zum Schaden des einen oder anderen auseinanderreißen. Jesu Wort: »Mir ist gegeben alle Gewalt im Himmel und auf Erden« (Matth. 28, 18)

ist die Voraussetzung und die Begründung für den Auftrag: »Darum gehet hin und machet zu Jüngern alle Völker.«
Alles, was wir als seine Zeugen unternehmen, ist zu messen an der Frage, die der Hohe Rat Petrus und Johannes stellt: »Aus welcher Kraft oder in welchem Namen habt ihr das getan?« (Apg. 4, 7).

Eberhardt Renz

Ausgewählte Bibelstellen

Matth. 28, 18-20; Luk. 4, 18; Joh. 20, 21; Apg. 4, 7; 8, 4; 13, 3; 22, 21; 1. Kor. 12, 3; 2. Kor. 4, 5

Ergänzende Literatur

Arnold, W. (Hrsg.): Evangelisation im ökumenischen Gespräch. Erlanger Taschenbücher 29, Erlangen 1974
Beyerhaus, P.: Allen Völkern zum Zeugnis. Wuppertal 1972
Bezzenberger, G./Erk, W. (Hrsg.): Christus hat viele Farben. Ein missionarisches Lesebuch. Stuttgart 1974
Bockmühl, K.: Was heißt heute Mission? ABC-team 905, Gießen 1974
Gensichen, H.-W.: Glaube für die Welt. Theologische Aspekte der Mission. Gütersloh 1973
Gensichen, H.-W.: Missionsgeschichte der neueren Zeit. In: Die Kirche in ihrer Geschichte, Lieferung T. Göttingen 1969
Krüger, H./Müller-Römheld, W. (Hrsg.): Bericht aus Nairobi. Frankfurt 1976
Neill, St. (Hrsg.): Lexikon zur Weltmission. Erlangen 1975
Potter, Ph. (Hrsg.): Das Heil der Welt heute. Dokumente der Weltmissionskonferenz Bangkok 1973. Stuttgart 1973
Evangelischer Erwachsenenkatechismus, a.a.O., S. 1220ff

Fragen zum Thema

1. Halten Sie sich selbst für einen Missionar?
2. Sind Sie der Meinung, daß die Herrschaft Christi überall gilt?
3. Wie verstehen Sie Ihren Auftrag andersgläubigen Arbeitskollegen gegenüber?
4. Können Sie sich erklären, weshalb manche Menschen beim Thema »Mission« eine Abwehrhaltung einnehmen?

Fragenbeantwortung (mit Gemeindegruppen)

Frage 1:
»Missionare sind Spezialisten.« Damit äußern die meisten ihr Erstaunen darüber, daß diese Frage überhaupt gestellt wird. Darin äußert sich aber mehr noch eine gewisse Verlegenheit darüber, daß wir nicht gewohnt sind, unseren Glauben in eigene Worte zu fassen, um zu sagen, wie unser Glaube an Christus unser Leben verändert.
Die Frage an die Mitglieder einer Arbeitsgruppe der Württembergischen Landessynode, wie sie es denn machten, über ihren eigenen Glauben mit Moslems, Buddhisten und Hindus zu sprechen, führte zu der einhelligen Meinung, das sei »außerordentlich schwierig«!
Wie macht man das, Missionar sein?
Es hängt nicht an einem bestimmten Beruf. Viel hängt aber davon ab, ob wir uns bewußt sind, daß die Menschen um uns herum uns sehr genau sehen. Sie beobachten uns daraufhin, ob unser Glaube und unser Leben sich entsprechen oder einander widersprechen. Es liegt also an uns, ob andere durch uns ermutigt oder entmutigt werden, auf Gottes Wort zu hören.

Frage 2:
Mit dem Hinweis auf Matth. 28, 18 ist man sich über die Antwort schnell einig. Offenbar ist es gar nicht so schwierig, sich über einen theologischen Lehrsatz zu einigen. Die Schwierigkeiten beginnen dann, wenn wir »Theorie« in »Praxis« umzusetzen versuchen.
Ob der Glaube, die Christen, die Kirche Verantwortung für Vorgänge in der Forschung, für politische oder wirtschaftliche Fragen,

für Handel oder Zollschranken haben, darüber gehen die Meinungen schnell auseinander.
Immerhin wird deutlich, wie schnell man die Herrschaft Christi postuliert, und wie schwer es ist, sie konsequent durchzuhalten.
Fängt man an, bestimmte Bereiche »auszugrenzen« (»die Kirche soll sich aus der Politik heraushalten«, »die Kirche soll mit ihrem Dilettantismus in Wirtschaftsfragen aufhören«), dann bleibt immer unbeantwortet, wer die Grenze zieht zwischen der Herrschaft Christi und anderen Herren, wo diese Grenze verläuft, woher Maßstäbe dafür zu holen sind.

Frage 3:
Der Arbeitskollege als ein Mensch, der von Jesus Christus hören sollte — das ist für viele eine überraschend neue Situation. Wir leben (lebten?) in einer traditionell christlichen Gesellschaft, in der »man« vom christlichen Glauben etwas weiß.
Wir erschrecken, wenn wir entdecken, wie viel unser Verhalten gerade im Blick auf die ausländischen Mitarbeiter von vornherein blockiert, bevor wir überhaupt dazu kommen, von unserem Glauben zu ihnen zu reden. Zugegeben, die Unkenntnis der Sprache ist oft ein großes Hindernis. Und nur wenige wissen (oder bemühen sich darum zu erfahren), wo christliche Literatur in der betreffenden Sprache zu haben ist.

Frage 4:
Mission ist ein altes Wort. Aber jeder Versuch, es durch ein moderneres zu ersetzen, ist bisher gescheitert. Für viele ist Mission etwas Vergangenes, Altertümliches. Bestenfalls Idealisten geben sich damit noch ab.
Die Einwände gegen die Mission sind allerdings nicht weniger altertümlich. »Den Wilden soll man in seinem Paradies lassen.« Dies zeugt nur von Unkenntnis der Verhältnisse. »Es gibt nur einen Gott, der eben verschiedene Namen hat.« Darin zeigt sich Unsicherheit im Blick auf den eigenen Glauben. »Man zwingt andern den eigenen Glauben auf.« Wer so denkt, vergißt, daß Bekehrung Sache des Heiligen Geistes ist, nicht Verdienst geschickter Missionare. »Im Verhältnis zu anderen Religionen trat die christliche Religion arrogant auf. Das zeigt die Geschichte.« So verwechselt man das Christentum mit dem Glauben an Christus.
Hinter vielen solchen Einwänden steht oft die fehlende Gewißheit, daß Christus *das* Heil der Welt ist.

Daß man den, der nichts von Christus weiß, genauso ernst nimmt wie einen Christen, ist für viele freilich noch nicht selbstverständlich. Und nicht wenige ernsthafte Christen fragen, ob wir überhaupt Mission treiben dürfen, solange wir Christen untereinander noch so uneins sind. Brauchen wir nicht zuerst einmal wieder Missionare bei uns?
Vielleicht ist das Eingeständnis, wie wenig wir Christen nach außen hin darstellen, was wir in unserem Glauben behaupten, ein guter Anfang, Mission, »unsere« Mission neu zu entdecken.

Eberhardt Renz

Zusammenfassende Thesen

Die Mission macht deutlich, daß mit dem christlichen Glauben nicht nur wenige oder gar einzelne, sondern alle Menschen gemeint sind. Glaubende Menschen begnügen sich nicht damit, daß sie glauben. Sie wollen andere an ihrem Glauben teilhaben lassen. Sie wollen andere bei Gott aufgehoben wissen. Wohl sind die Methoden der Mission sehr verschieden. Der Inhalt aber ist immer die Verkündigung Jesu Christi, der die Liebe Gottes für die ganze Welt ist. Und diese Welt beginnt in der eigenen Familie, in der eigenen Gemeinde, am eigenen Wohnort und endet am »Ende der Welt«. Mission ist die Verbreitung des Glaubens in verschiedenen Formen: als »Innere Mission«, als »Volksmission«, als »Äußere Mission«.

Nachfolge

Mit dem Begriff »Nachfolge« beschreibt das Neue Testament einen wichtigen Aspekt des Glaubens an Jesus Christus.
Doch bereits im Alten Testament gibt es so etwas wie Nachfolge: als Abraham dem Ruf Gottes folgt: »Gehe aus deinem Vaterland und aus deiner Freundschaft in ein Land, das ich dir zeigen will« (1. Mose 12). Auch die Wanderung Israels aus Ägypten nach Kanaan auf den Ruf Gottes hin und unter seiner Führung muß man schon als Nachfolge bezeichnen (Hebr. 12).
In den Evangelien dann ist »Nachfolge« der Begriff, mit dem am häufigsten und anschaulichsten das Verhältnis der Jünger zu Jesus beschrieben wird.
Aber auch in den Briefen des Neuen Testaments werden die Christen direkt oder indirekt als »Gemeinde der Nachfolger« angesprochen (Röm. 6, Gal. 3, 1. Petr. 2, Hebr. 12). Für den Vorgang, den wir mit dem deutschen Wort »Nachfolge« ausdrücken, benützt der griechische Urtext des Neuen Testaments verschiedene Worte: Nachfolgen, Jünger sein, nachahmen, hinterhergehen.
In der Geschichte der Christenheit sind oft gerade von dem Begriff »Nachfolge« neue Impulse und Bewegungen ausgegangen: im Martyrium der ersten Jahrhunderte, bei der Entstehung des Mönchtums, in der Kirchenkritik des Petrus Waldus und Franz von Assisi, in der Mystik des Mittelalters, in der Reformationszeit bei den Wiedertäufern. Dann, ganz anders (moralisch) verstanden, im Humanismus und später in der Aufklärung. In der neueren Zeit ist das Denken so verschiedenartiger Männer wie Kierkegaard, Tolstoi und Bonhoeffer in besonderer Weise mit dem Stichwort Nachfolge verbunden.

Wie kommt es zur Nachfolge Jesu?

Alle Nachfolge der Jünger beginnt im Neuen Testament mit dem Ruf Jesu. Das erste ist die Zuwendung Gottes zu uns, seine Gnade, mit der er seine Hand auf uns legt und uns ganz persönlich zuruft: »Komm und folge mir nach!«

Mit dieser gnädigen Zuwendung ruft er *den* Petrus in seine Nachfolge, der eben festgestellt hat: »Herr, gehe weg. Wir passen nicht zueinander. Ich bin ein sündiger Mensch.« Mit dieser gnädigen Zuwendung sieht er den Zöllner Levi: »Komm und folge mir nach!« Und beim reichen Jüngling steht der Ruf in die Nachfolge Jesu unmittelbar hinter dem Satz: »Und Jesus sah ihn an und liebte ihn« (Mark. 10, 21). Auch das Wort, mit dem der Auferstandene den Verleugner Petrus erneut in seine Nachfolge ruft, ist liebende und gnädige Zuwendung Gottes. Voraussetzung und Grundlage der Nachfolge Jesu ist die gnädige Zuwendung Gottes zu uns. Nicht umgekehrt! Der Mann, der von sich aus als eigene Entscheidung verkündigt: »Herr, ich will dir nachfolgen« (Luk. 9), findet nicht in die Nachfolge Jesu. Nachfolge ist nicht Folge meiner heroischen Entscheidung. Sondern sie ist Annahme der gnädigen Zuwendung Gottes in der Person Jesu. Deshalb sagt Kierkegaard: »Die rechte Nachfolge kommt nicht dadurch zustande, daß man predigt: ‚Du sollst Christus nachfolgen', sondern dadurch, daß man davon predigt, was Christus für mich getan hat.«

Nachfolge ist Bindung an Jesus

Der Weg der Nachfolge ist auch nicht geprägt durch Ideen und Gesetze, sondern allein durch den vorangehenden lebendigen Jesus.

Bonhoeffer sagt: »Nachfolge ist Bindung an die Person Jesu Christi allein. Weil Christus ist, darum muß Nachfolge sein. Eine Idee von Christus, ein Lehrsystem, eine allgemeine religiöse Erkenntnis von der Gnade oder Sündenvergebung macht Nachfolge nicht notwendig, ja schließt sie in Wahrheit aus. Zu einer Idee tritt man in ein Verhältnis der Erkenntnis, der Begeisterung, vielleicht auch der Verwirklichung, aber niemals der persönlichen gehorsamen Nachfolge. Ein Christentum ohne den lebendigen Jesus Christus bleibt notwendig ein Christentum ohne Nachfolge, und ein Christentum ohne Nachfolge ist immer ein Christentum ohne Jesus Christus; es ist Idee, Mythos. Ein Christentum, in dem es nur den Vatergott, aber nicht Christus als lebendigen Sohn gibt, hebt die Nachfolge geradezu auf. Hier gibt es Gottvertrauen, aber nicht Nachfolge. Allein weil der Sohn Gottes Mensch wurde, weil er Mittler ist, ist Nachfolge das rechte Verhältnis zu ihm.«

Nachfolge ist Gehorsam

Bei all den Jüngern im Neuen Testament stehen am Anfang der Nachfolge nicht die Erkenntnis und der Glaube, sondern die Zuwendung Jesu, sein Ruf — und dann der Gehorsam des Gerufenen. Und dann erst, auf diesem Weg des Gehorsams und der Nachfolge, wachsen Glauben und Erkenntnis.
Die Evangelien berichten uns von vielen Menschen, die zuerst erkennen und glauben und dann erst nachfolgen wollen. Deshalb führen sie mit Jesus geistreiche Lehrgespräche. Sie alle finden nicht in die Nachfolge (Luk. 10, 25ff; Mark. 10, 17ff).
Nur die Jünger, die im Gehorsam gegen den Ruf Jesu den ersten und dann jeden weiteren Schritt in seiner Nachfolge getan haben, können sagen: »Wir haben geglaubt und erkannt, daß du bist Christus, der Sohn des lebendigen Gottes« (Joh. 6, 69). »Wir sahen seine Herrlichkeit, eine Herrlichkeit als des eingeborenen Sohnes vom Vater, voller Gnade und Wahrheit« (Joh. 1, 14).
Der Weg zum Glauben geht nur über den Gehorsam gegenüber dem persönlichen Ruf Jesu Christi. Jeder Abstrich vom totalen Gehorsam, jeder Vorbehalt (zuerst den Vater begraben, vorher noch Abschied nehmen, den Besitz nicht aus der Hand geben) schließt von der Nachfolge, vom Glauben und damit von Jesus aus.

Nachfolge ist Bewegung

Unter den vielen Begriffen, mit denen im Neuen Testament das Verhältnis der Christen zu Christus umschrieben wird, betont der Begriff »Nachfolge« die tätige, dynamische Seite des Glaubens. Wer nachfolgt, muß Schritte tun, um den Vorangehenden nicht aus den Augen zu verlieren.
Und schon der allererste Schritt der Nachfolge bringt unser Leben in Aufruhr. Bereits der erste Schritt führt die Jünger heraus aus ihrem gewohnten selbstverständlichen Leben. »Vorher war das anders« — sagt Bonhoeffer. »Da konnten sie als die Stillen im Lande unerkannt in ihrer Arbeit leben, sie hielten das Gesetz und warteten auf den Messias. Jetzt aber war er da, jetzt erging sein Ruf. Jetzt hieß glauben nicht mehr stille sein und warten, sondern mit ihm gehen in der Nachfolge. Jetzt löste sein Ruf in die Nachfolge alle Bindungen um der einzigen Bindung an Jesus Christus willen. Jetzt mußte der Schritt in die unendliche Unsicherheit getan werden, um zu erkennen, was Jesus fordert und was Jesus gibt.«

Schon der erste Schritt in die Nachfolge Jesu bringt unser festgefahrenes Leben in Bewegung, führt uns heraus aus unseren selbstgewählten Wegen, heraus aus den Bindungen der Sünde, heraus aus den Abhängigkeiten von Familie und Besitz, heraus manchmal aus dem Beruf, heraus aus dem schweren Joch der Gesetzlichkeit, der Gewohnheit und der Abhängigkeit von anderen Menschen. Und er führt uns — wohin? Auf den Weg Jesu. Auf den Weg, der davon geprägt ist, daß er uns vorangeht und wir mit ihm unterwegs sind:
in totaler Abhängigkeit von ihm (Matth. 6, 25ff),
erfüllt von der Freude seiner Nähe (Phil. 4, 4ff),
als Boten seiner Gnade (Luk. 10),
als Glieder seiner Gemeinde (1. Kor. 12, 12ff),
mit ihm leidend (Mark. 8, 31ff),
aber auch gewiß der Teilhabe an seinem Reich (Phil. 3, 17ff).

Klaus Scheffbuch

Ausgewählte Bibelstellen

1. Mose 12; Matth. 6, 25; Mark. 8, 31ff; 10, 17ff; Luk. 9; 10, 25ff; Joh. 6, 69; Röm. 6; 1. Kor. 12, 12ff; Gal. 3; Phil. 3, 17ff; 4, 4ff; 1. Petr. 2; Hebr. 12

Ergänzende Literatur

Bonhoeffer, D.: Nachfolge. München 1971
Fritzsche, M.: Der Glaube — heute neu. Metzingen 1974
Jacob, G.: Artikel »Nachfolge« in: Theologie für Nichttheologen, a.a.O.
Thomas von Kempen: Von der Nachfolge Christi. Neuausgabe Stuttgart 1975
Laubscher, F.: Nachfolge Jesu heute. Neukirchen 1973

Frage zum Thema

Wo sind in meinem Leben Glaube und Erkenntnis blockiert durch Vorbehalte und fehlenden Gehorsam in der Nachfolge Jesu?

Beantwortung der Frage

(aufgrund von Gesprächen mit jungen Leuten)

Diese Frage ist von jedem Christen für sich selber zu beantworten. Aber es gibt doch einige Punkte, anhand derer man ihr nachgehen kann:

a) Wenn wir heute nachfolgen wollen, dann müssen wir so mit Gott in Verbindung stehen wie Jesus. Das ist die rechte Liturgie. Wir sprechen mit Jesus das Vaterunser als Gebet in der Gemeinschaft. Wir lesen die Bibel. Wir besuchen den Gottesdienst. Das sind Voraussetzungen für die Nachfolge.
b) Wenn wir heute nachfolgen wollen, dann müssen wir das tun, was Jesus tat. Das ist die rechte Diakonie. Das Wort »Diakonie« kommt von »durch den Staub gehen«. Ein Nachfolger wird dort sein, wo Hilfe, Geld, Kraft und Zeit gefordert sind, im Kleinen und im Großen. Da steht unter Umständen ein Berufswechsel an oder der Verzicht auf eine Anschaffung.
c) Wenn wir heute nachfolgen wollen, dann müssen wir dort sein, wo Jesus ist. Das ist die rechte Mission. Nachfolgen heißt: »Gehet hin in alle Welt, denn die Welt gehört Gott.« Gott erhebt in Christus den Anspruch auf die Welt: »Also hat Gott die Welt geliebt.« Und wenn wir gehen, gehen wir in seinen Fußstapfen. Wir sind unterwegs mit Jesus, dem Gekreuzigten und Auferstandenen. Diese Welt, die Gott gehört, beginnt in meiner Familie und endet in Asien, Afrika und Amerika.
Zu bedenken ist: Der Begriff »Nachfolge« kommt bei Paulus nicht vor, weil er Jesus nicht mehr als Mensch gekannt hat. Für ihn heißt Nachfolge »leiblich, als Person, hinter Jesus her gehen«. Das kann er nicht sagen. Darum verwendet er andere Begriffe, die die übertragene, geistig-geistliche Bedeutung von »Nachfolge« ausdrükken: zum Beispiel »in Christus sein« oder »an Christus glauben«. Nachfolge setzt eine Person voraus, der ich nachgehe. Darum ist in

den Evangelien von Nachfolge die Rede, weil dort Jesus als Mensch geschildert ist.
Zu bedenken ist weiter, wie gerade Dietrich Bonhoeffer den Christen Mut zur Nachfolge macht (in seinem Buch »Nachfolge«): »Jeder tritt allein in die Nachfolge, aber keiner bleibt allein in der Nachfolge.«

Kurt Rommel

Zusammenfassende Thesen

Nachfolge ist ein Ausdruck für das Zusammensein mit Jesus. Nachfolge zeigt den Platz an, wohin die Jünger Jesu gehören: hinter ihn. Auch nach dem Tod Jesu diente dieses Wort (allerdings nicht bei Paulus) der Bestimmung des Verhältnisses der Christen zu Jesus. Jesu Wort geht vor Menschenwort. Jesus-Nachfolge ist Leben im Glauben.

Offenbarung

»Die Unsichtbarkeit macht uns kaputt«, schrieb Dietrich Bonhoeffer 1931 als Studentenpfarrer auf der Suche nach der Wirklichkeit Christi in dieser Welt, ». . . dies wahnwitzige dauernde Zurückgeworfenwerden auf den unsichtbaren Gott selbst — das kann doch kein Mensch mehr aushalten.«
Bleibt Gott verborgen, unsichtbar, stumm? Wo und wie bekundet sich Gott? Suchen wir Aufschluß über die Selbstvorstellung Gottes, halten wir uns an die Bibel als die verläßliche Urkunde (2. Petr. 1, 19-21).

Die Sprache als Schlüssel

Offenbaren bedeutet, Zugedecktes aufdecken (wie Noah das Dach von der Arche tat, um zu sehen, 1. Mose 8, 13), Verschlossenes öffnen (wie Gott Samuel das Ohr aufgetan hat, 1. Sam. 9, 15), Verborgenes enthüllen (wie die Decke von Israels Augen abgetan wird, 2. Kor. 3, 16). Offenbar wird etwas, das, zuvor geheimnisvoll und fremd, nunmehr klar zutage tritt. Unter einem Offenbarungseid versteht man die von einem Schuldner auf Antrag des Gläubigers unter Eid abgegebene offene Darlegung seiner Vermögensverhältnisse. Die Bibel nennt die Selbstbekundung Gottes »Offenbarung«, wörtlich: Ent-hüllung, Ent-deckung.

». . . und schweigt nicht«

Die Glaubenden des Alten Bundes rangen viel mit dem schweigenden Gott (Ps. 28, 1; 35, 22; 39, 13). Sie wußten, daß Gott schweigen kann. Sie begriffen sein Schweigen als Gericht und Versuchung (Jes. 57, 11). Das ist kein Widerspruch, sondern nur der dunkle Hintergrund für das um so beredtere Zeugnis, daß Gott sein Schweigen bricht. »Gott, der Herr, der Mächtige, redet und ruft der Welt zu vom Aufgang der Sonne bis zu ihrem Niedergang. Aus Zion bricht an der schöne Glanz Gottes. Unser Gott kommt und schweigt nicht« (Ps. 50, 1-3).

Stufen der Offenbarung

Der Hebräerbrief beginnt mit dem Satz: »Nachdem vorzeiten Gott manchmal und auf mancherlei Weise geredet hat zu den Vätern durch die Propheten, hat er in diesen letzten Tagen zu uns geredet durch den Sohn« (Hebr. 1, 1f). Wir sehen: Gottes Offenbarung kennt Stufen. Seiner Offenbarung in Christus gehen andere Stationen und Formen der Selbstmitteilung voraus. Sie ist »eine lang sich hinziehende, ruckweise und allmähliche Bewegung im Raum der Geschichte« (Ludwig Köhler).

Offenbarung vor Christus

Die Offenbarungsweisen, wie sie uns das Alte Testament schildert, sind vielfältig und die Offenbarungsträger vielgestaltig. Gottes Weisheit und Kraft ist ablesbar an den Werken seiner Schöpfung. Gott begegnet in Menschen- und Engelsgestalt, in Träumen und Gesichten, er kündet seine Nähe in Naturerscheinungen an (brennender Busch, Wolken- und Feuersäule). Alle Offenbarungen haben dies gemeinsam: Jedesmal tritt Gott mit dem Ruf einer Aussonderung und Beschlagnahmung in ein Leben ein, er verbündet sich ihm in der Zusage seiner Treue und beginnt mit ihm die Geschichte einer Führung und eines Auftrags. Das biblische Modell: Abraham (1. Mose 12). »Was ist das Ewige: die im Jetzt und Hier gegenwärtige Urerscheinung dessen, was wir Offenbarung nennen? Es ist dies, daß der Mensch aus dem Moment der höchsten Begegnung nicht als der gleiche hervorgeht als der er in ihn eingetreten ist ... Die Gottesbegegnung widerfährt dem Menschen nicht, auf daß er sich mit Gott befasse, sondern auf daß er den Sinn an der Welt bewähre. Alle Offenbarung ist Berufung und Sendung« (Martin Buber). Und auch dies eignet allen Offenbarungen: sie sind zweideutig; sie erheischen eine Antwort, aber sie erzwingen nicht den Glauben. Indem sich Gott offenbart, verhüllt er sich zugleich. Erst für den, der auf Gottes Anruf mit Vertrauen und Gehorsam antwortet, werden die Zeichen der Offenbarung durchsichtig. Nur der Glaubende sieht: »Die Wirklichkeit ist, daß wir empfangen, was wir zuvor nicht hatten, und es so empfangen, daß wir wissen: es ist uns gegeben worden« (Buber).
Eine besondere Stufe der Offenbarung ist die Kundgabe des Namens Jahwe — »Ich bin da« (2. Mose 3, 14), von dem ausdrücklich

bemerkt wird, daß er den Vätern zuvor noch nicht enthüllt war (2. Mose 6, 3). Die Namensoffenbarung, in der sich Wesen und Absicht Gottes verdichtet, weist über den Nachhall in den Knecht-Gottes-Liedern (Jes. 42, 8; 43, 11) hinüber zu den Ich-bin-Worten Jesu, die die Selbsterschließung Gottes fortsetzen.
Die Geschichtsoffenbarung, wie sie mit Abraham und Mose begann, entfaltete sich weiter durch die Gerichts- und Trostpredigt der Propheten an Israel und die Völker. Die Berufung der Propheten (Jes. 6; Jer. 1; Hes. 1) geschah selbst in Offenbarungen, indem »der, der Geheimnisse offenbart« (Dan. 2, 29), seinen Beauftragten tiefere Einblicke gewährte in das Zeitgeschehen und in seine Absichten über ihm. In dem wirklichen Zusammenhang zwischen prophetischer Botschaft und tatsächlichem Geschichtsverlauf konnte Israel immer aufs neue Gottes fortlaufender Offenbarung innewerden (Jes. 48, 3).

Offenbarung in Christus

Evangelien und Briefe des Neuen Testaments bezeugen durchgängig und einhellig, daß Gott im Leben, Leiden, Sterben und Auferstehen des Jesus von Nazareth sich umfassend und abschließend geoffenbart hat (Joh. 1, 14ff; Kol. 1, 15; 1. Tim. 3, 16; Hebr. 1, 1). Paulus preist dieses »Geheimnis Gottes«, daß in Christus »die ganze Fülle der Gottheit leibhaftig wohnt« (Kol. 2, 3. 9). Alles, was Gott über seine Schöpfung und deren Erlösung und Vollendung kundtun will, hat er in seinem Sohn, dem »Maßgebenden« (Hans Küng), zur Anschauung gebracht. Das, was Jesus als der Bevollmächtigte Gottes ist, sagt, tut und erleidet, das ist Gott, so ist Gott. In Christus erfährt die Offenbarung Gottes ihren persönlichsten Ausdruck. Die Zeugen wissen aber auch, daß ohne die erleuchtende Wirkung des Heiligen Geistes kein Mensch in diesem Jesus die Selbstvorstellung Gottes erkennen kann (Matth. 16, 17; 1. Kor. 2, 10; Gal. 1, 16). Nicht nur auf Israels Augen liegt die Decke der Verblendung; wo nicht der Geist selbst sie jedem einzelnen lüftet, da bleibt er blind für Gottes Herrlichkeit (2. Kor. 3, 12ff). Wie Paulus seine Begegnung mit dem Auferstandenen als reinen Gnadenakt begriff (1. Kor. 15, 8ff), so geschieht Christusoffenbarung, wem und wann und wie sie sich ereignet, stets geschenkhaft, gnadenmäßig. Jesus trug das Geheimnis Gottes anbetend in sich, wissend, daß weder Verstand noch Gemütstiefe von seiten des Menschen hinabreichen, um es zu ergründen; jeden aber will er berühren und verwandeln, der sich ihm wie ein Kind öffnet und ihm seine Last abgibt (Matth. 11, 25ff).

Gottes endliche Offenbarung

Über das hinaus, was Christus uns von Gott erschlossen hat, erwartet die Gemeinde keine Offenbarung mehr, die ihr etwas Neues brächte. Sie freut sich aber auf den Tag seines Wiederkommens (Luk. 17,30; 1. Petr. 1,5; 5,1), an dem die Hülle von den Augen aller Völker genommen sein und der Tod auf ewig ausgespielt haben wird (Jes. 25, 7), an dem »aller Welt Enden sehen das Heil unseres Gottes« (Ps. 98, 3), an dem verhülltes Glauben sich in offenes Schauen wandelt. Bis dahin bittet sie: »Öffne mir die Augen, daß ich sehe die Wunder an deinem Gesetz« (Ps. 119, 18).
Anmerkung: Das neutestamentliche Buch »Offenbarung«, das Trostbuch für die Gemeinde in Zeiten der Bedrängnis, das in symbolträchtigen Bildern Einblicke in das Enddrama der Weltgeschichte tun läßt, kann in diesem Rahmen nicht besprochen werden. *Gerhard Döffinger*

Ausgewählte Bibelstellen

1. Mose 8, 13; 12; 2. Mose 3, 14; 6, 3; Ps. 28, 1; 35, 22; 39, 13; 50, 1-3; 98, 3; Jes. 6; 25, 7; 42, 8; 43, 11; 48, 3; 57, 11; Jer. 1; Hes. 1; Dan. 2, 29; Luk. 17, 30; Joh. 1, 14ff; 1. Kor. 2, 10; 2. Kor. 3, 16; Gal. 1, 16; Kol. 1, 15; 1. Tim. 3, 16; 1. Petr. 1, 5; 5, 1; 2. Petr. 1, 19-21; Hebr. 1, 1ff

Ergänzende Literatur

Schultz, H.J. (Hrsg.): Wer ist das eigentlich — Gott? suhrkamp taschenbuch 135, Frankfurt/Main 1973
Sunden, H.: Gott erfahren. Das Rollenangebot der Religionen. Gütersloher Taschenbücher 98, Gütersloh 1975
Thielicke, H.: Und wenn Gott wäre ... Reden über die Frage nach Gott. Stuttgart 1971
Thielicke, H.: Das Schweigen Gottes. Stundenbücher 8, Hamburg 1965
Wilckens, U.: Gottes Offenbarung. Stundenbücher 15 (vergriffen)
Zimmerli, W.: Artikel »Offenbarung« in: Theologie für Nichttheologen, a.a.O.
Evangelischer Erwachsenenkatechismus, a.a.O., S. 49ff

Fragen zum Thema

1. Können neben Juden- und Christentum auch andere Religionen für sich in Anspruch nehmen, Offenbarungsreligion zu sein?
2. Welche Stationen der Offenbarung Gottes bereiten meinem Glauben und Denken Not?
3. Offenbart sich Gott auch in der Geschichte der Gegenwart?
4. Hat Gott sich mir selbst schon bekundet?

Fragenbeantwortung und neue Fragen

(nach Gemeindegesprächen)

Frage 1:
Die Frage, ob auch andere Religionen, neben Judentum und Christentum, für sich in Anspruch nehmen können, Offenbarungsreligion zu sein, ist eine Grundsatzfrage. Wer sie bejaht, gesteht Gott zu, auch in anderen Religionen anwesend zu sein. Wer sie verneint, vertritt damit den Absolutheitsanspruch des Christentums, das ja aus dem Judentum herausgewachsen ist. Die ökumenische Debatte ist hier angesprochen: Hat Mission noch Sinn? Ist nicht der Dialog mit den anderen Religionen besser und ehrlicher? Geht es letztlich darum, dafür zu sorgen, daß eben der Moslem ein guter Moslem, der Buddhist ein guter Buddhist wird? Was ist dann mit dem Missionsbefehl Jesu (Matth. 28, 18-20) und dem Anspruch Jesu: »Ich bin der Weg ...«? Auf jeden Fall wird man bedenken müssen, daß der Absolutheitsanspruch Christi (»Ich bin der Weg«) nicht gleichbedeutend mit dem Absolutheitsanspruch des Christentums ist.

Frage 2:
Vielen macht Not, daß Gott sich in einem Gekreuzigten offenbart und diese Offenbarung durch eine nicht beweisbare Auferstehung bestätigt. Diese Offenbarung zieht sich durch die ganze Kirchengeschichte: Im Leiden ist Gott da. Andererseits: Wie sind die großen Schicksalsschläge zu verstehen: Unfälle, Katastrophen? Zeigen sie nicht gerade die Abwesenheit Gottes? Der »verborgene Gott« wird so zur Anfechtung und zur Glaubensprüfung für viele Christen.

Frage 3:
Daß sich Gott auch in der gegenwärtigen Geschichte offenbare, ist sicher zu bejahen. Nur: das Wie und Wo und Wann ist meist erst hinterher zu beurteilen. Wer zum Beispiel im Dritten Reich anfangs auf Hitler als Gottes Offenbarung setzte, mußte später doch einsehen, daß er kein »neuer Heiland« war. Andererseits wird man im Werden und Wachsen der verschiedenen christlichen Bewegungen, die zueinander hinführen (Allianz, Ökumene), zu Recht eine Offenbarung Gottes sehen (»auf daß sie alle eins seien«, Joh. 17).

Frage 4:
Ob sich Gott mir selbst schon bekundet hat, wird jeder für sich beantworten müssen. Daß dabei sehr unterschiedliche Aussagen gemacht werden, ist zu erwarten. Es gibt nun einmal sehr verschiedene persönliche Erfahrungen mit Gott, die man als persönliche Offenbarungen bezeichnen kann. Bei diesen Äußerungen werden Christen voneinander lernen müssen, um so offenere Augen für Gottes Wirken heute zu bekommen. *Kurt Rommel*

Zusammenfassende Thesen

Die Offenbarung Gottes ist die Voraussetzung für jeden Glauben. Die Entsprechung auf menschlicher Seite ist die Erfahrung. Beiden ist gemeinsam: sie sind nicht zu beweisen. Bei beiden sind wir auf Zeichen angewiesen, auf Hinweise, auf Deutungen. Jesus Christus ist die Offenbarung Gottes. Wie wurde gerade er mißverstanden, abgelehnt, als Gotteslästerer getötet! Trotzdem: Die Offenbarung Gottes ist Voraussetzung für unsere Erfahrungen im Glauben.

Prädestination

Von der Weisheit Gottes redet die Lehre von der Prädestination. Der Begriff stammt aus dem Lateinischen und wird mit »Vorherbestimmung« oder »Gnadenwahl« übersetzt. Demnach hat Gott in seinem weisen Ratschluß über das Heil des Menschen im voraus bestimmt. Solche Aussagen finden wir bereits

Im Neuen Testament

So können diejenigen Menschen das Reich ererben, denen es vom Vater »bereitet ist« (Matth. 20, 23; 25, 34 »von Anbeginn der Welt«). Den Jüngern ist das Geheimnis des Reiches »gegeben« (Mark. 4, 11ff). Die zum Heil Bestimmten sind die »Auserwählten« (Mark. 13, 20-27; 1. Petr. 2, 9f) oder »die ins Buch des Lebens Geschriebenen« (Phil. 4, 3). Gott selbst hat also dafür gesorgt, daß Erlösung und Vergebung, Glaube und Liebe bei einem Menschen möglich werden. Auch wird Christi Kreuzestod aus »Gottes Ratschluß und Vorsehung« verstanden (Apg. 2, 23).
Die klassischen Stellen zur Prädestination im Neuen Testament stehen bei Paulus. Die Erwählung Israels war das Thema seines jüdischen Glaubens, seines Eifers und seiner Erziehung. Ausgerechnet dieser Paulus geht zu den Heiden und ruft sie zu Christus, ohne Beschneidung! Wie haben sie dann nachher seine aufbauende Arbeit zu sabotieren versucht — alles wegen seiner Vorstellung von der Erwählung, daß Gott den Glauben der Gottlosen wolle! Aber war nicht in dem gekreuzigten und auferstandenen Christus die ganze Kreatur auf Tod und Leben angesprochen (Röm. 5), hat Gott sich je festlegen lassen auf ein vererbbares Anrecht auf Erwählung?
Beachten wir, wie Paulus in seinen Briefen immer so von Gottes »Ratschluß«, seinem »Vorsatz« spricht, daß er jeweils auf Christus sieht: Röm. 8, 27ff; Eph. 1, 4-11; 3, 11; 2. Tim. 1, 9; Phil. 2, 5-12. Gottes Ratschluß umfaßt Anfang und Ende der Geschichte. Aber er ist offenbart in Christus.

Das größte Problem des göttlichen Erwählens ist Israel, das den Christus verwirft trotz seiner Erwählung. In Röm. 9-11 geht Paulus dieser Frage nach. Dabei ist klar, daß Gott sich sein Israel selber schafft und seinem Erbarmen von keinem Menschen eine Grenze zu setzen ist. Aber Gott weiß in seiner Weisheit auch, wie Israel letztlich doch seiner Bestimmung zugeführt und selig wird (Röm. 11, 25f). Ja, nach allen Rätseln wird gelten, daß von Gott, durch ihn und zu ihm alle Dinge sind (11, 36).

In der Kirchengeschichte

Nachdem der Gedanke der Prädestination im Neuen Testament so zahlreich auftritt, ist es nicht verwunderlich, wenn in der Geschichte der Kirche davon wieder die Rede ist. Er war vor allem wichtig, um die Souveränität Gottes gegen die Überschätzung menschlicher Entscheidungsfreiheit zu behaupten. Der Kirchenvater Augustin gab im Streit mit Pelagius den Theologen Arbeit für Jahrhunderte. Luther setzte sich deshalb mit Erasmus von Rotterdam auseinander. Den Reformatoren ging es darum, die Gemeinden von der billigen Gnade weg zum Gehorsam des Glaubens zu führen. Unter den Reformatoren muß vor allem der Genfer *Johannes Calvin* genannt werden. In seiner »Institutio« (Unterricht in der christlichen Religion Band III, 21, 5) schreibt er von der Prädestination: »Unter Vorbestimmung verstehen wir Gottes ewige Anordnung, vermöge deren er bei sich selbst beschloß, was nach seinem Willen aus jedem Menschen werden sollte. Denn die Menschen werden nicht alle mit der gleichen Bestimmung erschaffen, sondern den einen wird das ewige Leben, den andern die ewige Verdammnis vorher zugeordnet. Wie also nun der einzelne zu dem einen oder andern Zweck erschaffen ist, so — sagen wir — ist er zum Leben oder zum Tod vorbestimmt.«
Die »doppelte Prädestination« bei Calvin zeigt neben der Erwählung auch die Verwerfung im Ratschluß Gottes begründet. Das ist zwar nicht neu, und Calvin sieht keinen Grund, Gott deshalb eine ungerechte Willkür vorzuwerfen. Aber die Parallelität von Erwählung und Verdammnis hat seine Nachfolger (z.B. Th. Beza) zu einer Fehlentwicklung verleitet, die lange Zeit das Verhältnis zwischen den lutherischen und den reformierten Kirchen belastet hat.
Dankbar ist hierbei eines Mannes zu gedenken, der die Lehre von der Prädestination und Gnadenwahl noch einmal neu formuliert

hat: *Karl Barth* (Kirchliche Dogmatik Band II, 2. 1942). Er nennt die Gnadenwahl das Kernstück des Evangeliums und zeigt mit unübersehbarer Dringlichkeit, daß Gottes Ratschluß nur bei Christus für uns erkennbar wird. Seine Hauptsätze »Jesus Christus ist der erwählende Gott« und »Jesus Christus ist der erwählte Mensch« dienen als Schlüssel zu einer neuen Entfaltung der Prädestination. Dabei verwendet Barth auch die doppelte Prädestination in der Weise, daß in Christus wohl Erwählung und Verwerfung, Leben und Tod geschehen, aber ebenso: er nimmt Verwerfung und Tod auf sich, uns spricht er das Ja zu.

Der Sinn der Prädestinationslehre

1. Sie verweist uns darauf, daß Gottes Handeln vor unserem Erkennen, Glauben und Erwählungsbewußtsein kommen muß, wenn wir nicht im Selbstbetrug sein wollen. Nicht aus Verdienst und Anrecht, allein aus Gottes Gnade kommt sein Erbarmen (Röm. 9, 15f). So ist Gottes Wollen und Weisheit unserem Denken und Handeln jeweils voraus. Seine Gnade kommt aus unbeschränkter Freiheit. Gott ist nicht gnädig aus Prinzip, nicht ein lieber Gott, der auch in der Ablehnung ungefährlich bliebe.

2. Gottes Ratschluß ist in Christus zu erkennen. Auch da ist ja die Liebe Gottes nicht Prinzip, sondern eine konkrete und unmittelbare, direkte Gabe. An seiner Person scheiden sich die Geister. Wie wollten wir über Gott etwas Gültiges sagen können, wenn wir uns dem Christus im Fleisch nicht im Gehorsam des Glaubens stellen? Wo Christus gemieden wird, bleibt es beim Spekulieren. So will die Lehre der Prädestination mich nicht den Zweifeln über meine Erwählung oder Verwerfung überlassen, sondern drängt mich, in der Erwählung auch die Berufung und Sendung zum Dienst zu erkennen.

3. Die Prädestinationslehre will uns anhalten, auch im Blick auf morgen darauf zu vertrauen, daß Gott weiß, was er will. Und daß wir alle damit bestens bedient sind, mag kommen, was will. Er wird im Blick auf die Kirche und auf die ganze Schöpfung vollenden, was er angefangen hat.

Weil Christus auch am Schluß steht, will ich ohne Angst um mich an ihm mich festhalten. Ich will des Heils gewiß sein, so, daß ich nicht dauernd über mich nachdenke, sondern frei bin für den Auftrag. Ich will darin aber nicht so sicher sein, daß ich meine Gewohnheiten nicht auch in Frage stellen lassen müßte. Sie sind nicht das Heil.

4. Wo ein Mensch Gottes Wort und Gnade offensichtlich verachtet, habe ich kein Urteil zu fällen. Ich will lieber warten und hoffen, daß der Vater im Himmel immer noch einen Weg haben kann, der mir nur nicht sichtbar ist. Dem Verlorenen hat sich Gott in Christus zugewandt, und es ist keine größere Freude im Himmel als die über die Heimkehr und Errettung der Verlorenen.

Walter Sohn

Ausgewählte Bibelstellen

Matth. 20, 23; 25, 34; Mark: 4, 11ff; 13, 20-27; Apg. 2, 23; Röm. 8, 27ff; 9-11; Eph. 1, 4-11; 3, 11; Phil. 2, 5-12; 4, 3; 2. Tim. 1, 9; 1. Petr. 2, 9f

Ergänzende Literatur

Kreck, W.: Gottes Erwählung und unsere Entscheidung. Das Gespräch 7. Wuppertal (vergriffen)

Weber, O.: Artikel »Prädestination« in: Theologie für Nichttheologen, a.a.O.

Evangelischer Erwachsenenkatechismus, a.a.O., S. 230f, 237f

Fragen zum Thema

1. Wie kann in unserer evangelischen Kirche besser zum Ausdruck kommen, daß wir als Gottes Volk, als Leib Christi erwählt sind, und nicht nur als einzelne?
2. Gottes Erwählen und das Erwählungsbewußtsein der verschiedenen Konfessionen stehen in Spannung zueinander. Warum wird die ökumenische Zusammenarbeit am Ort von denen am meisten gemieden, die auf die Heilsgewißheit besonderes Gewicht legen?
3. Wie können wir in unseren großen Gemeinden der billigen Gnade wehren und doch auf Gottes erwählendes Wirken hoffen?

Gesprächsergebnis (mit 16jährigen Jugendlichen)

Frage 1:
Gott erwählt gewiß persönlich und einzeln. Aber der Erwählte kann nicht für sich leben (Röm. 14, 7). Wer zur Gemeinschaft des Glaubens nichts beiträgt oder sie nicht braucht, wird zum Heiden oder zum Kauz.
Wir wünschen eine stärkere Gemeinschaft in der evangelischen Kirche und schlagen dazu vor:
a) In den bestehenden Gottesdiensten sollten die Formen und Gesten persönlicher Gemeinschaft bewußter gepflegt werden: sich zueinander setzen, einander grüßen, die vordere Bank nicht leer lassen, miteinander heimgehen und über das Erlebte sprechen.
b) Immer wieder sollten Gottesdienste auch gemeinsam vorbereitet und gestaltet werden. Jede Gruppe in der Gemeinde sollte wenigstens einmal im Jahr mitmachen. Die Gemeinde könnte an der Liturgie stärker beteiligt werden (Anhang im Gesangbuch mit Wechselgebeten!).
c) Neue Formen der Kommunikation im Gottesdienst sollten erprobt werden (Jugendgottesdienste), ausgehend von Gebet, Gespräch, Frage und Antwort, gemeinsamem Mahl und ähnlichem. Erlebte Gemeinschaft ist wichtiger als fehlerloses Funktionieren!
d) Alle Arbeit in der Gemeinde und bei Sitzungen, auch der Dienst der Angestellten und Pfarrer, sollte auf gemeinsamer Beratung

und Entscheidung aufgebaut werden; alle Selbstherrlichkeit (wie alle Einsamkeit) sollte ausgeschlossen sein.
e) In den Häusern und Familien sollen Formen und Ordnungen des Gottesdienstes geübt werden. Gebet und Bibel sind vielen Jugendlichen von zu Hause fremd oder als starres Gesetz bekannt. Warum sollten Eltern mit ihren Kindern darüber nicht reden und sie mitbestimmen lassen, welche Formen und Ordnungen gemeinsam eingehalten werden? Die Gemeinschaft des Glaubens im Haus ist nicht selbstverständlich und ohne Wollen da.

Frage 2:
Wenn einer in Not und Anfechtung kommt, soll er seines Heils gewiß sein, soll sagen: »Dennoch bleibe ich stets an dir« und »Ich steh in meines Herren Hand«. Aber es gibt auch eine falsche Heilsgewißheit, die sich in Sicherheit wiegt, während sie mit Fingern auf die Verworfenen zeigt. Glaube mit Feindbild ist nicht selten. Die Bibel wehrt immer wieder falscher Sicherheit (»hier ist des Herrn Tempel«; »wir sind doch Abrahams Kinder«) und der Schwarzweißmalerei (Röm. 11!). Gott fragt nach der Frucht.
Es mag sein, daß einer sich in seiner Glaubensgemeinschaft glücklich und zufrieden fühlt. Aber Christus ist immer größer als die Gemeinschaft, in der wir uns wohlfühlen. Die ökumenische Gemeinschaft der Kirchen sieht voller Dank gegen Gott den Reichtum des Glaubens in den vielen voneinander unterschiedenen Gemeinschaften und die Einheit im Hören auf Gottes Gebot und frohe Botschaft. Eine nur organisierte Einheit hat wohl noch niemand angestrebt. Die Kirche hat als eine Vielheit begonnen, und Christus hat um ihr Einssein gebetet.

Frage 3:
Einige Bedenken zu den kirchlichen Formen, Menschen zu Gott zu rufen:
a) Die Taufe müßte so geübt werden, daß der Getaufte sich an das Wasser erinnern kann. Ja, eigentlich sollte er seine Taufe selbst wollen. Allerdings sieht man, daß die Sitte der Kleinkindertaufe auch dort kaum durchbrochen wird, wo es die kirchliche Ordnung ermöglichte.
b) Die Konfirmation holt das Ja der Taufe nach. Auch sie ist aber stark von der Sitte geprägt, von den Eltern und der Schulklasse bestimmt. Selbst die Kirche bietet an, dieses Versprechen nicht mehr zu sprechen, sondern nur als Vorhalt stehen zu lassen. Kann man

die Mitgliedschaft in der Kirche ernst nehmen, wenn es dazu gar keiner eigenen Willenserklärung mehr bedarf? Ein vollgültiges Ja bei der Konfirmation müßte ja das kirchliche Wahlrecht mit einschließen.

c) Man kann nicht mit ein paar Patentregeln die Mitläufer und die ernsten Christen auseinanderziehen und dann die richtige Kirche haben. Auch mit Gesetzen kann Gottes Gnade billig gemacht werden. Wo Menschen die Formen der Kirche gebrauchen, wollen wir es ihnen glauben, daß sie es auch ehrlich meinen. Wir sollten aber auch zeigen können, daß man in der Kirche mitmachen kann und darf, auch wenn man noch Anfänger ist und Fehler macht. Wenn Frucht wächst, hat nicht nur das Holz geschoben. Das Beste an der Kirche ist immer noch lauter Geschenk und Wunder.

Walter Sohn

Zusammenfassende Thesen

Prädestination (Vorherbestimmung) war früher ein Kampfwort innerhalb der Kirche. Wer sich zu Jesus Christus hält, braucht sich mit der Frage, ob er von Gott zum Heil vorherbestimmt ist, nicht herumzuschlagen. Prädestiniert ist der, der sich als vorherbestimmt, als von Gott erwählt ansieht, also an seine Erwählung glaubt. »Wer in Jesus Christus ist, an dem ist nichts Verdammliches!« (Röm. 8, 1). Prädestination ist Ausdruck für einen gewissen Glauben, der sich nicht unsicher machen lassen will.

Predigt

Predigthörer und Prediger empfinden beide die Spannungen, die gegenwärtig die Predigt belasten:
Die evangelische Kirche versteht sich als »Kirche des Wortes« und »Geschöpf des Wortes«, die Predigt ist das Herzstück des Gottesdienstes — aber der weitaus größte Teil der Gemeindeglieder verspricht sich nichts davon, das »Wort« zu hören, und begründet die eigene Kirchenzugehörigkeit jedenfalls nicht mit der Verkündigung der Kirche.

Predigt im Widerspruch

Die Predigt erhebt den Anspruch, »neue Zeitung« (Luther) zu sein, einzigartiges, vollmächtiges Wort — sie ist aber in unserer Gesellschaft nur eine mündliche Verlautbarung unter vielen, und keine, der besondere Auswirkungen zugetraut werden.
Das neutestamentliche Grundwort für »Predigt« heißt wörtlich »Hören«: »So kommt der Glaube aus der Predigt (= dem Hören), das Predigen (= das Hören) aber durch das Wort Christi« (Röm. 10, 17) — aber wir halten es mehr mit dem Reden, dem Schauen, dem Handeln, nicht mit dem Hören. Und wenn schon, dann beweisen wir erstaunliches Geschick, das Wort, das uns treffen könnte, umzuhören, so daß es uns nur bestätigt.
Solche Spannungen zwischen Anspruch und Wirklichkeit der Predigt wird die Kirche ernst nehmen, ohne sich von ihrem Verkündigungsauftrag ablenken zu lassen. Sie wird dafür die neuen Chancen wahrnehmen, die ihrer Botschaft durch Presse, Rundfunk und Fernsehen, durch Bibelwochen, Evangelisationen, Kirchentage und Tagungen geboten werden. Sie wird auch die Möglichkeiten in der Ortsgemeinde nicht unterschätzen — bei Taufen, Trauungen und Bestattungen und im sonntäglichen Gottesdienst. Und hier ist nun allen kritischen Beobachtungen zum Trotz ein bescheidenes Wunder zu vermelden: Von allen kirchlichen Angeboten findet die Predigt immer noch die meisten Hörer, und die Gottesdienste sind unter allen regelmäßigen Veranstaltungen zu-

sammengenommen die bestbesuchten überhaupt; ihre Teilnehmerzahl übertrifft sogar die der Massensportveranstaltungen in der Bundesrepublik.
Schlechte und gute Erfahrungen mit der Predigt treiben uns weder in die Resignation noch in die Selbstgefälligkeit, sondern zum Nachdenken über die Verkündigung der Kirche.

Predigt und biblischer Text

Predigt ist gebundene, nämlich textgebundene Rede. Mit jeder Predigt treten wir ein in eine lange Geschichte des Wortes Gottes und des menschlichen Vertrauens zu diesem Wort, in die Geschichte des Glaubens.
Sie begann mit der Urerfahrung Israels, daß Gott nicht ein Stück dieser Welt ist, sondern ihr als Herr überlegen und unbegreifbar gegenübersteht; daß Gott nicht gesehen, wohl aber in seiner Forderung und Verheißung vernommen werden kann, und daß er dieses Volk Israel mit seinem verbindlichen Wort begleitet. Diese geschichtliche Erfahrung fand ihren Niederschlag in den Büchern des Alten Testaments. Weil die Katastrophen in der Geschichte Israels in den Predigten der Propheten als Gerichtstaten Gottes gedeutet wurden, wurden sie überstehbar; denn man durfte ja der Treue Gottes vertrauen — gab er sich doch immer noch, wenn auch strafend, mit seinem Volk ab. Nach jedem Sturz konnte sich Israel neu auf die Füße erheben und auf den Weg machen, weil da doch immer noch die ausstehende Verheißung war, ein Ziel, eine Zukunft, von Gott durch sein Wort eröffnet. Im Vertrauen auf das gepredigte Wort Gottes überwand das Volk Israel Niederlagen, an denen die anderen Völker zugrunde gingen.
Die eigentlich christliche Predigt beginnt mit einer neuen Urerfahrung Gottes: der Begegnung mit dem auferstandenen Christus. Sie ist für die Apostel der Auftrag zur Predigt der frohen Botschaft (Luk. 24, 46f). Gepredigt wird Jesus, der die Seinen »bis ans Ende liebte« (Joh. 13, 1) und Gott »gehorsam ward bis zum Tod am Kreuz« (Phil. 2, 8); der so an seinem Kreuz den heiligen Gott und den sündigen Menschen zusammenbrachte und damit eine neue Wirklichkeit schuf: die Versöhnung des nun gnädigen Gottes mit dem nun gerechtfertigten Sünder. In ihrer Predigt rufen Christi Botschafter diese Versöhnung in der ganzen Welt aus, ja, Gott selbst wirkt durch sie die Versöhnung, die »neue Schöpfung«

(2. Kor. 5, 17-21). Als »neue Geschöpfe« erkennen Christen diese Welt mit all ihrer Schönheit und Armseligkeit als »alte«, vergehende Welt, der sie in der Nachfolge Jesu die Liebe schulden. Nur als Versöhnte haben sie die Kraft zu dieser Liebe. So ist die Auferstehung des Gekreuzigten der Anfang einer neuen Geschichte des Wortes Gottes und des Vertrauens zu diesem Wort. Die Urkunde dieser Geschichte ist das Neue Testament.

Folgerungen

Daraus mag für unser Verständnis der Predigt folgen: Am Anfang ist nicht die Schrift, sondern das Wort, das Zeugnis ergriffener Menschen. Es wurde überliefert, durch die Glaubenserfahrungen anderer bestätigt und erweitert und schließlich aufgeschrieben. Predigt ist an die Schrift gebunden, nicht weil den Buchstaben Heiligkeit zukäme, sondern weil die Bibel als Menschenwort Gott zur Sprache bringt. Glaubende Menschen haben Worte gefunden, in denen wir uns als vom gnädigen Gott angenommene Sünder erkennen dürfen.

Sache des Predigers ist es, sich um das Verständnis der Schrift in all ihrer menschlichen Bedingtheit gewissenhaft zu bemühen; daß aus dem Text immer neue Predigt wird, »Kraft Gottes, die selig macht alle, die daran glauben« (Röm. 1, 16), bleibt das Werk des Heiligen Geistes, um den der Prediger nur bitten kann.

Mit jeder Predigt lassen wir uns auf die lange Geschichte des Glaubens und des Vertrauens zum Wort ein und setzen sie unsererseits fort. Das tun wir aber nur im fortgesetzten, nicht im einmaligen oder gelegentlichen Hören der Predigt. Wir werden von der einzelnen Predigt nicht zuviel erwarten, sondern von einer Predigt zur anderen hoffen — auf die Treue Gottes nämlich, der unseren Weg nicht nur gelegentlich an festlichen Höhepunkten kreuzt, sondern immer begleiten will.

Was wird gepredigt?

Diese Frage lassen wir uns von den Evangelisten beantworten, nicht von den fertigen Evangelien, sondern von den ihnen vorgegebenen Predigttexten. Wir blenden uns in den Überlieferungsprozeß der Evangelien ein: Schon vor Abfassung der Evangelien

wurde gesondert die *Leidensgeschichte Jesu* schriftlich überliefert. Christliche Predigt ist von jeher Kreuzespredigt (1. Kor. 1, 18; 2, 2); verkündigt wird Jesus, der in der Liebe zum Gottlosen und im Gehorsam gegen Gott zum Kreuz geht und in die Nachfolge auf diesen Weg ruft.
Matthäus und Lukas verwendeten als Text für ihre Botschaft eine *Spruchsammlung,* welche Reden und Einzelworte aus der Verkündigung Jesu enthielt und der Unterweisung der Gemeinde diente. Christliche Predigt nimmt von Anfang an Jesu Botschaft vom Kommen der Gottesherrschaft, seine Gleichnisse, seinen Bußruf, sein Liebesgebot auf und ist »Lehre und Unterricht« (Luther), Weisung, Trost, Ruf zum Handeln.
Der Evangelist Markus berichtet ganz betont von vielen *Wundertaten,* in denen Jesu Macht über alle Mächte des Bösen verkündigt wird. Christliche Predigt ruft Christi Sieg über alle irdischen Mächte aus, die Befreiung der Seinen von irdischer Macht und ihre Unterwerfung unter ihren Herrn. Sie enthält insofern einen politischen Akzent und etwas vom endzeitlichen Jubel der Erlösten.

Harri Wunderlich

Ausgewählte Bibelstellen

Jes. 43, 1-7; Luk. 24, 46f; Joh. 13, 1; Röm. 1, 16f; 10, 17; 1. Kor. 1, 18; 2, 2; 14; 2. Kor. 5, 17-21; Phil. 2, 8

Ergänzende Literatur

Bohren, R.: Predigtlehre. München 1972
Lange, E.: Predigen als Beruf. Stuttgart 1976
Jüngel, E.: Geistesgegenwart. Predigten. München 1974
Sommerauer, A.: Das Handwerk der Predigt. Stuttgart 1973
Thielicke, H.: Vom geistlichen Reden. Begegnungen mit Spurgeon. Stuttgart 1967
Evangelischer Erwachsenenkatechismus, a.a.O., S. 1044ff

Fragen zum Thema

1. Mit welchen Erwartungen gehen Sie in die Predigt?
2. Was gibt sie Ihnen?
3. Was könnten Sie beitragen, sich dem Wort Gottes zu öffnen?
4. Sprechen Sie mit Ihrem Prediger über die Predigt?

Gesprächsergebnis (Gemeindekreise)

Frage 1:
Sehen wir einmal von den vielen ab, die von der Predigt nichts erwarten und ihr fernbleiben, so stoßen wir auf recht vielfältige Erwartungen:
Konfirmanden formulieren es knapp: Kurz und interessant soll die Predigt sein! Mag sein, daß dabei das sonst am Fernsehschirm befriedigte Verlangen nach prickelnder Unterhaltung unzulässig auf die Predigt übertragen wird — der Prediger muß sich gelegentlich durchaus daran erinnern lassen, daß Gottes Wort nicht langweilig, sondern spannend und aufregend, daß es fesselnd und befreiend ist.
Sehr differenzierte Erwartungen äußern »mittelalterliche« Hörer, die beruflich und familiär meist stark beansprucht sind:
»Ich möchte mich durch die Predigt angenommen fühlen, verstanden in meiner psychischen und sozialen Verfassung; ich möchte meine Situation vom Evangelium her erhellen lassen und über sie hinausschauen können.«
»Vom Kreisen um mich selbst befreit, möchte ich mich auf den Mitmenschen aufmerksam machen lassen.«
»Ich möchte mir helfen lassen, das, was morgen getan werden muß, bejahen zu können als Gottes Anspruch und Zuspruch.«
»Nach der Hektik der Arbeitswoche zur Ruhe kommen, Abstand zu den oft so kleinlichen Alltagsproblemen finden, konfrontiert werden mit den echten und tiefen Fragen des Lebens und der Transzendenz . . .«
»Vergewisserung im Glauben, neuen Mut zum Wagnis des Glaubens gewinnen, Begegnung mit Gott . . .«
Ältere Menschen nehmen gerade diese letzten Gedanken auf: Gottes Nähe in der eigenen Einsamkeit, seine Vergebung im eige-

nen Versagen, seine Hilfe in den Konflikten, sein Leben im eigenen Sterben erfahren — mit diesen Erwartungen hören viele Menschen die Predigt.

Frage 2:
So viele Hoffnungen können nicht von einer einzelnen Predigt, sondern allenfalls innerhalb der Kontinuität der Verkündigung erfüllt werden. Prediger erleben es mit Staunen, wie lange und tief bisweilen die Predigt wirkt — sei es eine einzelne Aussage oder ihr Gesamttenor. Die Last, immer auch Enttäuschte und Verärgerte aus der Predigt entlassen zu müssen, wird dem Pfarrer auch durch die beiden Tatsachen nicht erleichtert, daß es durchaus falsche Erwartungen an die Predigt und die notwendige, heilsame Verärgerung (das »Skandalon« des Evangeliums) geben kann.

Frage 3:
Die Bereitschaft, zu hören und sich treffen zu lassen — dies kann der Hörer beitragen. Denn Gottes Wort kommt von außen als zunächst fremdes Wort, Predigt ist »Hören«. Wer widerwillig im Gottesdienst sitzt und entschlossen ist, sich zu langweilen, wird immer leer und enttäuscht weggehen; in der Bibel wird das »Verstokkung« genannt.

Frage 4:
Der Pfarrer hat die innere Beteiligung und die Antwort der Gemeinde auf seine Predigt nötig — als Korrektiv gegen seine mögliche »Betriebsblindheit« und zur Urteilsbildung über die Lehre (Luther); denn die Predigt ist auch theologische Information und Auseinandersetzung.
Zufällig sich ergebende Einzelgespräche über die Predigt verraten bisweilen große Aufmerksamkeit, öfter dagegen das gute Funktionieren bewährter Abwehrmechanismen.
Erfreulich viele Gemeindeglieder sind zur Predigtvorbesprechung in Gemeindekreisen bereit; ihre Erfahrungen mit dieser Kooperation bei der Verkündigung sind offenbar gut — sicher besser als mit fingierten »Dialogpredigten«.
Die Predigt muß nicht Monolog sein; das Gespräch, bei dem recht viele Teilnehmer ihren geistigen Beitrag einbringen, ist eine legitime Form der Verkündigung. Viele Gemeindeglieder befürchten allerdings, daß dabei das Wort Gottes nicht mehr zugesprochen, sondern zerredet wird — womöglich von unglaubwürdigen

Schwätzern. Aber in welcher Weise auch immer gepredigt wird: Daß wir *hören,* einander zuhören, ist mindestens ebenso wichtig wie das eigene Reden. Darin müssen wir alle — besonders auch die Pfarrer — uns dauernd üben. *Harri Wunderlich*

Zusammenfassende Thesen

Die Predigt ist das Ausrufen der Herrschaft Gottes in Jesus Christus über die ganze Welt und über jeden einzelnen. Predigt als Wort (nicht als Schrift) ist der Anfang der Gemeinde. Sie ist Zeugnis vom auferstandenen Herrn, der aus Schuld und Tod befreit, der Anspruch auf die ganze Welt erhebt. Predigt trifft und betrifft somit alle Bereiche des menschlichen, irdischen und öffentlichen Lebens. Der Glaube kommt aus dem Hören auf die Verkündigung, auf die Predigt. Ohne Predigt gibt es keinen Glauben.

Qumran

Die Christen hatten bald 2000 Jahre lang einen blinden Fleck im Auge, wenn sie auf die Juden schauten. Sie meinten, nur der hätte Glauben, der sich zu Jesus als dem Christus (Messias) bekannte. Sie vergaßen ganz, daß in Hebr. 11 eine ganze Menge im Alten Testament genannter Israeliten als »Glaubende« angeführt werden.

Entdeckung

Wie kommt es, daß man von den Gläubigen von Qumran erst in den letzten Jahrzehnten redet? Eine sehr aufschlußreiche Kenntnis von Qumran gab es erst, als nach dem Zweiten Weltkrieg in den trockenen Kalkhöhlen der Wüste Juda, westlich des Toten Meeres, aufsehenerregende Handschriftenfunde gemacht wurden. Mit rund 400 Handschriften, die trotz der langen Lagerung relativ gut erhalten waren, fand man eine ganze Bibliothek. Seitdem nun auch die Wüstensiedlung Chirbet Qumran ausgegraben worden ist, steht fest, daß in dieser klosterähnlichen Anlage am Toten Meer die Handschriften hergestellt worden waren.

Die Essener — die Gläubigen von Qumran

Durch eine weitgehende Übereinstimmung der alten Nachrichten von den Essenern mit dem Inhalt der Schriften von Qumran steht fest, daß Qumran eine Essenergründung war. Die Essener treten damit neben die im Neuen Testament oft erwähnten Pharisäer und Sadduzäer als dritte wichtige religiöse Gruppe. In ihrem religiösen Tiefgang übertrafen sie (zusammen mit den Pharisäern) die Sadduzäer weit. So eifrig wie die Pharisäer in der Bewahrung und Befolgung der Gesetzesüberlieferung, so glühend wie jene in der Erwartung der messianischen Zeit, ließen sie sich von niemand in ihrer »kirchenkritischen« Haltung übertreffen. Sie selbst wollten die bessere »Kirche« sein. Der Kern der Essener waren Priester. Sie hatten einen unversöhnlichen Streit mit der »Kirchenleitung« in Jerusalem. Mit Erwählungsbewußtsein zogen sie nach Qumran.

In Jerusalem regierte für sie »Belial« in den dort amtierenden »Söhnen der Finsternis«.

Der Rückzug in die Wüste

Es war keine Resignation, die die Essener veranlaßte, sich nach Qumran zurückzuziehen. Es scheint so zu sein, als ob erst die Sonnenglut dieser menschenleeren Gegend die starke und unverwechselbare Eigenart »qumranischen« Glaubens ausgeschmolzen hätte. Ihr namentlich nicht genannter Anführer, ein Theologe von hohen Qualitäten, mit der Gabe der Auslegung, der Lehre und der Menschenführung ausgestattet, wurde als »Lehrer der Gerechtigkeit« verehrt. Diese Gerechtigkeit wurde (gut paulinisch und lutherisch!) als ein Gottesgeschenk verstanden. Sie war eine Rechtfertigung des Sünders, ohne dessen »Verdienst und Würdigkeit«. Doch während Paulus und Luther den gerechtfertigten Sünder vom mosaischen Gebot befreit sahen, war der qumranische Gläubige durch die Rechtfertigung erst in den Stand gesetzt, das Gesetz Moses in peinlicher Genauigkeit zu erfüllen. Ein besonderes Erbe der Propheten wurde in Qumran verwaltet: die »antikapitalistische« Kritik. Man sah in »kapitalistischen« Wirtschaftsverhältnissen einen Verstoß gegen den Bund Gottes mit Israel. Jeder Neueintretende hatte deshalb auch seinen Besitz der Klostergemeinschaft zur Verfügung zu stellen.

So reihen sich die Essener in die würdige Kette der Kämpfer um »Gleichheit und Brüderlichkeit«. Der Rückzug in die Wüste galt als Phase der Vertiefung in die wahre Gerechtigkeit und als Vorbereitung für die letzte Auseinandersetzung. Gegenüber Andersdenkenden konnte es keine Versöhnung geben, nur noch eine Verschärfung der Gegensätze. Man glaubte sich, wie viele andere (auch Jesus und die Urgemeinde), in der letzten Zeit. Es stand also eine letzte Auseinandersetzung mit den »Söhnen der Finsternis« bevor. Es würde ein »heiliger« Krieg werden, wie er einst gegen die Philister geführt worden war. Wer in Qumran war, befand sich in einer Art Trainings-Camp für den Sieg der Sache Gottes.

Essener und Neues Testament

Im Neuen Testament werden die Essener mit keinem Wort erwähnt. Aber stehen sie im Hintergrund als geistige Anreger? Daß

die Essener nicht erwähnt werden, hängt wohl damit zusammen, daß Jesus unter dem Volk lebte und keine Zeit hatte, religiöse Spezialisten zu befragen. Zudem fühlten sich die Essener als die »Gesunden«, Jesus aber fühlte sich zu den »Kranken« gesandt. Jesus waren die Sünder wichtiger als die Gerechten.
Und doch gibt es Verbindungslinien zwischen dem Neuen Testament und Qumran. Johannes der Täufer zum Beispiel berief sich wie sie auf Jes. 40, 3 (»Eine Stimme ruft in der Wüste: Bereitet den Weg des Herrn . . .«) und wartete wie die Essener auf die Gottesherrschaft. Er griff wie sie die Besitzbürger an (Luk. 3, 11ff), und seine Taufe glich dem Tauchbad der Essener. In einem entscheidenden Punkt aber war er anders: Er predigte allen Schichten des Volkes.
An einer Stelle ist das Neue Testament derselben Meinung wie die Essener: Die Endzeit ist angebrochen. Gott ist am Werk. Aber auch Gegenkräfte zeigen sich. Der Gläubige hat sich in seiner Entscheidung für Gott der Macht der Finsternis zu erwehren. Sprachliche Übereinstimmung finden wir im Johannesevangelium und in den Johannesbriefen. Hier hören wir wie in Qumran von der Entscheidung zwischen Licht und Finsternis, zwischen Wahrheit und Lüge.

Die Besonderheit Jesu

Jesus und die Essener — zwei religiöse Bewegungen weisen Berührungspunkte auf. Beide hatten als gemeinsame Vorlage die alttestamentliche Tradition.
Und doch kann bei aller Hochachtung vor essenischen Glaubenszeugnissen die tiefe Kluft nicht übersehen werden, die Jesus und den »Lehrer der Gerechtigkeit« trennt. Jesus war kein Theologe aus den besten Kreisen Jerusalems, sondern ein Mann aus dem Volke. Er fühlte sich nicht herausgefordert, eine erlesene Gruppe gleichgesonnener Priester zum Kern einer verschworenen Gemeinschaft zu machen. Er brachte eine Heilsbotschaft, »die allem Volk widerfahren« sollte (Luk. 2, 10). Und wenn schon Auswahl, dann die, die ein rechter Arzt trifft (Matth. 9, 11ff): Schwerkranke zuerst. So standen Jesus die »Zöllner und Sünder« am nächsten. Wer aber als »Verlorener« durch Jesus zu Gott zurückgefunden hatte, sollte freien Raum erhalten, um als Dank Liebe zu üben. Jesus zeigte dies am Sabbatgebot: Der Mensch sollte zu seinem

Recht kommen, und Nächstenliebe sollte ermöglicht werden (Mark. 2 und 3). In Qumran war es dagegen verboten, einen am Sabbat in einen Brunnen Gefallenen zu retten. Jesus hatte Geduld, in Qumran wurde streng bestraft. Wer den Sabbat entweihte, sollte zur Strafe sieben Jahre (!) aus der Gemeindeversammlung ausgeschlossen werden. Beim Lesen der essenischen Schriften erkennt man erst, wie tief die Botschaft Jesu von Barmherzigkeit durchdrungen ist.
Die Lehre von Qumran aber verstummte mit dem tragischen Ausgang des jüdischen Aufstandes (66-70 n. Chr.). Damit ist eine erregende Seite jüdischen Glaubens und Hoffens hinweggefegt worden. Eines aber sei den Essenern unvergessen: Von beinah allen Büchern des Alten Testaments hatten sie Abschriften gefertigt. Jeder Christ sollte dafür jenen jüdischen »ernsten Bibelforschern« Dank wissen.

Walter Schüle

Ausgewählte Bibelstellen

Jes. 40, 3; Luk. 3, 11ff

Ergänzende Literatur

Cross, F. M.: Die Antike Bibliothek von Qumran und die moderne biblische Wissenschaft. Neukirchen 1967
Maier, J.: Die Texte vom Toten Meer. München/Basel 1960
Majer, J./Schubert, K.: Die Qumran-Essener. Texte der Schriftrollen und Lebensbild der Gemeinde. Taschenbuchausgabe UTB 224, Stuttgart 1973
Trever, J.C.: Das Abenteuer von Qumran. Die erregende Geschichte der Schriftfunde vom Toten Meer. Kassel 1967

Fragen zum Thema

1. Wodurch geschieht es, daß auch christliche Gruppen sich absondern und andere Standpunkte verdammen?
2. Wo stellen wir bei uns engherzige Auslegung christlicher Lehre fest?
3. Wo ist Kritik an Kirche und Gesellschaft Kritik im Geiste Jesu?
4. Wo liegen unsere Abweichungen von der Nachfolge Jesu?
5. Was können wir an zeitgenössischen Gedanken übernehmen, ohne Verrat am Evangelium zu begehen?

Beantwortung der Fragen

Frage 1:
Es gibt sicher verschiedene Gründe für Absonderung und Verdammung. Viele dieser »Absonderer« sind zu »Sektierern« geworden (von secare = schneiden), weil sie mit den Praktiken oder den Lehren einer Kirche oder der Kirchen nicht einverstanden waren. Sie legten Gewicht auf *eine* Einzellehre (zum Beispiel »Sabbat« oder »Heiligung« oder »Geistempfang«) und distanzierten sich dadurch von den anderen. Oder Menschen ließen sich von einzelnen Menschen (ver)führen, folgten ihnen und wurden so zur Sekte (von sequi = folgen). Diese Anführer hatten besondere Lehren, Erleuchtungen und Offenbarungen, die den Gläubigen noch vorenthalten waren. Um sie auch zu erhalten, mußte man den Anführern folgen.
Daß diese Gefahr auch in der Kirche immer da ist, zeigen die Meinungsverschiedenheiten innerhalb der Kirche. Angst ist allerdings immer im Spiel. Die einen haben Angst, sie würden den Glauben verleugnen, und stehen in der Gefahr des Dogmatismus und des Biblizismus. Andere haben Angst, sie würden die Welt verleugnen, und stehen in der Gefahr des Humanismus und Pragmatismus.

Frage 2:
Unter engherziger Auslegung ist wohl gesetzliche Auslegung verstanden, die sich meist im ethischen Bereich ergab. Lange Zeit war

es zum Beispiel einer christlichen Frau verboten, die Haare schneiden zu lassen. Jeder einzelne Christ möge selber überlegen, wo unter der Hand biblisch-evangelische Freiheit oder biblisch-evangelischer Rat und Vorschlag zum Gesetz und Gebot und somit ins Gegenteil verkehrt werden.

Frage 3:
Nicht alle Kritik ist gut und richtig. Kritik an der Kirche ist dann im Sinne Jesu, wenn sie den Kritiker mit einschließt. Ohne ständige Kritik gäbe es keine evangelische Kirche und auch nicht die heutige Gestalt der katholischen Kirche. Die Kirche muß immer reformiert werden (»ecclesia semper reformanda«); dies ist ein Kennzeichen der Kirche Jesu Christi.
Kritik an der Gesellschaft wird sehr verschieden beurteilt. Da unsere Gesellschaft nicht als christlich anzusprechen ist, ist Vorsicht geboten, wenn man sie an christlichen Maßstäben mißt. Auf jeden Fall ist dort Kritik nötig, wo der Mensch mißachtet, wo das Geschöpf Gottes mit Füßen getreten wird, wo Gerechtigkeit fehlt. Ob der Kirche die Freiheit zur Kritik gegeben ist oder nicht, spielt für den, der kritisieren will, letztlich keine Rolle.

Frage 4:
Unsere Nachfolge muß heute anders aussehen als die der Jünger Jesu, selbst die des Paulus, der Jesus selber nicht gekannt hat. Die Abweichungen sind dann nicht negativ zu bewerten, sondern in der Sache begründet. Die Naherwartung, in der Jesus und Paulus lebten, ist nicht mehr die unsere. Wir können und dürfen demnach nicht an menschlichen Problemen vorbeigehen mit dem Hinweis, Jesus komme sowieso bald wieder. Wir sind in ganz anderer Weise (als etwa Paulus) vor die Probleme der Welt gestellt und zur Entscheidung gerufen.

Frage 5:
Wir müssen vieles aus der Gegenwart und der Umwelt übernehmen, um heute Christ sein zu können. Die Existenz des Menschen zum Beispiel, die in der Existenzphilosophie wichtig wurde, läßt uns den Menschen, den Gott liebt, neu sehen. Der Gedanke der Völkergemeinschaft (der natürlich auch zugleich Gefahr bedeutet) zwingt uns, die Worte Jesu »auf daß sie alle eins seien« in anderen Dimensionen zu sehen als zur Zeit Jesu. Die Rede der Wissenschaft von der Endlichkeit der Welt macht manches Bibelwort ver-

ständlicher. Wir müssen zeitgenössische Gedanken, Begriffe, Worte übernehmen, um heute verstanden zu werden. Allerdings: »Nicht nach dem Munde reden, sondern aufs Maul schauen«, meinte schon Luther. *Kurt Rommel*

Zusammenfassende Thesen

Qumran ist der Fundort alter alttestamentlicher Handschriften. Er ist damit eine Erinnerung an die irdisch-vergängliche Form der Überlieferung der Botschaft Alten (und Neuen) Testaments. Qumran zeigt, daß die Bibel nicht »vom Himmel gefallen« ist, sondern eine lange irdisch-menschliche Geschichte hat. Qumran ist aber auch ein Beweis für die genaue und gute Überlieferung der biblischen Schriften, der Urkunden unseres Glaubens.

Religion

»Der Mensch ist unheilbar religiös.« So lautet die Antwort des russischen Religionsphilosophen Nikolai Berdjajew auf die Frage nach der Religion. Der Mensch, so meint er, ist angelegt auf eine göttliche Wirklichkeit, nach der er mit seinem ganzen Leben bewußt oder unbewußt auf der Suche ist. »Die Religion ist der Seufzer der bedrängten Kreatur, das Gemüt einer herzlosen Welt ... Sie ist das Opium des Volks.« So lesen wir bei Karl Marx. Die Religion also eine Einbildung des Menschen und allenfalls ein zweifelhafter Trost angesichts der gesellschaftlichen Verhältnisse, die nicht ein höheres Wesen, sondern allein der Mensch selbst zu bessern vermag. Zwischen beiden Aussagen schwankt das Urteil unserer Zeit über die »Religion« — ein Wort aus dem Lateinischen, das man mit »Bindung an das Göttliche« wiedergeben kann. Aber beide Aussagen machen auch deutlich, wie wenig christlicher Glaube und Religion austauschbare Begriffe sind.

Was ist Religion?

Im einschlägigen Standardwerk »Die Religion in Geschichte und Gegenwart« lesen wir kurz und bündig: »Die Begriffs- und Wesensbestimmung der Religion ist ein fast unlösbares Problem.« Herkömmlicherweise versteht man allerdings unter »Religion« eine ganz bestimmte Glaubensform. Sie äußert sich in kultischen Handlungen, wie etwa dem Opfer, in Versenkung oder Gebet, in einer Lehre über das Verständnis von Gott oder dem Göttlichen und in Maßstäben für das ethische Handeln. Buddhismus und Hinduismus, Islam und Judentum — und nicht zuletzt das Christentum zählen heute nach dieser Begriffsbestimmung zu den großen Weltreligionen. Man kann aber auch das, was mit dem Wort »Religion« gemeint ist, sehr viel weiter fassen. Dann reicht es über die religiösen Institutionen hinaus und umschließt alles, wovon der Mensch in einer letzten Tiefe seines Herzens ergriffen ist, dem er sich hingibt und in dem er einen Sinn für sein Leben sucht. Woran einer sein Herz hängt, das ist sein Gott, so hat Luther dieses

menschliche Urbedürfnis nach Ergriffenwerden, Hingabe und Sinn ausgedrückt.
Freilich, unter diesem Dach eines solch weitgespannten Religionsbegriffs ist das Verschiedenartigste und Gegensätzlichste zu finden. Dazu gehört die Hingabe an die noch unerforschten Kräfte der Natur und des Kosmos in frühen Phasen der Menschheitsgeschichte. Dazu gehört aber genauso die Faszination von der Macht oder vom Geld in unseren Tagen. Alle Lebensäußerungen des Menschen können so religiöse Züge annehmen, wenn darin ein letzter Sinn und eine letzte Bestätigung gesucht wird. Aber auch die geschlossenen Weltanschauungssysteme der Neuzeit, wie beispielsweise der Nationalsozialismus, gehören in diesen Zusammenhang. Sie fordern von ihren Anhängern unbedingten Glauben und unbedingte Hingabe und offenbaren so ihre religiösen Züge. Paul Tillich hat sie deshalb als »Quasi-Religionen«, als Gebilde mit religionsähnlichem Charakter bezeichnet.

In Spannung: christlicher Glaube und Religion

Es gibt Theologen, die das Christentum als die höchste Form der Religion, sozusagen als Spitze einer Pyramide auf der breiten Basis aller geschichtlich gewachsenen Religionen ansehen. Es gibt aber auch Theologen, die zwischen der Offenbarung Gottes in Jesus Christus und der Religion eine unüberschreitbare Trennungslinie ziehen. Besonders Karl Barth sah in der Religion den Versuch des Menschen, sich nach eigenen Entwürfen (eigensinnig und eigenmächtig) ein Bild von Gott aufzubauen und sich vor diesem selbstentworfenen Bild Gottes zu rechtfertigen. Dementsprechend hat er im Namen der Selbstoffenbarung Gottes allen religiösen Versuchen des Menschen, zu Gott zu gelangen, den Kampf angesagt. Dietrich Bonhoeffer ging noch darüber hinaus und stellte die Frage, ob denn die Religion nicht eines Tages sich tatsächlich als »eine geschichtlich bedingte und vergängliche Ausdrucksform des Menschen« erweisen könnte. Er sah ein religionsloses Zeitalter heraufkommen und stellte die Frage, was das dann für das Christentum bedeutet: »Wie kann Christus auch der Herr der Religionslosen werden? ... Wenn die Religion nur ein Gewand des Christentums ist — und auch dieses Gewand hat zu verschiedenen Zeiten sehr verschieden ausgesehen — was ist dann ein religionsloses Christentum?«

Man kann solche Gedanken nur dann richtig verstehen, wenn man dabei vor Augen hat, wie sich schon im Alten Testament der Kampf im Namen des einen, jenseitigen Gottes gegen alle Götter und Götzen wie ein roter Faden hindurchzieht. In Fortsetzung dieses Kampfes wurden die Christen im römischen Weltreich wegen »asebeia«, wegen »Gottlosigkeit« angeklagt. Sie weigerten sich im Glauben an den einen, jenseitigen Gott, irgend jemand anderen oder irgend etwas anderes als göttlich anzuerkennen — auch nicht den Kaiser in Rom. Und schließlich ist noch darauf hinzuweisen, daß die ganze moderne Technik nicht zuletzt deshalb auf dem Boden des christlichen Abendlandes entstanden ist, weil der christliche Glaube die Welt leergefegt hat von Göttern und Dämonen. Erst eine solche ent-tabuisierte Welt schuf die Voraussetzung, die Natur zu erforschen und sie dann als Material in der Hand des Menschen zu benützen.

Das Wiedererwachen der religiösen Frage

Was wir heute beobachten, ist ein Wiedererwachen der religiösen Frage. Sie meldet sich freilich meist nicht in offener, sondern in sehr versteckter Form. Etwa in der Frage nach dem Sinn des menschlichen Lebens inmitten einer technisch anscheinend perfekt funktionierenden Welt. Oder in der Frage, ob wir tatsächlich auf dem rechten Weg sind, wenn wir im Menschen nur die Seiten seines Wesens geweckt haben, die nach außen greifen, während er zu einem seelenlosen Roboter zu verkümmern droht. Obwohl das Brot im weitesten Sinne wahrhaftig wichtig genug ist — »der Mensch lebt nicht vom Brot allein«. Dieser erste Teil des Wortes Jesu dämmert vielen Menschen als eine verlorengegangene Wahrheit wieder auf. Kein Wunder also, wenn nach neuen spirituellen Erfahrungen gesucht wird und wenn Mystik und Meditation einen neuen Stellenwert erhalten. Deshalb wenden sich heute nicht wenige, gerade auch junge Menschen den asiatischen Hochreligionen zu. Von ihnen wird erwartet, daß sie die ausgedörrte Seele des Abendländers mit neuem Leben erfüllen können. Dies alles trägt gewiß auch Züge, die im Sinne von Karl Barth unter die Kritik der Religion fallen als des Versuchs des Menschen, von »unten« her den Weg zu Gott zu suchen. Aber es trägt auch noch ganz andere Züge. Mitten in einer Welt, die von der Vorstellung bestimmt wird, letzten Endes sei für den Menschen alles durchschaubar und machbar, wird hier die Tiefe und das Geheimnis der Wirklichkeit wiederentdeckt. Ohne dieses Bewußtsein kann aber auch der christliche Glaube, wenn er mehr ist als nur eine Summe von theologischen Formeln, nicht atmen. Religion und christlicher Glaube — Paul Tillich hat ihr Spannungsverhältnis in einem einzigen knappen Satz zusammengefaßt: »Der Mensch ist die Frage, aber er ist nicht die Antwort.« *Helmut Aichelin*

Ausgewählte Bibelstellen

1. Kön. 18, 21; Jes. 40, 18-25; Apg. 17, 22f; 1. Kor. 8, 4f

Ergänzende Literatur

Aichelin, H.: Religion — Thema von morgen. Stuttgart 1972
Gerlitz, P.: Gott hat viele Gesichter. Das Bild Gottes in den Religionen der Gegenwart. Stundenbücher 111, Hamburg 1963
Gerlitz, P.: Die Religionen und die neue Moral. Wirkungen einer weltweiten Säkularisation. München 1971
Halbfas, H.: Religion. Themen der Theologie, Ergänzungsband. Stuttgart 1976
Heimann, E.: Artikel »Religion« in: Theologie für Nichttheologen, a.a.O.
Marsch, W.-D. u.a. (Hrsg.): Plädoyers in Sachen Religion. Gütersloh 1973
Riedel, I. (Hrsg.): Der unverbrauchte Gott. Neue Wege der Religiosität. München 1976
Sölle, D.: Die Hinreise. Zur religiösen Frage. Stuttgart 1975
Evangelischer Erwachsenenkatechismus, a.a.O., S. 90ff

Fragen zum Thema

1. Unterscheiden sich Religion und christlicher Glaube, und wenn, wo liegen die Unterschiede?
2. Ist der Mensch »unheilbar religiös«, oder gibt es nicht doch Menschen, bei denen keinerlei religiöse Fragen erwachen?

Fragenbeantwortung (mit verschiedenen Gruppen)

Frage 1:
Wenn Kinder von der Schule heimkommen, erzählen sie von »Religion«. Damit meinen sie den christlichen Religionsunterricht. Diese Einrichtung wollen Experten »Christliche Unterweisung« nennen. Dies wurde abgelehnt, weil die Schule »offener« unterrichten müsse. Religion ist der umfassende, der christliche Glaube der spezielle Begriff.
Religion in der Mehrzahl soll die Vielzahl der verschiedenen Glaubensrichtungen bezeichnen, bei denen man Hochreligionen (wie Judentum, Islam, Buddhismus usw.) und Primitivreligionen (kleinerer Volksstämme, Naturreligionen) unterscheidet. Das Christentum wird dabei zu den Hochreligionen gerechnet und ist eine Religion unter vielen.
Andere meinen (Karl Barth und andere), Religion sei das Gegenteil dessen, was christlicher Glaube wolle. Religion sei ein menschlicher Versuch, sich Gottes zu bemächtigen, der christliche Glaube dagegen rechne damit, daß sich Gott des Menschen bemächtige, sich des Menschen erbarme und ihn aus allen menschlichen Machenschaften befreie.
Wieder andere meinen, die Religion (das Religiöse) sei ein Anknüpfungspunkt für christliche Mission. Religion sei wie das Bekken, in das man den christlichen Glauben hineinfüllen könne. Religion sei Anfrage, sei Offenheit und Bereitschaft, christlicher Glaube sei Antwort, Erfüllung und Zusage.

Frage 2:
Ob es Menschen gibt, bei denen keinerlei religiöse Fragen erwachen, ist schwer auszumachen. Es wird auf jeden Fall keinen Menschen geben, der sich nicht Problemen konfrontiert sieht, die von

Religion geradezu geladen sind: hier seien erwähnt etwa Geburt und Tod, Liebe und Leiden. Es ist allerdings möglich, daß es Menschen gibt, die diese Probleme verdrängen. Aber Verdrängtes ist da.

Kurt Rommel

Zusammenfassende Thesen

Religion gehört zum Menschen. Jeder Mensch rechnet (bewußt oder unbewußt) mit religiösen Dingen, lebt von oder mit oder gegen, aber nicht ohne Religion. Christen dürfen an dieser Tatsache nicht vorbeigehen, da sie Möglichkeit der Anknüpfung, aber auch Gefahr und Gegnerschaft in sich birgt. Christlicher Glaube ist auch Religion. Aber nicht jede Religion und nicht alles Religiöse ist christlicher Glaube.

Schöpfung

Claus Westermann erwähnt in seinem Buch über die Schöpfung, daß die amerikanischen Weltraumfahrer auf ihrer ersten Fahrt zum Mond die Worte des 1. Kapitels der Bibel, die Worte der Schöpfung, rezitierten. Wenn man diesen Vorgang nicht als Sentimentalität abtut, kann man in ihm ein Zusammenrücken von Naturwissenschaft und Theologie erkennen, die sich lange genug gerade an der Frage der Schöpfung auseinandergestritten hatten. Vor allem seit der Aufklärung haben sich die Naturwissenschaften von der Theologie gelöst, haben unter ihren Denkvoraussetzungen und mit ihren Methoden eigene Erkenntnisse über die Entwicklung der Erde und des Menschen gewonnen, haben ein neues Weltbild entwickelt und von daher immer wieder die Aussagen der Bibel und der kirchlichen Bekenntnisse über die Schöpfung Gottes abgelehnt. Im Gegensatz dazu hat die Kirche stets am Schöpfungsglauben festgehalten, wie er im Apostolischen Glaubensbekenntnis grundlegend formuliert ist: »Ich glaube an Gott, den Vater, den Allmächtigen, den Schöpfer des Himmels und der Erde.« Sie vertrat freilich dieses Bekenntnis nicht immer mit den rechten Mitteln. Zeitweise hat sie die Naturwissenschaften als Teufelswerk verurteilt, oder sie hat den buchstabengetreuen Sinn der biblischen Aussagen als alleinige und ausschließliche Glaubens- und Wirklichkeitserkenntnis behauptet. Theologische Richtungen dieser Art gibt es bis heute. Sie fördern eine Trennung zwischen Theologie und Naturwissenschaften an einem Punkt, an dem beide Disziplinen innerhalb ihrer Grenzen und in gegenseitiger Ergänzung gewichtige Aussagen zu machen haben.

Zwei biblische Schöpfungsberichte

Das wichtigste Zeugnis der Bibel über Gottes Schöpfertum ist die Urgeschichte in 1. Mose 1-11. Darin sind zwei Schöpfungsberichte enthalten (Kap. 1-2, 4a; 2, 4b-24), die beträchtliche Unterschiede aufweisen, aus verschiedenen Quellen stammen und in verschiedenen Zeiten entstanden sind. Sie machen deutlich, daß im alten

Israel keine feststehende Schöpfungslehre bestanden hat, sondern zu verschiedenen Zeiten verschieden gesprochen werden konnte.
Für das Verständnis der biblischen Schöpfungsgeschichten ist ein Forschungsergebnis der alttestamentlichen Wissenschaft wichtig: Schöpfungsgeschichten ähnlicher Art gibt es seit alters auch außerhalb Israels in der weiten Völkerwelt. Sie alle sind Erzählungen über urzeitliches Geschehen. Sie wurden in den religiösen Kulten der Völker sowie in Israels Gottesdiensten gesprochen für Menschen, die in einer bedrohten Welt ihre eigene Bedrohung erfuhren. Diesen nach dem Woher und dem Halt ihrer Existenz fragenden Menschen wiederholen die Schöpfungserzählungen den Anfang und holen damit die Wirklichkeit herbei, aus der die Welt besteht. Sie sagen, daß Gott die Welt geschaffen hat, und antworten mit dem Gotteslob. So helfen die Schöpfungserzählungen zur Daseinsbewältigung. Die Menschen jener Zeit hatten kein gedankliches Interesse am Wie der Weltentstehung, sondern ein persönliches Interesse an dem tragenden Grund der Welt.

Geschöpf sein

Die Hauptaussage der Schöpfungsgeschichten heißt: Gott ist der Schöpfer, Welt und Mensch sind seine Geschöpfe. Diese Aussage wird in vielerlei Aspekten entfaltet:
Geschöpf sein bedeutet, daß Welt und Mensch von Anfang an aus Gottes Willen bestehen. Dem Anfang entspricht ein von Gott gesetztes Ziel und Ende. Die Schöpfung leitet also eine zusammenhängende Geschichte ein, eine Geschichte des Kosmos und in ihrer Mitte eine Geschichte des Menschengeschlechts, die so, wie sie aus Gottes Schöpfung erwachsen ist, dem von Gott gesetzten Ziel entgegengeht. Der wahre Sinn des Welt- und Menschendaseins ist darum nicht aus ihm selbst heraus erkennbar, sondern im Gegenüber zu Gott, im Verhältnis vom Geschöpf zum Schöpfer.
Geschöpf sein bedeutet, daß sich das Dasein innerhalb der von Gott gesetzten Grenzen verwirklicht. Die zeitliche Grenze: Welt und Mensch haben einen Anfang und ein Ende. Das Leben der Welt und des Menschen liegt also in der Hand des Schöpfers und erhält von ihm her ihren Sinn. Die Grenze der Möglichkeiten: Sie ist gegeben, weil der Mensch aus irdischem Material geschaffen ist. Er kann zwar mit seiner Arbeit die Möglichkeiten seiner Exi-

stenz ungeheuer steigern. Aber er bleibt ans Irdische gebunden. Diese Gebundenheit erfährt der Mensch durch das Gebot, das ihn an den Willen seines Schöpfers bindet, und durch das Leiden, welches den Kräften von Mensch und Kreatur Schranken setzt.
Geschöpf sein bedeutet, daß der von Gott richtig und gut geschaffene Mensch sich verfehlt, so daß er sich gegen seinen Schöpfer vergehen und ihm ungehorsam sein kann. Er ist Mensch in der Spannung: Er ist geschaffen von Gott und hat die Möglichkeit, sich gegen Gott zu stellen. Aber als der sich verfehlende bleibt er der von Gott versorgte, beschützte und gesegnete Mensch.
Geschöpf sein bedeutet, als einzelner in einer Gemeinschaft, insbesondere in der Gemeinschaft zu leben, in der Mann und Frau gegenseitig aneinander gewiesen sind.
Geschöpf sein bedeutet, durch den Auftrag, die Erde zu bebauen und zu bewahren, an die Arbeit gewiesen zu sein und darin Erfüllung und Last, Segen und Fluch zu erfahren.
Im Neuen Testament wird das Schöpfungshandeln Gottes durch die Auferweckung Jesu ans Ziel gebracht. Sie wird bezeugt als das ein für allemal gültige Heilsereignis, das auf einer Menschen, Welt und Kosmos umfassenden Neuschöpfung gründet. Im Zeichen dieser durch Christus angebrochenen neuen Welt sagt Paulus: »Ist jemand in Christus, so ist er eine neue Kreatur; das Alte ist vergangen, siehe, es ist alles neu geworden!« (2. Kor. 5, 17).

Schöpfungsglaube

Der Glaube der Christen an den Schöpfergott ist von außen und innen bedroht: Von außen durch eine Naturwissenschaft, die ihre Grenzen übersteigt und behauptet, mit ihren Erkenntnissen die ganze Wirklichkeit zu erfassen. Das hat Auswirkungen bis ins alltägliche Leben und Denken der Menschen hinein, etwa positivistisch: »Ich glaube nur, was ich sehe!« oder deterministisch: »Alles läuft nach dem Gesetz der Notwendigkeit; es ist alles vorherbestimmt!« oder defaitistisch: »Hinter allem steht der Zufall; alles ist sinnlos!« Solche Art der Wissenschaftlichkeit wird jedoch von anderen Wissenschaftlern widerlegt, die ihre Wissenschaft durchaus vor dem Hintergrund des Bekenntnisses zum Schöpfergott betreiben.
Von innen wird der Schöpfungsglaube bedroht durch Fragen und Zweifel, die bei einem Menschen durch ein unglückliches persön-

liches Schicksal oder durch die Bestürzung über die Ausbeutung und Zerstörung der Natur und über die Hoffnungslosigkeit des Weltlaufs entstehen.
Bewährter Schöpfungsglaube verwirklicht sich in der Bereitschaft, die ganze Welt und das eigene Leben mit allem, was es bewegt, als Gabe Gottes anzunehmen und den Lauf der Dinge vertrauensvoll in seine Hand zu legen. Diese Bereitschaft schließt die Wahrnehmung des Schöpferauftrags ein, sein eigenes Leben und das der Mit- und Umwelt verantwortlich zu gestalten, zu bauen und zu bewahren, in der Wiederentdeckung der Ehrfurcht vor dem Leben ein neues Verhältnis zur Natur, aber auch zu Produktion und Konsum zu finden, gegen Ungerechtigkeit, Bosheit und Übel in der Welt zu kämpfen, den Rest der Leiden bei Mensch und Welt und die Unausweichlichkeit des Todes in hoffender Geduld zu tragen, auf die stets neuschaffende und bewahrende Kraft Gottes zu vertrauen und Anfang und Ende in das Lob des Schöpfers einzuschließen: »Herr, unser Herrscher, wie herrlich ist dein Name in allen Landen!« *Peter Berner*

Ausgewählte Bibelstellen

1. Mose 1-11; Ps. 8; 104; 139; 2. Kor. 5, 17

Ergänzende Literatur

Altner, G.: Schöpfung am Abgrund. Die Theologie vor der Umweltfrage. Neukirchen 1973
Bonhoeffer, D.: Schöpfung und Fall. Versuchung. München 1968
Gutbrod, K.: Ein Gang durch die biblische Urgeschichte. Stuttgart 1968
Lubkoll, K.: Der Traum vom besseren Leben. Der Mensch im Schatten des Paradieses. Stuttgart 1974
Rendtorff, R.: Artikel »Schöpfung« in: Theologie für Nichttheologen, a.a.O.
Thielicke, H.: Wie die Welt begann. Der Mensch in der Urgeschichte der Bibel. Taschenbuchausgabe, Stuttgart 1965
Westermann, C.: Schöpfung. Themen der Theologie 12. Stuttgart 1972
Evangelischer Erwachsenenkatechismus, a.a.O., S. 160ff, 172ff

Fragen zum Thema

1. Welche Probleme hat die heutige Menschheit im Blick auf die fortschreitende Ausbeutung der Natur und Bedrohung der Umwelt zu bewältigen?
2. Wie kann ein Mensch in seinem Leben Gott als Schöpfer erfahren?

Gesprächsergebnis (Gemeindekreise)

Frage 1:
Eine Antwort lautet: »Ich finde, daß die Probleme meistens übertrieben werden. Noch immer ist es den Menschen gelungen, Gefahren zu umgehen und Mittel und Wege zu finden, die das Überleben ermöglichen. Der Beweis dafür ist, daß die Menschheit sich stetig weiterentwickelt hat.«
Andere Antworten sehen das Grundübel unserer Zeit im zerstörten Verhältnis der Geschöpfe zum Schöpfer:
»Die Ausbeutung des von Gott Geschaffenen kann nur erfolgen, wenn die Ehrfurcht vor dem Schöpfer nicht mehr da ist. Das ist eine Folge der Anmaßung, so ‚sein zu wollen wie Gott', das heißt, sich selbst zum Herrn zu machen über das Geschaffene. Wer nicht vergißt, daß er ein Teil der Schöpfung ist, lebt in und mit der Schöpfung.«
»Die Technik darf nicht verantwortungslos weitergetrieben werden. Der menschliche Geist muß auf Versuche und Entdeckungen verzichten, sobald sie die Schöpfung noch mehr in Gefahr bringen. Der Maßstab für die Verantwortung gegenüber der Natur ist die Verantwortung des Geschöpfs vor dem Schöpfer.«
Zu der Frage, welche konkreten Schritte heute nötig seien, wird gesagt:
»Einschränkungen auf vielen Lebensgebieten, besonders im Energie- und Konsumbereich, und gerechtere Verteilung der Güter auf alle Menschen. Das Problem ist nur, daß sich kaum jemand bei uns die Lage der Menschen in den Entwicklungsländern richtig vorstellen kann und will, und daß kaum jemand bereit ist, sich einzuschränken. Dirigistische Maßnahmen helfen da auch nicht,

wenn die Einsicht in das Notwendige nicht aus dem Herzen kommt.«
»Vielleicht müßten die Christen Zeichen setzen und mit gutem Beispiel vorangehen. Mir ist bekannt, daß es Gruppen gibt, die freiwillig einige Prozente ihres Einkommens regelmäßig für die Entwicklungshilfe geben.«

Frage 2:
In den meisten Antworten wurde auf glückliche Erlebnisse verwiesen, durch die der Geschenkcharakter des Lebens bewußt wird. Als Beispiel dieser Erfahrung sei folgende Antwort wiedergegeben:
»Als ein mir sehr nahestehender Mensch durch einen tragischen Unfall plötzlich aus dem Leben gerissen wurde, ging mir zum ersten Mal auf, wie wenig ich mein Leben selbst in der Hand habe. Zum ersten Mal habe ich die Tatsache, daß ich leben darf, als Geschenk empfunden, und ich wurde meinem Schöpfer aus tiefem Herzen dankbar.«
An ähnlichen Erlebnissen wurden genannt: gesunde Kinder haben; vor Unfall glücklich bewahrt werden; einen besonderen Erfolg haben.
Eine ganz andere Antwort war folgende:
»In einer schweren Krankheit erfuhr ich, daß Gott der Schöpfer und Geber des Lebens ist. Ich durfte mich ihm ganz anvertrauen und alles in seine Hand legen. Damals war ich bereit zu sterben. Durch seine Gnade durfte ich am Leben bleiben.«
Bei der Gegenüberstellung der beiden Antworten ergab sich in der Gruppe ein Gespräch, dessen Ergebnis so zusammengefaßt wird:
Es gibt keine objektiv feststellbaren Ereignisse, an denen Gottes Schöpfersein ablesbar ist. Glückliche, aber auch unglückliche Erlebnisse können Gottes Schöpfersein zum Ausdruck bringen. Das hängt jeweils von der Lebenseinstellung und vom Glauben des betreffenden Menschen ab. Wer in seinem Leben Gott als Schöpfer erkannt hat, für den ist er der Schöpfer in allen Lebenslagen. Andererseits gibt es viele erfolgreiche und an glücklichen Erlebnissen reiche Menschen, die Gott niemals als Schöpfer anerkennen.
Es wird auf die Erzählung aus Martin Bubers chassidischen Geschichten hingewiesen, in der die Dinge des Lebens mit Perlen verglichen werden, die einem als Pfand zur Aufbewahrung übergeben sind, die man deshalb, wenn es der Geber will, auch wieder

zurückgeben muß. Jene Erzählung gipfelt in dem Hiob-Wort: »Der Herr hat's gegeben, der Herr hat's genommen, der Name des Herrn sei gelobt.« *Peter Berner*

Zusammenfassende Thesen

Schöpfung ist eine Aussage des Glaubens über Mensch, Erde und Weltall. Globus und Kosmos werden durch diesen Begriff Gott als dem Schöpfer zugeordnet. Damit wird all das, was uns umgibt, unserer letzten Verfügung entzogen. Gott rettet Erde und Weltall vor seinen Geschöpfen und weist uns Menschen als seine Geschöpfe in die Schranken. Der Glaube an den Schöpfer, dem wir die Schöpfung und uns als Geschöpfe verdanken, ist gemeinsamer Glaube der Juden und Christen.

Schuld

»Zwei Dinge, Herr, sind not, die gib nach deiner Huld: Gib uns das täglich Brot, vergib uns unsere Schuld.« Was wir zum Ausdruck bringen, wenn wir dieses Tischgebet sprechen, machen wir uns meist nicht klar. Daß wir täglich Brot brauchen, wissen wir. Dafür gehen wir zur Arbeit. Darum kümmern sich die Hausfrauen. Mehrmals täglich nehmen wir eine Mahlzeit ein. Und was es bedeutet, kein Brot zu haben, das zeigen uns die Bilder und Berichte aus den Hungergebieten unserer Erde, aus Afrika, Asien und Lateinamerika. Ist es aber wirklich unsere Überzeugung, daß wir ebenso nötig wie das tägliche Brot Vergebung unserer Schuld brauchen?

Meine Schuld und die der anderen

Es ist peinlich für uns, wenn wir uns entschuldigen müssen, weil wir einen Termin versäumt, einen Brief nicht beantwortet haben. Unangenehm sind die Folgen für uns, wenn wir auch einen leichten Verkehrsunfall verschuldet haben. Es raubt uns den Schlaf, wenn wir entdecken müssen: Ich bin schuldig an der falschen Erziehung meiner Kinder, an den Schwierigkeiten in meiner Ehe.

Gerade darum sind wir so rasch bei der Hand, die Schuld in den Umständen oder bei den anderen zu suchen. Das gilt im privaten Bereich, wenn wir die Schuld für die Schwierigkeiten in der Familie und am Arbeitsplatz immer zuerst bei andern suchen, ebenso wie im öffentlichen Bereich, wo sich Parteien, gesellschaftliche Gruppen und Staaten die Schuld an wirtschaftlichen Katastrophen und kriegerischen Verwicklungen gegenseitig zuschieben. Ist aber dieses »Schiebespiel« nicht ein Hinweis darauf, daß man mit Schuld nicht leben kann, sie loswerden muß? Nur: werden wir sie auf diese Art und Weise wirklich los? Oder nur dadurch, daß wir bitten: »Vergib uns unsere Schuld«?

Auch das Neue Testament spricht von der Schuld, die andere uns gegenüber auf sich laden. Aber es verbindet damit jedesmal die

Aufforderung an uns, ihnen zu vergeben. Und als Petrus Jesus fragte: »Herr, wie oft muß ich denn meinem Bruder, der an mir sündigt, vergeben? Ist's genug siebenmal?«, antwortete ihm dieser: »Ich sage dir: nicht siebenmal, sondern siebzigmal siebenmal« (Matth. 18, 21f). Und im Vaterunser ist die Bitte »Vergib uns unsere Schuld« verbunden mit dem Nachsatz »wie auch wir vergeben unsern Schuldigern«.

Gott vergibt Schuld

Das hat seinen Grund darin, daß Gott uns unsere Schuld vergibt. Denn auch unsere Schuld bringt das Neue Testament letztlich darum zur Sprache, weil es uns die Vergebung unserer Schuld zusagt.

Man kann sich das auch an unserem Glaubensbekenntnis klarmachen. Es spricht von dem, was Gott tut — in der Schöpfung, in der Versöhnung durch Jesus Christus. Und wenn es dann auf das zu sprechen kommt, was wir tun, nämlich auf unsere Sünde, sagt es — »Vergebung der Sünden«.

Damit ist nicht gesagt, daß das Neue Testament unsere Schuld — und die der anderen — nicht ernst nehmen würde. Im Gegenteil. Es macht damit deutlich, daß wir unsere Schuld nicht anders loswerden als eben dadurch, daß sie uns vergeben wird. Und auch wir können unsere Schuld wohl nur wirklich ernst nehmen und sie uns und anderen eingestehen, wenn wir um ihre Vergebung wissen. Daß heute so selten einer seine Schuld auf sich nimmt und sie sich und anderen eingesteht, daß wir vielmehr immer und immer wieder die Schuld in den Umständen und bei den anderen suchen, hat letztlich wohl seinen Grund darin, daß wir so wenig mit Gott und seinem Vergeben rechnen.

Zugleich ist damit aber gesagt, daß es sich nicht darum handeln kann, sich in lauter Skrupel über das eigene Versagen hineinzusteigern. Der Grund für manche seelischen — und auch körperlichen — Krankheiten liegt, das haben uns die Mediziner und die Psychologen in den letzten Jahrzehnten gelehrt, in einem übersteigerten (und damit letztlich unechten) Schuldgefühl. Erkenntnis und Bekenntnis der Schuld dürfen mit der Vergebung rechnen. »Wo« aber »Vergebung der Sünden ist, da ist auch Leben und Seligkeit« (Luther).

Schuld vor Gott und vor Menschen

Worin aber besteht unsere Schuld? »Schuld« lädt man auf sich nicht bestimmten Normen, Vorschriften, Geboten gegenüber — sondern Gott und dem Mitmenschen gegenüber. So erzählt Jesus im Gleichnis vom »Schalksknecht« von der Schuld eines hohen Beamten gegenüber seinem König und der Schuld eines Kollegen gegenüber diesem Beamten (Matth. 18, 23-35). Darin ist unsere Schuld begründet, daß wir alles, was wir sind und haben, Gott verdanken — es dann aber nicht für die anderen, sondern für uns gebrauchen und verbrauchen. Darauf wollen uns auch die Gebote der Bibel aufmerksam machen. Paulus hat sie so verstanden, wenn er sagt: »Seid niemand etwas schuldig, außer daß ihr euch untereinander liebet; denn wer den andern liebt, der hat das Gesetz erfüllt« (Röm. 13, 8). Und Martin Luther beginnt darum im Kleinen Katechismus die Erklärung der einzelnen Gebote mit den Worten: »Wir sollen Gott fürchten und lieben, daß wir unsrem Nächsten . . .«

Vergeben wir?

Eben darum aber ist die Vergebung unserer Schuld von neuem Anlaß, die anderen zu lieben und ihnen ihre Schuld zu vergeben. Im Gleichnis gesprochen: Wenn Gott uns vergibt, gewährt er uns von neuem Kredit, den wir weitergeben, mit dem wir arbeiten sollen. Das ist das Besondere, das wir Christen als einzelne und als Gemeinde zu den Problemen unserer Zeit und unserer Welt vor allem anderen beizutragen hätten: Vergebung der Schuld. Statt dessen aber gleichen gerade wir Christen so häufig jenem »Schalksknecht« im Gleichnis, der sich seine Schuld gern vergeben läßt, die Schuld der anderen aber unnachgiebig einfordert und damit neue Schuld auf sich lädt (Matth. 18, 23-35). Der französische Schriftsteller Albert Camus hat einmal den Eindruck, den er von den Christen hatte, so wiedergegeben: »Sie glauben immer nur an die Sünde, nie an die Gnade.«
Wenn wir dies uns klar machen, entdecken wir, wie nötig in der Tat neben der Bitte um das tägliche Brot die um die Vergebung unserer Schuld ist. *Paul Koller*

Ausgewählte Bibelstellen

Matth. 6, 12. 14. 15; 18, 23-35; Röm. 13, 8

Ergänzende Literatur

Bitter, W. (Hrsg.): Angst und Schuld in theologischer und psychotherapeutischer Sicht. Stuttgart 1971

Dembowski, H.: Die Sünde — Das Böse — Die Schuld. Aus theologischer, ärztlicher und soziologischer Sicht. Radius-Projekte 46. Stuttgart 1971

Luther, M.: Auslegung des Vaterunsers. In: Luther deutsch, hrsg. von K. Aland, Bd. 5: Die Schriftenauslegung. Göttingen 1963

Luther, M.: Der Große Katechismus. In: Luther deutsch, hrsg. von K. Aland, Bd. 3: Der neue Glaube. Göttingen 1961

Neun, M. (Hrsg.): Vaterunser. Acht Predigten — acht Standpunkte. Stuttgart 1973

Sorg, Th.: »Wenn ihr aber betet«. Über das Vaterunser. Stuttgart 1973

Thielicke, H.: Das Gebet, das die Welt umspannt. Stuttgart 1973

Evangelischer Erwachsenenkatechismus, a.a.O., S. 253ff

Fragen zum Thema

1. Wie könnte ich den besonderen christlichen Beitrag »Vergebung der Schuld« in meinem Umkreis einbringen?
2. Wie könnte das unsere Kirche in den uns heute in der Bundesrepublik und in der Welt bedrängenden Fragen tun?

Fragenbeantwortung (Gemeindegruppen und Leserbriefe)

Frage 1:
Vor der Frage nach der Bedeutung der »Vergebung der Schuld« in Umkreis und Welt ist die Grundfrage vieler Christen anzusprechen: »Erlange ich die Vergebung der Sünden auch, wenn ich böse Taten vollbracht habe, also ein schlechter Mensch bin?« Und: »Wie kann ich sicher sein, daß mir meine Sünden wirklich vergeben sind? Wie sagt Gott es mir?«
Die Vergebung der Schuld und der Sünden gilt grundsätzlich allen Menschen, die sie annehmen wollen. Wichtig dabei ist: Erkenntnis der eigenen Schuld; Unterlassen der Versuche, Schuld bei an-

deren zu suchen und auf andere zu schieben; Bitte um Vergebung bei den Menschen, an denen ich schuldig geworden bin; Gott um Vergebung bitten. Vergebung bewahrt jedoch nicht vor den Folgen der Schuld (zum Beispiel Feindschaft anderer Menschen usw.). Kein Mensch ist aber so tief gefallen, daß er nicht von Gott aufgefangen werden könnte. Es gibt zwar keine Sicherheit, auf der ich mich ausruhen kann. Jedoch gibt es Gewißheit, die ich mir schenken lassen kann. Sie ist immer Geschenk. Gewißheit hält den, dem Schuld vergeben wird, in Verbindung mit dem, der vergibt. Vergebung macht von Menschen unabhängig, aber von Gott abhängig. Das ärgert heute viele Menschen.
Gott sagt dem Menschen die Vergebung durch Menschen zu. Das geschieht in jedem Fall im Gottesdienst, auch beim Abendmahl, aber auch im persönlichen Gespräch und bei der Privatbeichte.

Frage 2:
Ein Mensch, dem vergeben ist, versucht, in seiner Umwelt als Befreiter und Versöhnter zu leben, andere nicht bei ihrer Schuld zu behaften und niemand zu verurteilen. Er wird versuchen, Schuld zwischen ihm und anderen zur Sprache zu bringen, um sie aus der Welt zu schaffen. Für die Kirche bedeutet dies: Willen zur Aussöhnung mit den Nachbarvölkern. Schuld soll nicht gegenseitig aufgerechnet, sondern die Bitte und der Wille zur Vergebung ausgesprochen und bekundet werden. Christen sind Öl, nicht Sand im Getriebe, Öl auf dem Wasser und nicht im Feuer.

Kurt Rommel

Zusammenfassende Thesen

Schuld und Vergebung sind wie Zwillingsschwestern. »Vergib uns unsere Schuld« beten wir im Vaterunser. Eine Hilfe, Schuld zu erkennen, sind die Zehn Gebote. Sie machen deutlich, daß unsere Schuld nicht nur in Taten, die den Nächsten mißachten, besteht, sondern auch in einem Fehlverhalten Gott selbst gegenüber, das in fehlender Mitmenschlichkeit nicht aufgeht. Schuld ist nicht Unkenntnis, sie ist Nichtwollen, Glaubenshindernis. Vergebung der Schuld ist Gegenstand des Betens zu Gott und Erfahrung des Glaubens.

Taufe

Die Einsetzung der Taufe führt das Neue Testament nicht auf den geschichtlichen, sondern auf den auferstandenen Jesus zurück (Matth. 28, 19; Mark. 16, 16). Aber sie hat ihren Anknüpfungspunkt in seinem Leben. Jesus hat vom Beginn seiner öffentlichen Wirksamkeit an die Taufe des Johannes bejaht. Er ließ sich selbst von ihm taufen (Mark. 1, 9-11) und bezeugte auch ausdrücklich, daß Johannes in göttlichem Auftrag handelte (Mark. 11, 27-33).

Im Neuen Testament

Jesus selbst hat offenbar nicht getauft (Joh. 4, 1f). So ist wohl die Johannestaufe das Vorbild der urchristlichen Taufe geworden. Diese hatte ganz unter dem Vorzeichen der Erwartung gestanden, das Reich Gottes werde bald hereinbrechen (Matth. 3, 2). Sie war »Taufe der Buße zur Vergebung der Sünden« (Mark. 1, 4), wobei nicht nur an einen dem Willen Gottes gehorsamen Lebenswandel, sondern vor allem an die Preisgabe der religiösen Sicherheit vor Gott zu denken ist (Matth. 3, 9).
Das Neue und Eigene der christlichen Taufe kommt darin zum Ausdruck, daß sie »auf den Namen Jesu Christi« (Apg. 2, 38) geschieht. Sie ist auch jetzt noch — wie bei Johannes — Akt der Buße, Bestätigung der Sündenvergebung und Beginn eines neuen Lebens. Aber nun ist alles darauf bezogen, »daß Gott diesen Jesus . . . zum Herrn und Christus gemacht hat« (Apg. 2, 36). Buße tun heißt nun: die Herrschaft Christi anerkennen.
Er schafft das neue Volk Gottes, in dem sein Geist wirkt. Auf den Namen Jesu taufen heißt: Der Getaufte wird Eigentum Jesu (»Auf den Namen von . . .« stammt aus dem Giroverkehr und bedeutet: Auf das Konto von . . . verbuchen). Er erhält damit Anteil an dem, was Jesus ist und hat, nach Röm. 6, 1-11 an Jesu Tod und Auferstehung. Darauf beruht das »Neue Leben« des Getauften. »Auf den Namen Jesu« ist die ursprünglich gebrauchte Taufformel. Auf den dreieinigen Gott (Matth. 28, 19) ist erst in spätapostolischer Zeit getauft worden.

Taufe und Glaube

Alles, was das Neue Testament über die Taufe sagt, geht von der Voraussetzung aus, daß Erwachsene getauft werden. Von einer Kindertaufe verlautet nichts. Sie ist aus Stellen wie Apg. 16, 15. 33; 1. Kor. 1, 16 nicht zu beweisen; das Wort »Haus« kann auch eine nicht näher zu bestimmende Mehrheit bedeuten. Etwa gegen Ende des zweiten Jahrhunderts wird Kindertaufe allmählich Sitte und bleibt noch lange umstritten. Allgemein durchgesetzt hat sie sich erst im fünften und sechsten Jahrhundert.
Die Taufe setzt den Glauben voraus. Beispiel: »Die nun sein (des Petrus) Wort annahmen, ließen sich taufen« (Apg. 2, 41). Die Missionstaufe — und nur von ihr ist im Neuen Testament die Rede — ist also ein Akt sowohl des Menschen, der »sich taufen läßt«, als auch ein solcher, der an ihm geschieht.

Wort und Sakrament

Der Glaube kommt aus der Verkündigung des Wortes (Röm. 9, 17). 1. Kor. 1, 17: »Christus hat mich nicht gesandt zu taufen, sondern das Evangelium zu verkündigen« zeigt, daß Paulus die Wortverkündigung und die Antwort des Glaubens darauf als das Entscheidende ansieht. Das zeigt, daß die Taufe zur Verkündigung keinen zusätzlichen Inhalt hinzubringt und daß das (erst später so genannte) »Sakrament« Taufe dem Wort nicht vorgeordnet, aber unauflösbar zugeordnet ist.

Missionstaufe

Zwar setzt die Taufe das Bekenntnis des Täuflings voraus, in Jesus Christus die Wahrheit und Gnade Gottes gefunden zu haben, aus der allein er künftig leben will. Dennoch ist die Taufe ein Akt, den er an sich geschehen läßt. Darin kommt zum Ausdruck: Wenn auch die Taufe ohne den Glauben eine bloße Zeremonie ist, so ist sie doch nicht im Glauben begründet. Sie ist, wie das Wort Gottes, dem Glauben vorgegeben. Gottes Ja zu uns geht unserem Ja zu Gott vorauf, ist unabhängig von unserem Glauben da und hat seinen Grund allein in Gottes Liebeswillen.
Über die Wirkung der Taufe kann man nichts anderes sagen als über die des Evangeliums. Gottes Gnade geht unserer Entschei-

dung voraus. Freilich: Diese Zusage will immer neu ergriffen und bejaht sein — »also daß ein christlich Leben nichts anderes ist denn eine tägliche Taufe« (Luther).

Nur Erwachsenentaufe?

Die Tatsache, daß die Kindertaufe im Neuen Testament nicht vorkommt, ist noch kein Grund, sie abzulehnen. Gegen die Kindertaufe ist immer schon eingewendet worden, daß ihr keine freie Glaubensentscheidung des Täuflings voraufgehe. Ferner: Man könne sie aus den biblischen Tauftexten nicht begründen. Der Grund für das Festhalten an ihr sei, daß man auf die heutige Gestalt der Volkskirche nicht verzichten wolle.
Die Kirche tauft die Kinder als Söhne und Töchter christlicher Eltern, als Glieder des christlichen »Hauses« (Apg. 16, 15). Sie bekennt sich damit zur Bedeutung der Familie für Be- und Entstehen der Gemeinde. Das Evangelium erreicht die Kinder durch Wort und Verhalten der Eltern viel früher als durch die Erziehung der organisierten Kirche. Wäre es dann richtig, das Begehren der Eltern nach der Taufe ihrer Kinder abzuweisen? Sie bringen ja damit — sofern sie wissen, was sie tun — zum Ausdruck, daß sie zusammen mit den ihnen geschenkten Kindern zur Gemeinschaft mit Gott berufen sein möchten.
In einer Zeit, da diese Bedeutung der Familie für die Gemeinde immer schwächer wird, verschärfen sich hier freilich alte Probleme. Die Hilfe für die Taufeltern wird hier immer wichtiger — nicht allein die Erinnerung an deren Verantwortung. Aber wer zu enge Maßstäbe aufstellen möchte, an denen die Berechtigung des Elternwunsches jeweils zu messen wäre, muß zusehen, daß er sich nicht ver-mißt. Man darf den Taufakt und den Täufling nicht rein für sich betrachten und folgern, damit sei das Kind nun Glied der Gemeinschaft der Gläubigen, der Verdammnis entnommen und in den Stand der Seligkeit versetzt usw. Die Kindertaufe ist das schönste Sinnbild dafür, daß Gottes Berufung aller menschlichen Glaubensentscheidung vorausgeht.

Ja zur Kindertaufe

Daraus folgt, daß die Kindertaufe einen anderen Sinn hat als die Erwachsenentaufe. Diese ist das Siegel auf den Glauben des Täuflings. Beim Kind kann sie zunächst nur ein Siegel auf die Hoffnung der Eltern und der Kirche sein, daß das Kind zu eigenem Glauben kommen möge. Denn erst dadurch wird sie dem als Kind Getauften das, was sie dem erwachsenen Täufling ist, das »göttliche Wortzeichen, womit Gott, der Vater, durch Jesus Christus, seinen Sohn, samt dem Heiligen Geist bezeugt, daß er dem Getauften ein gnädiger Gott wolle sein« (Joh. Brenz). Das kann jedoch erst später geschehen. Zum Zeitpunkt ihres Vollzugs ist sie Eingliederung des Kindes in die Erziehungsgemeinschaft Kirche.

Für diejenigen, die mit dem Kind zu tun haben, ist sie darüber hinaus ein wichtiges Zeichen. Der Täufling wird in eine innere Unmittelbarkeit zu Gott und zum Evangelium hineingestellt. Es wird bekundet, daß das Kind letztlich Gott gehört und daß daher weder Familie noch Kirche über sein Gewissen verfügen wollen. Es werden also nicht wehrlose Kinder »vereinnahmt«, sondern für die eigene Glaubensentscheidung gerade freigestellt.

Hans Kümmel

Ausgewählte Bibelstellen

Matth. 3, 2. 15-17; 28, 16-20; Mark. 1, 4; 10, 38; 11, 27-33; 16, 16; Luk. 3, 21f; 12, 50; Joh. 3, 1-8; 4, 1. 2; Apg. 2, 37-41; 16, 15. 33; Röm. 6, 1-11; 9, 7; 1. Kor. 1, 16f

Ergänzende Literatur

Jetter, W.: Taufgeleit. Stuttgart 1965
Kerlen, E.: Getauft für das Leben. Wuppertal 1972
Leuenberger, R.: Taufe in der Krise. Feststellungen — Fragen — Konsequenzen — Modelle. Stuttgart 1973
Wilckens, U.: Artikel »Taufe« in: Theologie für Nichttheologen, a.a.O.
Wullschleger, O.: Sinnvolle Taufe. Meditationen für Pfarrer und Eltern. Lahr 1975
Evangelischer Erwachsenenkatechismus, a.a.O., S. 1059ff

Fragen zum Thema

1. Wann ist ein Mensch im Sinne der »Erwachsenen«-Taufe in volkskirchlichen Verhältnissen »erwachsen«?
2. Sollte man Eltern, die sich aus Glaubensgründen nicht zur Taufe ihrer Kinder entschließen können, eine Ersatzhandlung, etwa eine Kindersegnung, anbieten?
3. Könnte eine solche Entflechtung der Taufpraxis deutlicher machen, was die Taufe ist und was sie nicht ist?

Fragenbeantwortung (Gemeinde- und Jugendkreise)

Frage 1:
Daß ein Mensch, der als Kind getauft wurde, damit noch kein glaubender Christ ist, ist jedermann klar. Luther meinte allerdings eine Zeitlang, die Kindertaufe sei deshalb berechtigt, weil auch Kinder schon glauben könnten. Die Einführung der Konfirmation (schon im Reformationsjahrhundert) macht deutlich, daß auch der offiziellen Kirche bei der für sich stehenden Kindertaufe nicht ganz wohl war. Taufe bedeutet Gottes Anfang mit den Menschen. Wann aber sagt der Mensch sein Ja dazu? Die Konfirmation verlangte ursprünglich ein klares Ja des Glaubens. Heute ist man vorsichtiger geworden, weil man berechtigterweise Bedenken gegen das jahrgangsweise Glaubensbekenntnis hat. Richtig wird sein, daß der Täufling in seinem Leben, früher oder später, mit Wort und Tat sein Ja zur Taufe und damit zu Gott sprechen wird. Das beeinträchtigt nicht das klare Ja Gottes zum Menschen in der Taufe, auf das sich jeder Getaufte in jeder Situation glaubend und vertrauend berufen kann (Luther sprach in Anfechtung: »Ich bin getauft!«). Die Konfirmation macht einen Getauften zum »kirchlich Erwachsenen«, da er von diesem Zeitpunkt ab (bisher ist das noch die Regel) am Abendmahl teilnehmen und Pate sein darf. Allerdings sind gerade diese »Rechte« der Konfirmierten heute in der Diskussion.

Frage 2:
Die Kindersegnung anstelle der Kindertaufe hat ihren guten Sinn. Es sind besonders ernsthafte und ernstzunehmende Christen, die

ihre Bedenken gegen die Kindertaufe äußern. Weil sie die Freiwilligkeit des Glaubens betonen, wollen sie ihre eigenen Kinder nicht in die Organisation »Kirche« hineinzwingen. Sie wünschen sich darum einen Gottesdienst, der den Zuspruch deutlich macht, sie als Eltern in Pflicht nimmt (im Blick auf die christliche Erziehung der Kinder), aber eine eigene Entscheidung der Kinder offen läßt. Kindersegnung kann eine Hilfe sein.

Frage 3:
Kindertaufe *und* Kindersegnung als zwei Angebote der Kirche an Eltern und Kinder würden Aspekte der Volkskirche und der Freikirche beachten und manches schlechte Elterngewissen verhindern.

Kurt Rommel

Zusammenfassende Thesen

Taufe ist das Ja Gottes zu einem Menschen, das ein menschliches Ja herausfordert. Das Ja Gottes wird einem Menschen im Wort und unter dem Zeichen des Wassers zugesprochen. Gott erwartet vom Menschen ein Ja, ein wiederholtes Ja im Laufe seines Lebens. Das Ja bei der Konfirmation sollte nicht das einzige sein. Die Taufe ist als ein Sakrament (= heilige Handlung) ein wichtiges Kennzeichen der Christen und des christlichen Glaubens.

Unterweisung

Wenn wir das Wort »Unterweisung« hören, denken wir meistens sogleich an den Religionsunterricht in der Schule, an den Konfirmandenunterricht im Pfarrhaus oder Gemeindesaal. Das Wort »Unterweisung« läßt sich nicht einengen auf diese beiden erzieherischen Aktivitäten an der Jugend im Bereich von Staat und Kirche.

»Unterweisung« — Sinn und Inhalt

Nach der Konkordanz zur Lutherbibel findet sich dieses Wort im Alten und Neuen Testament. Aber im hebräischen und griechischen Urtext sind es jeweils verschiedene Begriffe, die Luther mit dem Wort »unterweisen« übersetzt hat. Die vordergründige Bedeutung des Wortes ist: informiert, unterrichtet werden. Aber es reicht nicht aus, unterweisen nur so zu verstehen.

An zwei alttestamentlichen Stellen läßt sich verhältnismäßig leicht das Besondere des biblischen Verständnisses von Unterweisung zeigen: Ps. 32, 8: »Ich will dich unterweisen und dir den Weg zeigen, den du wandeln sollst«, und Ps. 119, 27: »Unterweise mich den Weg deiner Befehle.« Aus dem Zusammenhang der beiden Psalmverse geht hervor, daß die Beter dieser Psalmen auf ihrem Lebensweg Spott und Verachtung erfahren. Die Unterweisung Gottes vollzieht sich in der Weise, daß Gott bei ihnen zur Geltung kommt. Das bedingt zwei Erkenntnisse:

Einmal das Wissen, daß sie von Gott angenommen und geliebt sind — und sich als Gottes Söhne (Kinder) verstehen dürfen. Zu dieser Erkenntnis kommt der Gläubige im Alten Testament durch das Wissen um seine Erwählung, die begründet ist in den Offenbarungen Gottes in der Geschichte. So heißt es 5. Mose 6, 20f: »Wenn dich nun dein Sohn heute oder morgen fragen wird: Was sind das für Zeugnisse, die euch der Herr, unser Gott, geboten hat?, so sollst du deinem Sohn sagen: Wir waren Knechte des Pharao in Ägypten, und der Herr führte uns aus Ägypten mit mächtiger Hand . . .«; oder im Neuen Testament, wenn Paulus auf Jesus Christus hinweist und schreibt (1. Kor. 1, 30): »Jesus Christus, welcher

uns gemacht ist von Gott zur Weisheit, zur Gerechtigkeit ...« In diesen Offenbarungen in der Geschichte wird sein Wesen, seine Liebe kund, die die Menschen befreit, Söhne Gottes zu werden. Unterweisung heißt: Gewißheit gewinnen, daß Gott mich angenommen hat, angesichts seines Handelns in der Welt.
Die zweite Erkenntnis: Christen sind Söhne Gottes in der Welt, darum soll die Wirklichkeit des Alltäglichen, das Leben mit seinen Sorgen und Nöten, mit seinem Glück und seinem Erfolg, im privat-familiären wie im gesellschaftlich-politischen Bereich in Beziehung gesetzt werden zu dem Anspruch Gottes, damit aber auch zum weltlichen Bereich. Dies heißt zum Beispiel: Welche Bedeutung hat der Anspruch Gottes für meine Stellung zu politischen Häftlingen? Wer sind sie für mich, und wie rede ich deshalb von ihnen bei Freunden, im Kreis der Familie, an der Arbeitsstelle? Es wird deutlich, daß es hierbei darum geht, daß das Dickicht des persönlichen und politischen Lebens mit seinen vielfältigen bestimmenden Verfilzungen eine Durchleuchtung erfährt. Dieses Durchleuchten der Situation bestimmte zum Beispiel Luthers Stellung im Bauernkrieg, Bonhoeffers Einstellung zum Staat, Martin Luther Kings Haltung im Rassenstreit in den USA. Unterweisung heißt: Gewißheit gewinnen, daß mein Denken und Handeln in der Verantwortung gegenüber Gott begründet ist und geschieht. Dies macht den Menschen zum Anwalt Gottes in der Welt.
Das Ziel der Unterweisung und damit der göttlichen Pädagogik ist zusammengefaßt in 1. Petr. 3, 15: »Heiliget aber Gott den Herrn in euren Herzen. Seid allezeit bereit zur Verantwortung vor jedermann.« Verstehen wir Unterweisung als Unterweisung Gottes, dann wird sie wohl nicht mit Konfirmation oder Schulabschluß und somit dem Aufhören des Religionsunterrichts beendigt sein. Dieser göttlichen Pädagogik bedarf jeder, zu jeder Zeit, an allen Orten; das Lesen der Heiligen Schrift, das Hören einer Predigt, Gebet und Meditation gehören ebenso dazu wie der Umgang mit Christen und Atheisten, das Verarbeiten von Informationen und Nachrichten, die wir täglich hören, sehen und lesen.
Drei Bereiche christlicher Erziehungsarbeit seien genannt:

Unterweisung der Kinder in der Familie

Es ist heute Mode geworden, die religiöse, die christliche Erziehung auf die »Fachleute« abzuschieben: Pfarrer, Religionslehrer,

Jugendleiter und Kindergärtnerinnen. Nichts ist falscher als dies. Die religiöse Erziehung beginnt in der Familie. Es gibt daher Leute, die meinen, daß die religiöse Anlage des Kindes sich von selbst, von innen heraus entfaltet, andere behaupten, man müsse warten, bis die Denkfähigkeit sich entwickelt hat und das Kind in der Lage ist, sich selbst zu entscheiden. Die religiöse Erziehung wird durch die Haltung der Eltern und die Art ihrer Zuneigung bestimmt. Ein Kind wird an der Art, wie seine Eltern mit ihm leben und umgehen, herausfinden, was sie in ihrem Leben für wichtig halten, und es wird sich allmählich seine eigenen Vorstellungen über Gut und Böse, Verbot und Gebot bilden an dem, was seinen Eltern unbedingt gilt. Mit Kindern zu viel und zu unbedacht von Gott zu reden, ist bedenklich. Als Antwort auf Kinderfragen sollte Gott nur dann genannt werden, wenn auch Erwachsene an dieser Stelle von Gott reden würden.

Unterweisung der Jugendlichen in der Schule

Sie geschieht im Religionsunterricht in der Schule, und er soll laut Grundgesetz Artikel 7 Absatz 3 »in Übereinstimmung mit den Grundsätzen der Religionsgemeinschaft erteilt werden«. Seine Aufgabe ist, daß die Schüler biblische Inhalte kennenlernen und sie in Beziehung setzen zu der eigenen Welt- und Lebenserfahrung, um hier dem Jugendlichen vom Evangelium her zu helfen, sich in dieser Welt zurechtzufinden. Dies geschieht heute durch den sogenannten bibelorientierten und problemorientierten Religionsunterricht. Dies hat der schwäbische Religionspädagoge Wegenast treffend gekennzeichnet: »... durch die Auslegung heutiger Wirklichkeit im Lichte christlicher Überlieferung und durch die Auslegung christlicher Überlieferung im Kontext heutiger Wirklichkeit dem Schüler Einsichten zu vermitteln, die ihm dazu verhelfen, allmählich ein eigenes Welt- und Selbstverständnis zu gewinnen ...«.

Unterweisung der Erwachsenen in der Gemeinde

Wenn man bedenkt, daß viele evangelische Christen auf dem Stand des Konfirmandenunterrichts stehengeblieben oder dahinter zurückgefallen sind, so wird man wohl kaum die Dringlichkeit einer biblischen Erwachsenenbildung bestreiten. Nach 1945 wurde in Bad Boll ein neuer Typ einer Bildungseinrichtung für Erwachsene entwickelt, die Akademie. Hierbei geht es um den Versuch, einen biblischen Text auf ein modernes Sachproblem hin so auszulegen, daß in der Sachfrage die Sinnfrage und in ihr die Gottesfrage sichtbar wird (E. Müller). Heute geht es nun darum (neben den vielfältigen Diensten der Kirche durch Predigt, Seelsorge und Diakonie), daß diese Arbeit auf Gemeindeebene aufgebaut und dann auch durchgeführt wird, um hier in Vorträgen, Seminaren, Gesprächen und Diskussionen vom Evangelium her den Christen zu befähigen, über den Grund und Inhalt seines Glaubens Auskunft und Rechenschaft zu geben. *Erich Striebel*

Ausgewählte Bibelstellen

5. Mose 6, 20; Ps. 32, 8; 119, 27; Matth. 28, 16-20; 1. Kor. 1, 30; 1. Petr. 3, 15; die Briefe des Paulus

Ergänzende Literatur

Deresch, W.: Handbuch für kirchliche Erwachsenenbildung. Hamburg 1973 (vergriffen)
Leist, M.: Neue Wege der religiösen Erziehung. München 1974
Ockert, H.: Glaubenskunde für junge Christen. Aussaat-Bücherei 29/30, Wuppertal o.J.
Tschirch, R.: Gott für Kinder. Religiöse Erziehung — Vorschläge und Beispiele. Gütersloher Taschenbücher 83, Gütersloh 1974
Zink, H. und J.: Kriegt ein Hund im Himmel Flügel? Religiöse Fragen bei der Erziehung in den ersten sechs Lebensjahren. Stein b. Nürnberg 1972
Evangelischer Erwachsenenkatechismus, a.a.O., S. 830ff

Fragen zum Thema

1. Wie vertrete ich als Christ meinen Glauben in meiner Familie, in meinem Beruf, bei meinen Freunden, in meiner Gemeinde?
2. In welchen biblischen, theologischen und pädagogischen Fragen bedürfen ich und andere Gemeindeglieder der Hilfe? (Diese Überlegung könnte an den Kirchengemeinderat weitergegeben werden, um in der Gemeinde entsprechende Vortragsabende und Seminare zu veranstalten.)

Erfahrungen aus der Gemeinde

Frage 1:
Unterweisung hat verschiedene Stoßrichtungen: die persönliche Existenz vor Gott und die Verantwortung des Christen vor der Welt. Unterweisung soll also zur »Frömmigkeit heute« und zum »Missionieren« Anleitung und Hilfe geben. Am schwersten ist das wohl in der Familie, am leichtesten in der Gemeinde, unter Gleichgesinnten.
In der Familie heißt »Glauben vertreten« oft ganz schlicht Beispiel geben oder seinen Weg gehen, zum Frieden beitragen, sachlich bleiben, trotz aller Widerstände den Weg zur Gemeinde suchen und zur Verantwortung und Beantwortung bereit sein.
Im Beruf hat es der als Christ leichter, der auch beruflich »auf Draht« ist. Pünktlichkeit, Eintreten für den Schwachen, Sinn für Gerechtigkeit öffnen die Ohren für die Bedeutung der christlichen Botschaft, die auf die Frage nach dem Sinn des Lebens Antwort weiß.
Bei Freunden sollte man von seinem »christlichen Wissen« etwas ins Gespräch einbringen können. Wer dies nicht zuläßt, ist nicht Freund.

Frage 2:
Christliche Unterweisung will mich und andere für den Alltag im Glauben und Leben stärken. Gemeindegruppen (Konfirmandeneltern, Kindergarteneltern, Familienkreise, Gesprächskreise, Mitarbeitergruppen, Kirchengemeinderat) sollen im Gespräch klären, wo sie und andere Hilfe brauchen. Ein »Katechismus für Er-

wachsene« (nicht nur als Buch!) ist nötiger denn je. Das Abendmahl ist gefragt. Vieles in der Bibel bedarf der Erklärung, zum Beispiel die Johannes-Offenbarung, die immer noch und immer wieder ein Rätselbuch ist. Fragen der Erziehung harren ihrer Beantwortung bei Eltern mit Kindern aller Altersstufen. Man müßte sich in Verbindung mit einer Erwachsenenbildungseinrichtung (Akademie, Gemeindedienst, Amt für Volksmission usw.) einen Jahresplan erstellen, der alle Bereiche berücksichtigt.
Regelmäßige Unterweisung ist nötig. Wer nicht weiterlernt, auch in geistlichen Dingen, geht rückwärts. *Kurt Rommel*

Zusammenfassende Thesen

Unterweisung ist zunächst Vorbereitung (bei Erwachsenen) und Folge (bei Kindern) der Taufe. Die Beschränkung der Unterweisung auf die Predigt genügt nicht. Unterweisung ist der regelmäßige Austausch in Fragen des Glaubens, ist das Fördern in Bibelkenntnis, ist eine Auseinandersetzung zwischen Glauben und Leben, ist Suchen nach Maßstäben des christlichen Glaubens und Lebens für heute und morgen. Unterweisung gehört das ganze Leben über zum Glauben, wenn er nicht sterben will.

Versöhnung

Nach einem Verkehrsunfall liegt ein junger Mann verletzt im Krankenhaus. Die Polizei hat festgestellt, daß ihn an dem Unfall keine Schuld trifft. Der Krankenhauspfarrer besucht ihn. Da kommt mit besonderer Betonung aus dem Bett des Verletzten der Ruf: »Herr Pfarrer, was habe ich verbrochen, daß ich nun hier so liegen muß?« Der junge Mann hat einen technischen Beruf. Er weiß: Wenn etwas an einem Gerät nicht funktioniert, dann liegt irgendwo ein Fehler vor. Nun ist in seinem eigenen Leben ein Schaden entstanden. Wo liegt die Ursache? Liegt sie beim Unfallpartner oder in den schwierigen Verkehrsverhältnissen? Aber warum hat es gerade ihn getroffen und nicht einen anderen Verkehrsteilnehmer? Ist das Schicksal — Gott — böse auf ihn?

Eine Urfrage der Menschheit

In der Welt gibt es unter den Völkern und auch im kleinen Bereich des einzelnen Menschenlebens eine Unzahl von Konflikten. Was ist die letzte Ursache? Alle Religionen und Philosophien denken darüber nach. Viele Religionen sagen: Die Götter sind böse auf uns. Wir müssen sie beruhigen durch Opfer oder Askese. Manche Philosophien sagen: Ursache sind Denkfehler. Wir müssen das richtige Programm entwickeln, damit das Leben der Menschen reibungslos abläuft.
Die Bibel sagt: Wir sind abgefallen von Gott. Durch die Schuld stehen wir im Gegensatz zu Gott. Wenn alles neu und heil werden soll, dann muß zuallererst eine Versöhnung geschehen, die Versöhnung zwischen Mensch und Gott.

Versöhnung im Alten Testament

Besonders in den Mosebüchern finden wir viele Kapitel, die vom Opferdienst in Israel berichten. Die Heiligkeit Gottes verlangt den Tod des Sünders. An Stelle des Menschen verfällt das Tier dem Tod. In 3. Mose 16 wird von der Einsetzung des großen Versöh-

nungstags (Jom kippur) berichtet. Der mit der Schuld des Volkes beladene Sündenbock wird an diesem Tag in die Wüste geschickt. Die Propheten müssen dem Volk sagen, daß ein Opfer ohne Buße vergeblich ist. Gehorsam, Barmherzigkeit und Liebe sind Gott wichtiger als Opfer (Hos. 6, 6).
Im Jahr 587 v. Chr. wird Jerusalem zerstört. Das Volk wird in die Gefangenschaft nach Babel geführt. Nach diesem Zusammenbruch, der als Gericht Gottes verstanden wird, kommt es zu einem vertieften Bewußtsein der Sündhaftigkeit im Volk. Die niedergeschlagene Gemeinde erhält dort das prophetische Wort: »Der Knecht Gottes nimmt die Schuld des Volkes auf sich« (Jes. 53). Er schafft Versöhnung, Heilung.

Versöhnung durch Jesus Christus

Im Neuen Testament steht 2. Kor. 5, 19: »Gott versöhnte in Christus die Welt mit ihm selber.« Das Kreuz Christi ist das Zeichen der Versöhnung. Am Kreuz erkennen wir zuerst das Nein Gottes zu der Schuld des Menschen. Die Folge der Schuld ist der Tod. Jesus stirbt um der Schuld der Menschen willen.
An diesem Nein kommen wir Menschen nicht vorüber, auch wenn der Mensch zu allen Zeiten versucht, die Schwere der Schuld zu verkleinern. Viele Kunststücke — oft sehr geistreiche und psychologische Tricks — werden von uns Menschen angewandt, um Schuld zu verharmlosen oder für etwas Normales zu erklären. Echte Versöhnung kann jedoch nur geschehen, wenn dieses Nein Gottes anerkannt wird. Nur wer sich darunter beugt, kann Versöhnung mit Gott erfahren.
Am Kreuz aber erkennen wir auch das volle Ja Gottes zum Menschen. Gott will nicht, daß der Mensch zugrunde geht in Angst und Verzweiflung über sein Versagen. Er schenkt Vergebung. Die Vergangenheit ist erledigt. Es ist um Christi willen nichts mehr zwischen uns und Gott. Wir sind versöhnt.

Jesu Verhalten gegenüber den Gegensätzen

In der Welt herrscht ein Grundgesetz, das die Not immer noch größer macht: »Wie du mir, so ich dir!« Dieser Teufelskreis muß durchbrochen werden. Jesus hat das getan. Er konnte scharfe Kritik üben an denen, die in stolzer Überheblichkeit andere verachteten und so den Graben tiefer machten. Er zeigte jedem, daß er nur von Gnade leben kann. Mit allen Menschen hatte Jesus unendliche Geduld.

Wie geschieht Versöhnung unter uns?

Gottes Liebe in Christus gilt allen Menschen. Jeden anderen Menschen — gerade auch den, mit dem ich nicht versöhnt bin — liebt Gott ebenso wie mich. Wie sollte ich einen Menschen hassen, den Gottes Liebe ebenso sucht wie mich? Gott will uns helfen zur Offenheit füreinander. Weil Gott vergibt, sollen auch wir vergeben. Gott will uns frei machen von allem rechthaberischen Egoismus. Er will, daß wir zuerst die Fehler bei uns selbst suchen. Beim Gespräch miteinander soll auf keiner Seite etwas verschleiert werden. Es könnte sonst nur zu einer billigen Versöhnung kommen, die nicht dauerhaft sein kann. Was geschehen ist, muß aufgearbeitet werden. Nicht in zorniger Abrechnung, sondern in Geduld und in der Bereitschaft, die verletzte Ehre in den Hintergrund zu stellen. Versöhnung kann schwere Arbeit sein, schwerer als jeder Kampf. Wo man sich diese Arbeit ersparen will, kann Versöhnung zu einem oberflächlichen oder sentimentalen Theater werden. Nur wo dieses offene Aufarbeiten der Konflikte geschieht, kann es zu einem wirklichen Zusammenfinden kommen. Dies gilt auch im Blick auf die Gegensätze zwischen Konfessionen und kirchlichen Gruppen. Manche denken, sie könnten Frieden und Versöhnung finden, indem sie den andern meiden und sich in ein Leben abseits der konfliktgeladenen Welt zurückziehen. Solches Verhalten kann Flucht sein vor einer Aufgabe, die Gott gestellt hat. Gott will, daß wir Schritte zur Versöhnung wagen. Jesus sagt Matth. 5, 2: »Gehe hin und versöhne dich mit deinem Bruder!«

Wenn Versöhnung nicht möglich ist . . .

Paulus schreibt Röm. 12, 18: »Ist es möglich, soviel an euch ist, so habt mit allen Menschen Frieden!« Wo dies jedoch wegen des Starrsinns auf der anderen Seite nicht möglich ist, da muß der Gegensatz als Kreuz, als auferlegtes Leiden in Geduld und ohne Haß übernommen werden. Wir können für den andern beten, können Gott bitten, daß er zu gegebener Stunde einen Weg zeigen möge.

Oft beten wir viel zu wenig für diejenigen Menschen, die uns schwer zu schaffen machen. Das gilt auch im Blick auf politische Auseinandersetzungen.
Eines muß uns in Nüchternheit bewußt sein: Endgültige, volle Versöhnung in allen Dingen wird es erst geben am Ende der Tage, wenn Gott sein wird alles in allem. Mit Gewalt — auch mit gut gemeinter geistlicher Gewalttätigkeit — läßt sich der Zustand der Versöhnung nicht herbeizwingen. Es kann bei allzuviel Drängen oft zum gegenteiligen Ergebnis kommen. Darum gilt es, in Geduld — oft unter Leiden und oft nur in kleinen Schritten — den Auftrag zu erfüllen, die Versöhnung, die Gott uns in Christus geschenkt hat, in der Welt zu leben. *Walter Schmid*

Ausgewählte Bibelstellen

3. Mose 16; Jes. 53; Hos. 6, 6; Matth. 5, 2; Röm. 12, 18; 2. Kor. 5, 19

Ergänzende Literatur

Reiser, L.: Artikel »Versöhnung« in: Politik für Nichtpolitiker, hrsg. von H.J. Schultz, Bd. 2. Stuttgart 1970
Schlatter, A.: Vergebung und Versöhnung. Calwer Hefte 120
Schmidt, H.: Frieden. Themen der Theologie 3. Stuttgart 1969
Friedensaufgaben der Deutschen. Denkschrift der EKD. Gütersloh 1968 (vergriffen)

Fragen zum Thema

1. Erfahren wir Gottesdienst und Abendmahl als Versöhnung bringende Ereignisse in unserem Leben?
2. Wozu erziehen wir unsere Kinder: zum »sich durchsetzen, sich behaupten« oder zum »nachgeben, den Frieden suchen, sich versöhnen«?
3. Gibt es Grenzen in der Versöhnungsbereitschaft?
a) In der Politik: Wenn der Verhandlungspartner die Versöh-

nungsbereitschaft nur als Schwäche ansieht und zum eigenen Vorteil ausnützen will.
b) In der Ehe: Wenn das Bleiben beim Partner zur unerträglichen Qual für den versöhnungsbereiten Menschen wird.
c) In der Theologie: Wenn der andere entscheidende Aussagen der Schrift verfälscht.

Gesprächsprotokoll (Gemeindekreis)

Frage 1:
Im Zusammenhang mit Matth. 5, 24 und der Stelle im Vaterunser »Wie auch wir vergeben unsern Schuldigern« wird gefragt, ob die Versöhnung nicht dem Gottesdienst und besonders dem Abendmahl vorausgehen müsse (Erinnerung an frühere Beichtgottesdienste zwei Tage vor dem Gang zum Abendmahl). Hat die Kirche hier nicht etwas verloren? Ist Beichte innerhalb der Abendmahlsfeier nicht zu kurz? Müßte heute nicht stärker auf Bereitschaft zur Versöhnung hingewirkt werden als Voraussetzung der Gemeinschaft mit Christus?
Dem wird entgegengehalten: Wenn wir zu sehr auf die Vorbedingungen drängen, kann es noch mehr zur Entfremdung oder zu einer Verkrampfung dem Abendmahl gegenüber kommen. Unwürdig sind wir immer; Versöhnung ist ein fortgesetztes Geschehen. Das Abendmahl hat auch andere Aspekte als nur die Versöhnung. Der bedrückende Eindruck kommt sicher auch von der Form her. Als besonders befreiend werden von einigen Teilnehmern die Gebete nach der Kommunion empfunden, die von Versöhnung und neu gestifteter Gemeinschaft ausgehen.
Ein Teil der Teilnehmer hat als Antwort auf die gestellte Frage ein rundes »Ja — immer!« Ein kleinerer Teil sagt: »Oft bleibt der bedrückende Eindruck bei Gottesdienst und Abendmahl.« Ein Teilnehmer versucht zusammenzufassen: »Es sollte immer das Erlebnis von Gericht und Befreiung da sein.«

Frage 2:
Zuerst wird von den Teilnehmern betont, daß Versöhnen und Nachgeben nicht dasselbe sind. So ist auch »versöhnungsbereit

sein« nicht dasselbe wie »weich sein«. Der Friede kann auch mit Stärke gesucht werden. Ein »Sich durchsetzen« muß ein Kind lernen. Es kommt aber auf die Mittel an und das »Wie«. Dabei wird das Buch von Kamlah erwähnt: »Christentum und Selbstbehauptung«. Auch Luthers Zwei-Reiche-Lehre wird in der Aussprache erwähnt. Ein Teilnehmer meint: Versöhnen kann nur der Stärkere. Auch wenn er im Recht ist, läßt er dem anderen seinen Raum. Es wird festgestellt, daß man auch im Geschäftsleben mit der Bereitschaft zur Versöhnung durchkommt.
In der Erziehung kann es ein schwerer, langer Prozeß sein, Jugendlichen klarzumachen, daß der Verzicht auf Ellbogen die bessere Haltung ist. Andererseits sind Kinder oft schneller wieder gut miteinander als erwachsene Menschen. Bei der Erziehung zur Versöhnungsbereitschaft kommt es stark auf die Ziele der Eltern an. Ist ihnen das wichtigste, daß ihre Kinder später Spitzenpositionen in der Gesellschaft einnehmen, oder ist es für sie entscheidend, was für Menschen die Kinder werden? Erziehen zur Versöhnungsbereitschaft kann nur, wer selber in seinem Leben Versöhnung erfahren hat. Kinder beobachten gerade auch in dieser Hinsicht ihre Eltern oft sehr genau.

Frage 3a:
Bischof D. Claß sagt: »Wir können nicht unsere Kriterien zu den Kriterien der Politik erheben.«
Wirkliche Versöhnungspolitik gibt es nicht.
Hat eine säkularisierte Volksmasse so viel Substanz, daß man sie auf Versöhnung ansprechen kann? Angesprochen werden können doch nur Versöhnte? Wieder wird von der Zwei-Reiche-Lehre gesprochen. Wir müssen die zwei Reiche unterscheiden, dürfen sie aber nicht scheiden. In der Politik stößt man auf Grenzen, wenn der Partner die Versöhnungswilligkeit wohl verstehen könnte, dann aber doch darauf bewußt nicht eingeht. Man soll sich auch in der Politik der Versöhnungsbereitschaft nicht rühmen. Wenn man Versöhnung propagiert, muß man sich Rückfragen gefallen lassen, ob man auch in anderen Bereichen versöhnungsbereit ist. Der Politiker muß darauf achten, daß der Versöhnungsgedanke zu einer positiven und nicht zu einer destruktiven Entwicklung führt.
Versöhnung in der Politik kann auf Kosten der Wahrheit gehen oder nur einem Zweckdenken dienen. Oft müssen Dinge mutig ausgesprochen und dürfen nicht um eines falschen Friedens wil-

len verschwiegen werden. (Vgl. zum Beispiel die Zeit des Dritten Reiches.)

Frage 3b:
Es gibt Grenzen. Wenn die Würde des Menschen es verlangt, muß man einmal Schluß machen. Um diese Frage wird sehr gerungen. Gott hat oft Wege zur Rettung, wo Menschen keine Wege mehr sehen. Um der Kinder willen sollte viel Schweres übernommen werden. Eine Grenze liegt bei der Brutalität. Zur »offenen Ehe«: Von den Sprechern wird betont, daß es nur eine geschlossene oder eine gebrochene Ehe gibt. Meist zieht die Gebrochenheit den gerichtlichen Schritt nach sich.

Frage 3c:
Sollte man auch bei theologischen Verschiedenheiten nicht klar zeigen, daß man den andern trotzdem nicht aufgibt?
Müssen denn um der Versöhnung willen theologisch verschiedene Standpunkte einander angeglichen werden? Können sie nicht getrost nebeneinander bestehen?
Oft redet man auch aneinander vorbei. Es wird gefragt, wie Eph. 5, 11 »Habt nicht Gemeinschaft mit den unfruchtbaren Werken der Finsternis« auszulegen ist. Müssen da nicht auch im theologischen Bereich Grenzen gezogen werden, zum Beispiel wenn jemand die Gottessohnschaft Jesu leugnet?
Die Kirchengeschichte zeigt viele Beispiele, wo die Grenzen zu eng gezogen worden sind. Es gibt aber Grenzfälle, bei denen mit Versöhnung allein nicht geholfen ist. Die Wahrheitsfrage muß durchgehalten werden. Es muß abgegrenzt werden, was »bei uns nicht mehr möglich ist«. Dies fordert die Verantwortung gegenüber dem Wort. Kein Theologe gibt zu, daß er ein Verfälscher ist. Für jeden Fall sollte nicht wegen Äußerlichkeiten jemandem der Glaube abgesprochen werden.
Mancher wird zum echten Märtyrer durch falsche Grenzen, die in der Gemeinde und Kirche gezogen werden.

Walter Schmid

Zusammenfassende Thesen

Gott schafft Versöhnung. Gott hat keine Feinde. Viele Menschen sehen aber in Gott ihren Feind. Gott liegt daran, sich mit diesen Menschen zu versöhnen. Das Reden und Tun, das Leiden und Sterben Jesu sollte dazu dienen, den Menschen einsichtig zu machen, wie sehr Gott an der Versöhnung gelegen ist. Nicht unsere Worte, Gebete, guten Taten sollen Gott umstimmen und versöhnen, sondern der Mensch soll durch Gottes Liebe zur Versöhnung bereit werden. Von Gott aus ist alles getan. Versöhnung ist eine Umschreibung des Evangeliums, des Glaubensinhalts.

Wiederkunft

An vielen Stellen wird im Neuen Testament von der Wiederkunft Jesu geredet.

In den Evangelien

In den ersten drei Evangelien wird übereinstimmend gesagt, daß Jesus, der Menschensohn (vgl. Dan. 7, 13-14), am Ende der Tage sichtbar in Macht und Herrlichkeit in Erscheinung tritt als der, der er ist, um für immer bei seiner Gemeinde zu sein (vgl. Matth. 24 und 25; Mark. 13; Luk. 21). Wer den Zeitpunkt der Wiederkunft berechnen will, wird sich verrechnen. Wer aber mit der Wiederkunft Christi rechnet, muß sich auf ein unerwartetes Kommen einstellen und sich deshalb jederzeit bereithalten. »Darum wachet; denn ihr wisset nicht, welchen Tag euer Herr kommen wird« (Matth. 24, 42). Wichtiger als die neugierige Frage nach dem Termin ist die Frage: Wer wird gerettet? Denn die Trennungslinie wird bei seinem Kommen mitten durch die Nächsten hindurchgehen. »Dann werden zwei auf dem Felde sein; einer wird angenommen, und der andere wird verworfen werden« (Matth. 24, 40). Im Johannes-Evangelium wird Jesu Wiederkommen nur mit knappen Hinweisen angedeutet (Joh. 14, 3. 28).

Bei Paulus

Ausführlicher geht Paulus in seinem ältesten uns erhaltenen Brief (etwa 50 n. Chr. geschrieben) auf die Frage nach der Wiederkunft Jesu ein: 1. Thess. 4, 13 - 5, 11. Paulus lebte in der Erwartung der unmittelbar bevorstehenden Wiederkunft Jesu. Aber nun dauerte es mit der verheißenen Wiederkunft länger. In Thessalonich waren bereits einige Christen gestorben, ohne die Wiederkunft Christi erlebt zu haben. Man war beunruhigt, ob ihr Tod ihre Hoffnung auf Jesus zerschlug. Paulus tröstet die Lebenden, daß Gott auch denen, die im Vertrauen auf Jesus gestorben sind, mit Jesus das Leben schenken wird. Weder die Entschlafenen haben einen Nach-

teil noch die Lebenden einen Vorteil, wenn sich die Wiederkunft Jesu ereignet (vgl. 1. Kor. 15, 23; 1. Thess. 5, 10). Paulus sagt, worauf es ankommt: sich ständig bereit zu halten, denn »der Tag des Herrn wird kommen wie ein Dieb in der Nacht« (1. Thess. 5, 2).
Im 2. Thessalonicherbrief muß sich Paulus mit Leuten in der Gemeinde auseinandersetzen, die behaupten, der Jüngste Tag sei schon gekommen, man brauche auf das Kommen Jesu gar nicht mehr zu warten, man könne sogar die Arbeit niederlegen. Ihnen gegenüber hält Paulus daran fest, daß die Wiederkunft Jesu noch aussteht. Ehe Christus wiederkommt, muß zuvor der Widersacher erscheinen. Der Widersacher (der Antichrist) wird deshalb so gefährlich für die Gemeinde Jesu sein, weil er sich in den »Tempel Gottes« setzt (2. Thess. 2, 4), das heißt im Bereich der Kirche auftritt. Seine Botschaft wird der echten christlichen zum Verwechseln ähnlich sein (vgl. Offbg. 13). Darum ermahnt Paulus die Gemeinde zur Festigkeit in der Anfechtung und tröstet sie mit den Worten: »Der Herr ist treu, der wird euch stärken und bewahren vor dem Argen« (2. Thess. 3, 3).

In den anderen Schriften

Im 2. Petrusbrief, der als späteste Schrift des Neuen Testaments gilt (etwa in der Mitte des 2. Jahrhunderts geschrieben), werden Spötter erwähnt, die sagen: »Wo bleibt die Verheißung seines Kommens? Denn nachdem die Väter entschlafen sind, bleibt es alles, wie es von Anfang der Schöpfung gewesen ist« (2. Petr. 3, 4). Das lange Warten auf die Wiederkunft Jesu ist vielen damals zum Problem geworden, auch den Christen. Angesichts dieser um sich greifenden Verunsicherung, ob wir noch mit der Wiederkunft Jesu rechnen können, sagt der Verfasser des 2. Petrusbriefs mit Nachdruck: Der Herr kommt gewiß. Gott hat ein anderes Zeitmaß: ». . . ein Tag vor dem Herrn ist wie tausend Jahre« (2. Petr. 3, 8). Der Grund der Verzögerung wird angedeutet: Gott hat Geduld.
Der Jakobusbrief ermahnt die Christen zur standhaften Ausdauer »bis auf den Tag, da der Herr kommt« (Jak. 5, 7). Mit der Aussage: »Der Herr kommt bald« (Jak. 5, 8) wird die Dringlichkeit unterstrichen, sich jederzeit bereit zu halten.
In der Offenbarung des Johannes wird der Gemeinde gesagt, was sich in der Zukunft ereignet. Die Offenbarung entstand in einer

Zeit, in der Verfolgung, Not und Grauen sich auszubreiten beginnen. Die Christen sind bedrängt und gefährdet. In immer wieder anders gearteten Bildern sieht Johannes, daß Gott das Regiment in seinen Händen hat und er einmal die Geschichte dieser Welt beenden und vollenden wird. Von dieser Gewißheit ist das ganze Buch der Offenbarung durchzogen: Christus wird wiederkommen, um eine neue Schöpfung heraufzuführen, in der das Unheil, das Leid, das Geschrei und der Tod keinen Platz und kein Recht mehr haben (Offbg. 21,5). Nicht der Mensch wird das tun können, weder der fromme noch der gottlose. Die Christen aber sollen und können Zeichen setzen.

Maranatha

Im 1. Korintherbrief ist am Schluß ein aramäischer Ruf aus dem frühchristlichen Gottesdienst überliefert, der sich nur einmal im Neuen Testament findet: Maranatha (1. Kor. 16, 22). Mit diesem Ruf wird die Bitte um die Wiederkunft Christi ausgesprochen: »Unser Herr, komm!« Am Schluß der Offenbarung des Johannes spricht der lebendige Herr: »Siehe, ich komme bald«, und die Gemeinde richtet ihre Augen voll Sehnsucht auf ihn und ruft: »Amen, ja komm, Herr Jesus« (Offbg. 22, 20).

Was daraus folgt:

1. Der wiederkommende Christus ist kein anderer als der gekommene Heiland. Der Herr wird in Macht und Herrlichkeit vollenden, was er in Kreuz und Auferstehung begonnen hat. Das ist Grund zur Freude. Wir brauchen vor dem kommenden Richter nicht zu zittern, wenn wir den gekommenen Retter kennen.
2. An der »ersten Rate« (vgl. 2. Kor. 1,22), die Jesus uns heute schon ganz real zuteil werden läßt — Vergebung der Schuld, Trost im Leid, Geborgenheit bei ihm —, läßt sich ermessen, was er uns in der Vollendung schenken will. Der wiederkommende Herr ist nicht der »große Kaputtmacher«, sondern »der große Neumacher«, sagt Blumhardt.
3. Wir brauchen Zeit oder Stunde nicht zu wissen (Apg. 1,7). Wir sollen nur um eines besorgt sein: daß wir bereit sind, wenn er kommt. Nötig ist, daß wir Jesus allein unsere einzige Hoffnung im Leben und im Sterben sein lassen. Nötig ist, daß wir unser Leben in

allen seinen Bereichen der Herrschaft Jesu unterstellen (1. Thess. 5, 23). Nötig ist die Bereitschaft zum Warten auf Jesus und zum Leiden.

4. »Eine Kirche, die nicht auf die Wiederkunft ihres Herrn wartet, hat . . . ihre Kraft verloren« (C.F.v. Weizsäcker). »Mag sein, daß der Jüngste Tag morgen anbricht, dann wollen wir gern die Arbeit für eine bessere Zukunft aus der Hand legen, vorher aber nicht« (Dietrich Bonhoeffer).

Wer auf den kommenden Christus wartet, träumt nicht vom Himmel, sondern handelt auf dieser Erde, so lange, bis er kommt. »Von den Haushaltern wird nichts erwartet, als daß sie treu erfunden werden« (1. Kor. 4, 2): treu im Dienst als Zeugen Jesu Christi, treu im Dienst der Liebe.

In der Lausanner Verpflichtung des Internationalen Kongresses für Weltevangelisation wurde 1974 zur Frage der Wiederkunft Christi folgende Aussage gemacht: »Wir glauben, daß Jesus Christus persönlich und sichtbar in Macht und Herrlichkeit wiederkommen wird, Heil und Gericht zu vollenden . . . Bis dahin verpflichten wir uns zum Dienst für Christus und die Menschen in freudiger Hingabe an seine Herrschaft über unser ganzes Leben.«

Gerhard Röckle

Ausgewählte Bibelstellen

Dan. 7, 13-14; Matth. 24-25; Mark. 13; Luk. 21; Joh. 14, 3. 28; Apg. 1, 17; 1. Kor. 15, 23; 16, 22; 2. Kor. 1, 22; 1. Thess. 4, 13 - 5, 11; 2. Thess. 2, 4; Jak. 5, 7-8; Offbg. 13; 21, 5

Ergänzende Literatur

Grünzweig, F.: Scheinwerfer auf dem Weg durch die Endzeit. Telos-Taschenbuch, Neuhausen 1974
Hildmann, G.: Jenseits des Todes. Stuttgart 1970 (vergriffen)
Hutten, K.: Zukunft — Paradies oder Weltuntergang? Brockhaus Linienbücher 10. Wuppertal 1974
Lamparter, H.: Die Hoffnung der Christen. Metzingen 1976
Marsch, W.-D.: Zukunft. Themen der Theologie 2. Stuttgart 1969
Pache, R.: Die Wiederkunft Jesu Christi. Wuppertal 1974
Schloemann, M.: Wachstumstod und Eschatologie. Stuttgart 1973
Stählin, W.: Das Buch mit den sieben Siegeln. Stuttgart 1974
Thielicke, H.: Das Bilderbuch Gottes. Taschenbuchausgabe, Stuttgart 1964
Thielicke, H.: Woran ich glaube. Der Grund christlicher Gewißheit. Stuttgart 1976
Evangelischer Erwachsenenkatechismus, a.a.O., S. 871ff

Fragen zum Thema

Wie verhalten sich weltliche und christliche Zukunftserwartungen zueinander? Wie halten wir uns bereit für die Wiederkunft Jesu? Was können und müssen wir tun, daß auch andere sich bereit halten? »Wer mit der Wiederkunft Jesu rechnet, handelt in der Gegenwart.« Versuchen Sie, diesen Satz zu begründen!

Weiterführende Gedanken (nach Gruppengesprächen)

Die Frage der Zukunft beschäftigt Christen und Atheisten. Dichter und Naturwissenschaftler legen ihre Entwürfe vor. In der östlichen und westlichen Welt bestimmen unterschiedliche Zukunftserwartungen das politische Handeln. Es ist interessant, einmal anhand von vorliegenden Texten die verschiedenen Zukunftserwartungen zu untersuchen: etwa im Islam, im Buddhismus, im Marxismus oder bei der jungen Generation unserer Tage. (Hilfreich sind dabei die Informationen und Arbeitstexte, die von der Evangelischen Zentralstelle für Weltanschauungsfragen in Stuttgart herausgegeben werden.)
In der geistigen Landschaft der westlichen Industriewelt zeichnet sich etwa seit den sechziger Jahren eine grundlegende Veränderung ab. Aus dem Wunschtraum Zukunft (immer schneller, reicher, schöner) wurde auf einmal der Alptraum (immer enger, immer bedrängender, mehr Angst). Das Bild der Zukunft, welches uns die junge ökologische Forschung vor Augen führt, ist in der Tat mit sehr düsteren Farben gemalt. Hier geht es um die »Not des Überlebens« der gesamten Menschheit. Es geht um nicht weniger als um die drohende Selbstvernichtung des Menschen. Martin Schloemann gibt in seinem Buch »Wachstumstod und Eschatologie« ein Zwischenergebnis der heutigen Zukunftsdebatte: »Auch darin sind sich alle ernst zu nehmenden Prognosen, mögen sie noch so unterschiedlich ausfallen, jetzt einig: der gefährliche ‚point of no return' — in der Raumfahrt die letzte Gelegenheit zu einer Kurskorrektur, die nicht versäumt werden darf — ist zwar wahrscheinlich noch nicht überschritten ... Jener Punkt liegt (aber) höchstwahrscheinlich noch innerhalb dieser Generation«

(S. 16). Naturwissenschaftler legen ihre Studien vor, und Mathematiker rechnen mit ihren Computern die gegenwärtigen Trends hoch (Bevölkerungsexplosion, Energieknappheit, Verschmutzung der Umwelt) und prophezeien einen Kollaps unseres ganzen Weltsystems bis spätestens im Jahr 2 200.
Angesichts der Analysen der Zukunftsforscher steht die Menschheit insgesamt vor der unwiderruflichen Alternative: entweder Umkehr oder Untergang. Wenn dem wirklich so ist, dann muß man freilich besorgt fragen, ob es je zu einer weltweiten Umkehr der Menschen komme. Selbst die bisherige Annahme, ein allgemeines Krisenbewußtsein bringe die Menschen zwangsläufig zu vernünftigen Lösungen (so Georg Picht noch im Jahr 1969), überzeugt heute nicht mehr.
Es gilt zu überlegen, ob Christen in unseren Tagen nicht auch hier ihre Verantwortung wahrzunehmen haben: dem Versuch der Verdrängung (»Denk nicht dran!«) und dem um sich greifenden Fatalismus (»Du kannst doch nichts machen!«) zu wehren. Eines sollte ausgeschlossen werden: aus der Zukunftsangst unserer Mitmenschen für den christlichen Glauben billiges Kapital herauszuschlagen. Warum? Weil der wiederkommende Christus souverän auch über allen Hochrechnungen der Mathematiker steht. Sein Wiederkommen ist nicht abhängig von den Prognosen der Ökologen. Aus den Abläufen der Menschheits- und Kulturgeschichte mit ihren Höhepunkten und Krisen läßt sich die Wiederkunft Christi weder herleiten noch berechnen. Der kommende Herr, auf den Christen warten, behält sich selber vor, den Tag und die Stunde zu bestimmen. Den Zeitpunkt, wann er sein Herrsein sichtbar macht, weiß allein Gott.
Die Zukunftserwartung der Christen ist davon bestimmt, daß sie sich ganz den Nöten und Aufgaben dieser Welt stellen und zugleich auf den Herrn warten, dessen Ruf unabhängig von den jeweiligen Zwischenergebnissen der Zukunftsforscher gültig bleibt: Siehe, ich komme bald! Wie Gott es ist, der diese Welt hält und trägt, so wird es auch Gott sein, der die neue Welt schafft, wo dann das Leid und der Tod keinen Platz mehr haben. Als Christen brauchen wir den Mut und die feste Gewißheit, daß — bei allem Schrecklichen, was noch auf uns zukommen mag — zuletzt und am Ende nicht Bilder des Schreckens stehen, sondern das Bild dessen, der uns sagt: »Ich bin bei euch alle Tage bis an der Welt Ende.«

Gerhard Röckle

Zusammenfassende Thesen

Das Bekenntnis zur Wiederkunft Christi ist ein Bekenntnis zum auferstandenen, lebendigen Herrn von besonderer Art. Ein Herr, der wiederkommt, lebt jetzt. Die Adventszeit mit ihren vier Adventssonntagen macht auf das vierfache Kommen Jesu aufmerksam. Der erste Advent: Jesus kommt zum Sterben und Auferstehen. Der zweite Advent: Jesus kommt wieder am Ende der Tage. Der dritte Advent: Jesus kommt im Wort der Predigt. Der vierte Advent: Jesus kommt als Mensch. Zwischen dem ersten und zweiten Advent leben wir. Christen betonen teils mehr den ersten, teils mehr den zweiten Advent. Auf jeden Fall: Der Glaube an die Wiederkunft Christi ist die Konsequenz aus dem Osterglauben der Christen, ist Inhalt der christlichen Hoffnung.

Wunder

Religionsunterricht im zweiten Schuljahr. Die Lehrerin erzählt von Jesus: »Er zog im Land umher. Er erzählte den Menschen von Gott; und er half ihnen. Er heilte Kranke.« Stefan ruft dazwischen: »Das stimmt nicht. Die Bibel ist nicht ehrlich!« Was hätten Sie dem Kind gesagt?

Hinter diesem kleinen Erlebnis, das ich vor kurzem in der Schule hatte, steht ein ganz schwieriges Problem — nicht nur für den Religionslehrer, sondern für jeden, der heute an Jesus glauben will. Denn unser Glaube lebt von der neutestamentlichen Christusverkündigung. Und die Evangelien erzählen von Jesus eine Fülle Wundertaten: unheilbar Kranke macht er gesund, Tote weckt er auf, er stillt den Sturm auf dem See Genezareth, mit fünf Broten und zwei Fischen speist er 5000 Menschen. Solche Erfahrungen machen wir gegenwärtig nicht. Woran liegt das? Am Neuen Testament oder an uns? Ist unser Glaube schwach? Oder gehören die Evangelien eben in eine andere Zeit, in der man anders dachte als heute, in der man ein anderes Weltbild hatte und sich überall solche Wundergeschichten erzählte?

Die Anfechtung

Man hat in der Neuzeit auf verschiedene Weise versucht, mit den neutestamentlichen Wundergeschichten fertigzuwerden. Die einen sagten: wir können sie streichen, für uns sind sie unannehmbar, wir brauchen sie nicht, um Jesus zu verstehen. Andere meinten: wir dürfen sie nicht wörtlich verstehen, wir müssen sie deuten, nach ihrem Sinn für uns fragen; es sind Legenden, deren innere Bedeutung wir verstehen müssen. Oder man sagte: Für mich ist das kein Problem. Jesus war Gottes Sohn, für ihn sind das Kleinigkeiten.

Wenn die Wunder in den Evangelien eine Nebensache wären, wäre das Problem nicht so bedrängend. Aber sie sind eine Hauptsache. Wenn wir sie ausklammern, dann verfälschen wir die Christusverkündigung der neutestamentlichen Evangelien. Jesus hat nicht nur mit einer besonderen Vollmacht gepredigt, er hat auch mit besonderer Vollmacht gehandelt. Wort und Tat gehören bei ihm untrennbar zusammen. Für ihn gibt es keine hoffnungslosen Fälle. Seine Hilfe gilt dem ganzen Menschen, nach Leib, Seele und Geist. Und wir glauben nicht an einen vergangenen, toten Jesus, sondern an den lebendigen, gegenwärtigen Christus, der in seiner Gemeinde und durch sie wirkt. Wir glauben an den, der sagt: »Wer an mich glaubt, der wird die Werke auch tun, die ich tue, und wird größere als diese tun; denn ich gehe zum Vater« (Joh. 14, 12). Ist diese Einheit von Wort und Tat noch lebendig bei uns? Erfahren wir noch, daß bei Gott kein Ding unmöglich ist? Wenn wir an Christus glauben, dann muß uns die Erfahrung menschlichen Elends in dieser Welt bedrängen. Wenn wir Gott heute nicht entsprechend wie im Neuen Testament am Werk sehen, dann kommt unser Glaube in die Anfechtung. Wir dürfen uns der Anfechtung nicht entziehen.

Krafttaten

Die Wunder, die uns von Jesus erzählt werden, heißen im Neuen Testament »Krafttaten« und »Zeichen«. Die Menschen damals verstanden das Geschehen in der Welt nicht als einen naturgesetzlichen Zusammenhang, sondern als Zusammenspiel und Widerstreit göttlicher, menschlicher und dämonischer Kräfte. Bei allem, was geschieht, ist die entscheidende Frage: Welche Kraft setzt sich durch? Gottes Macht ist die stärkste Kraft. Sie wirkt durch Jesus. Aber sie ist auch jedem Glaubenden verheißen (»Alle Dinge sind möglich dem, der glaubt«, Mark. 9, 23). Als Krafttaten haben Jesu Wunder den Charakter eines Machtkampfes. Er bedroht den Wirbelsturm (Mark. 4, 39) ebenso wie das Fieber (Luk. 4, 39) und den Dämon (Mark. 1, 25). Darum geht es, ob Gottes Kraft oder die böse, zerstörende Macht sich durchsetzt.
Ist uns ein solches Denken fern? Erleben wir in unserem menschlichen Zusammenleben nicht ständig, daß hier die Dinge eben nicht nach einer berechenbaren Gesetzlichkeit ablaufen, sondern daß es darum geht, welche Kraft sich durchsetzt — die Kraft des Vertrauens oder des Mißtrauens, der Liebe oder der Feindschaft, die Macht des Guten oder des Bösen, die Kraft Gottes oder des Auseinanderbringers? In der Ehe erleben wir das, in der Familie, am Arbeitsplatz, in der Politik. Hoffnung auf das Wunder

heißt: wir vertrauen darauf, daß Gottes Kraft sich als die stärkere erweist — nicht nur so im allgemeinen, sondern konkret, praktisch in der Bedrängnis.
Gottes Kraft wird im Menschen und durch den Menschen wirksam als Kraft des Glaubens. Krafttaten machen den Glauben nicht überflüssig. Wunder als Beweis für Gott gibt es nicht.

Zeichen

Nicht Schauspiel sind die Wunder Jesu, sondern Zeichen. Jesus hilft den Menschen in ihrer ganz konkreten Not. Aber man darf nicht nur die Heilung, die Sturmstillung, die Speisung sehen und darüber staunen; so versteht man die Wunder nicht. Sie sind Zeichen, die darauf hinweisen, daß durch Jesus Gott selbst zu den Menschen kommt, Zeichen der neuen Zeit, Zeichen der anbrechenden Gottesherrschaft. Als Zeichen gehören sie unmittelbar zusammen mit der Predigt Jesu. Beide sind Ruf zu einem Glauben, der sich ganz der Kraft Gottes anvertraut. Nicht jeder Zeuge eines Wunders erkennt, was hier geschieht. Es kann sein, daß da einer Gott preist, oder daß einer zutiefst erschrocken die Nähe Gottes erfährt und ausruft: »Herr, gehe von mir hinaus, ich bin ein sündiger Mensch« (Luk. 5,8). Es kann aber auch sein, daß ein verstocktes Herz nichts vernimmt (Mark. 6, 52), daß Ärgernis (Matth. 11, 6) oder verschärfte Ablehnung entsteht (Matth. 12,24). Man muß die Wunder durchschauen, man muß »durchblicken«, dann versteht man sie als Zeichen. Dann erkennt man, daß Jesu Wort »Fürchte dich nicht, glaube nur« (Mark. 5, 36) nicht in die Enttäuschung führt. Dann beginnt man, Anteil zu haben an der fast unvorstellbar großen Verheißung: »Alle Dinge sind möglich dem, der glaubt« (Mark. 9, 23).

Wunder heute

Was können wir erwarten? Wir sollen uns davor hüten, Zeichen als Beweis zu fordern, wie damals die Gegner Jesu (Joh. 2, 18). Wir sollen vielmehr als Nachfolger unseren Weg mit dem Herrn gehen. Auf diesem Weg schärfen uns auch die neutestamentlichen Wundergeschichten die Augen, daß wir erkennen, wie Gott uns heute sein Wirken erfahren läßt. Vielleicht so, daß ein Wort der Bibel uns trifft und uns Klarheit bringt. Oder so, daß Gott uns als Antwort auf unser Gebet einen Menschen schickt, der uns weiterhilft. Oder so, daß wir in der Gemeinde erkennen, wie wir eine bestimmte Not lindern können und sollen. Oder so, daß wir den Weg zu einem Menschen wieder finden, mit dem wir uns auseinandergelebt haben. Sind das kleine Dinge? Oder sind solche Dinge das Wesentliche? Wenn wir in ihnen Zeichen der Gegenwart Gottes erkennen, dann sind sie für uns zum Wunder geworden. Wer könnte sagen, daß es in seinem Leben keine derartigen Zeichen gibt?

Man kann einwenden: Aber die Wunder Jesu sind doch etwas anderes! Sollen wir denn die Erwartung von Zeichen heute zurücknehmen auf Dinge, die jeder ohne weiteres für möglich hält?

Ich antworte: Wir können nicht die Wunder des Neuen Testaments nachmachen. Aber wenn wir für das, was Gott heute an uns und durch uns tut, aufmerksam und dankbar werden, dann stehen vielleicht auch uns Erfahrungen bevor, die wir jetzt für unwahrscheinlich halten und von denen »man« denkt: das gibt es nicht.

Wer für das, was der Herr heute schenkt, bereit und dankbar ist, dem wird er morgen das Größere anvertrauen. Wer heute tut, wozu Gott ihn ruft, den wird er morgen mit größerer Vollmacht ausrüsten.

Erich Bochinger

Ausgewählte Bibelstellen

Matth. 12, 24; Mark. 1, 25; 4, 39; 5, 36; 6, 52; 9, 23; Luk. 4, 39; Joh. 6; 14, 12

Ergänzende Literatur

Daecke, S.: Artikel »Wunder« in: Theologie für Nichttheologen, a.a.O.
Gutbrod, K.: Die Wundergeschichten im Neuen Testament. Stuttgart 1972
Schmidthals, W.: Wunder und Glaube. Neukirchen 1970
Evangelischer Erwachsenenkatechismus, a.a.O., S. 363ff

Fragen und Aufgaben zum Thema

1. Vergegenwärtigen Sie sich, welche Zeichen Sie in Ihrem eigenen Leben erfahren haben.
2. Versuchen Sie gemeinsam, Fragen und Erfahrungen Ihres Lebens in der Wundergeschichte Mark. 9, 14-29 zu entdecken.

Weiterführende Gedanken (Gespräche mit Studenten)

Frage 1:
Wie soll ich in meinem eigenen Leben Wunder entdecken können?
Es geht doch darum, daß wir erfahren: Gott ist auch heute noch mächtig. Er tut etwas. Er hilft uns. Und das kann man auch heute erleben. Vielleicht fehlt es bei uns oft an der Aufmerksamkeit für Gottes Handeln. Manchmal geht es bei uns doch so: wir beten — daß Gott unsere Kinder behütet, daß wir mit dem Auto wieder gesund heimkommen und ähnliche alltägliche Dinge. Und wenn das dann geschieht, denken wir gar nicht daran, daß das eine Gebetserhörung ist, und wir danken Gott nicht einmal.
Es kann auch anders sein. Man muß zum Beispiel etwas tun, was einem schwer fällt, wovor man Angst hat. Da betet man, und nachher ist man ganz überrascht und erleichtert, daß es gut ging. Und man ist froh und dankt Gott. Das gibt es doch auch, daß man wirklich erfährt: Gott hat mir geholfen. Ist das nicht ein Wunder?
Ich habe noch keine Gebetserhörung erlebt, wird mancher sagen, so etwas Großes, Besonderes, das habe ich in meinem Leben noch nicht erfahren.
Vielleicht müssen wir anfangen mit der Dankbarkeit für die kleinen Dinge und erleben dann auch etwas Großes. Was ist eigentlich klein und was ist groß? Manchmal muß man auch lange warten. — Es kann auch sein, Gott hat uns schon geholfen, ganz anders, als wir es erwartet haben, und wir beachten es nicht. — Ich glaube, je mehr wir uns auf Gott einstellen — im Gebet, im Gottesdienst, im Bibellesen —, desto mehr erfahren wir, daß Gott auch heute da ist und uns hilft. Und gerade das sollen wir als Wunder erkennen.
Wenn einer nun nicht glaubt — also nicht betet, Bibel liest und den Gottesdienst besucht —, ist der dann ein hoffnungsloser Fall? Die Wunder im Neuen Testament sagen doch: es gibt keinen hoffnungslosen Fall!
Ich denke, wir müssen uns als Christen, als Gemeinde, viel mehr für die anderen verantwortlich fühlen. Vielleicht wartet einer, ein sogenannter Ungläubiger, darauf, daß ich ihm etwas von Gott sage, und ich merke es gar nicht. Wer Gottes Hilfe erfahren hat, der soll auch anderen etwas davon sagen. Das muß ja nicht aufdringlich sein. Man kann spüren, ob die richtige Situation da ist. Aber oft schweigen wir, wenn wir eigentlich reden sollten.

Frage 2:
Daß die Jünger nicht helfen können, das erleben wir ja auch. Jesus sagt: »Alle Dinge sind möglich dem, der glaubt.« Und wenn man an dieses Wort denkt und einem anderen helfen will, dann erlebt man oft, daß man nicht kann; etwa wenn einer Depressionen hat, und die Medikamente helfen immer nur kurzfristig. Da denkt man: Warum können wir denn nicht richtig helfen? Man fragt sich: Glauben wir denn nicht richtig? Aber so vollkommen war doch der Glaube dieses Vaters in Mark. 9 auch nicht; der war doch auch nicht besser als unser Glaube. Er probiert es mit Jesus. Er sagt: »Wenn du etwas kannst.«
Der Vater schreit: »Ich glaube, lieber Herr, hilf meinem Unglauben.« Glaube und Unglaube sind bei ihm beieinander. Wie bei uns. Die Frage ist, ob der Glaube oder der Unglaube die Oberhand gewinnt.
Die Jünger fragen am Schluß: »Warum konnten wir ihm nicht helfen?« So geht es uns oft auch. Was können wir tun, daß unser Glaube stabiler wird?

Erich Bochinger

Zusammenfassende Thesen

»Das Wunder ist des Glaubens liebstes Kind«, sagt man. Das Wunder ist ein Beispiel dafür, daß es Bereiche gibt, die nicht ohne weiteres einsehbar sind, die man nicht mit dem Verstand klären kann. Das Wunder schiebt der Wissenschaftsgläubigkeit einen Riegel vor. Das Rechnen mit Wundern läßt in unserer Welt noch Türen für Gott offen. Wer glaubt, erlebt Wunder, bekommt Augen für Wunder und versteht sie als Zeichen, als Hinweise auf den, der sie tut. Wunder sind Unterstreichungen der Worte Gottes und damit Hilfen zum Verständnis dieser Worte. Wunder ersetzen keinen Glauben. Sie brauchen ihn vielmehr, wie die Worte.

Zeit

»Was aber ist die Zeit?« fragte Augustin vor 1600 Jahren. Doch er fiel sich sofort in die Rede: »Wenn mich niemand fragt, so weiß ich es; will ich es aber jemand erklären, so weiß ich es nicht.« So geht es uns mit der Zeit bis heute. Einerseits sind wir alle in sie eingespannt. Keiner kann außerhalb von ihr leben. Andererseits wissen wir nicht genau, was sie ist, woher sie kommt und wohin sie geht. Dem einen ist sie zu kurz, wie Geld immer zu knapp, dem anderen läuft sie davon, er kann sie nicht einholen; dem dritten ist sie zu langsam; sie wird ihm zur Last, wenn sie nicht vergehen will. Qualvoll zählt er in den schlaflosen Nächten die Stundenschläge der Turmuhr.

Zeitbegriffe

In den meisten Kulturvölkern haben die Menschen irgendeinen Zeitbegriff. Sie lesen die Zeit ab am Lauf der Gestirne, am Wechsel der Jahreszeiten und am Altern der belebten und unbelebten Natur. Alles, was ist, gehört in die Zeit. Mit einem Unterton von Resignation spricht in der Bibel der Prediger: »Ein jegliches hat seine Zeit« (Pred. 3, 1). Die Erkenntnis der Vergänglichkeit des Menschen, die sich in vielen Psalmen ausspricht, ist ebenfalls eine Zeiterfahrung. Die Menschen sind »wie ein Gras, das am Morgen blüht und sproßt und des Abends welkt und verdorrt« (Ps. 90, 6). Der Fromme vertraut sich mit seiner Zeit Gott an, der alle Zeit in seinen Händen hält (Ps. 31, 16).

Bei allen Rätseln und Fragen, die die Zeit aufgibt, versucht doch der Mensch, sie zu fassen und zu erklären. Er tut das zunächst, indem er Zeit mißt, festlegt, benennt und ordnet. Zeit wird in Zeiten eingeteilt. Sie bekommt Namen wie: Arbeitszeit, Freizeit, Jugendzeit, Jahreszeit, Lehrzeit, Genesungszeit usw. Obwohl in allen solchen Zeiten der gleiche Sekundenzeiger tickt, erscheinen sie verschieden lang, je nachdem, was in ihnen geschieht. Auch löst sich mit solchen Benennungen ein wenig die Resignation, die nur dem Stundenschlag nachsinnt und in ihm nur die Botschaft von der Hinfälligkeit alles Lebendigen vernimmt.

Die geläufigste Zeitordnung, die wir vornehmen, ist die Einteilung der Zeit in Vergangenheit, Gegenwart und Zukunft. Dabei ist die Vergangenheit diejenige Zeit, die sich am ehesten erklären und begreifen läßt. Sie ist bekannt. Wir können uns erinnern an das, was in früheren Zeiten war, oder wir können nachlesen in schriftlichen Unterlagen. Die Geschichtswissenschaft erfüllt die Aufgabe, Zeiten kennenzulernen, die weit vor unserer eigenen Lebenszeit liegen. In der Vergangenheit ist alles abgeschlossen. Es kann sich nichts mehr ändern. Jeder Mensch braucht das Wissen um die Zeit, die hinter ihm liegt. Er kann an ihr feststellen, wie lange er schon lebt und was er in seinem Leben alles gelernt hat oder auch nicht gelernt hat. Gerade alternde Menschen denken viel an frühere Zeiten und gewinnen, je älter sie werden, ein um so deutlicheres Bild von ihrer einstigen Lebenszeit.
Dieses einfache Beispiel führt uns zu einer weiteren wichtigen Erkenntnis über die Zeit: Sie ist nicht nur wie ein dahinfließender Strom, der alles mit sich nimmt und es dann irgendwo ablagert, wo es Vergangenheit wird. Diese Vergangenheit enthält vielmehr in ihren Abläufen und Ereignissen Elemente, die nach vorwärts gerichtet sind in die Gegenwart und in die Zukunft. Sie vermittelt uns Erkenntnisse und Erfahrungen, die für heute und morgen wichtig sind. Somit greift die Zeit vom Einst über in das Jetzt und in das, was kommt.

chronos und kairos

Für dieses andere Zeitverständnis gibt es im Neuen Testament ein neues Wort für »Zeit«. Neben das Wort »chronos«, das die ablaufende Zeit der tickenden Uhren meint (vgl. die Fremdwörter Chronik und Chronologie), tritt das Wort »kairos«. Es ist nicht leicht zu übersetzen. Es beschreibt keine Periode, sondern eher einen Augenblick, in dem sich etwas Wichtiges ereignet, einen richtig gewählten Zeitpunkt, an dem ein Mensch eine Erkenntnis hat oder an dem er ein wahrhaftiges Wort sagt, das eine Wirkung oder eine Entscheidung herbeiführt. Es kann auch einen Augenblick beschreiben, in dem eine große Freude erlebt wird oder ein schweres Leid kommt, die das bisherige Leben eines Menschen verändern. So ist zum Beispiel die Bekehrung eines Menschen ein kairos für ihn, ein guter Zeitpunkt seines Lebens, von dem aus er seine bisherige Lebenszeit in einem neuen Licht sieht und der ihn anders in seine Zukunft hineingehen läßt.

Solche Erfahrungen haben zu der Erkenntnis geführt, daß es innerhalb der Zeitrechnung, die uns vertraut ist, noch eine andere Dimension gibt, die nicht zeitlich, sondern das Gegenteil davon ist. Wir nennen sie ewig.
Es gibt also Zeitpunkte, die nicht ablaufen und vergehen, sondern von bleibender Bedeutung sind. Sie werden nicht alt, sondern haben zu allen Zeiten ein gleiches und besonderes Gewicht.
Darum gehören sie auch nicht auf die Seite der zeitlichen Menschen, sondern auf die Seite Gottes, der als Herr und Schöpfer der Zeit außerhalb von ihr da ist. Gott gibt sich dem Mose in jener geheimnisvollen Selbstoffenbarung am Sinai in diesem Sinne bekannt: »Ich bin, der ich bin« (2. Mose 3, 14); und im Psalm 102 spricht ein Beter: »Du, Gott, bleibst, wie du bist, und deine Jahre nehmen kein Ende« (Ps. 102, 28). Gott wird also nicht durch die Zeit bestimmt, sondern er steht ihr als der Ewige gegenüber. Alles, was mitten in unserer Zeit nicht zeitlich ist, kommt darum von ihm her oder hat mit ihm zu tun.

Das Ewige im Jetzt

Es gibt also »das Ewige im Jetzt«, wie es der Theologe Paul Tillich nannte. Aber was ist das? Viele Menschen vertreten die Auffassung, der Mensch bestehe aus einem Körper, der zeitlich sei, und einer Seele, die ewig sei. Im Tode trennen sich dann Zeitliches und Ewiges wieder voneinander. Die Seele kehre in die Ewigkeit zurück, während der Körper den Weg alles Zeitlichen zu gehen habe. Doch diese Auffassung hat ihren Ursprung nicht im biblischen Glauben, sondern vielmehr in einer außerbiblischen Jenseitslehre, die in der Achtung vor den Geheimnissen der menschlichen Seele sagt, daß diese unsterblich, also nicht zeitlich sei. Die Bibel dagegen spricht vom Menschen als einem ganz und gar zeitlichen Geschöpf, das lebt und stirbt, aber schon *mitten* in seinem Leben und Tod für die Ewigkeit bereitet ist. Dieser biblische Glaube hat in Christus seinen Ursprung. Denn Christus ist durch seine Auferstehung das erste sichtbare Zeichen geworden, das Gott selbst gab, um mitten in der Zeit die Ewigkeit zu offenbaren, die schon hier und jetzt beginnt und die über die Grenzen der Zeit hinausreicht. »Jesus Christus gestern und heute und derselbe auch in Ewigkeit« (Hebr. 13, 8). Er ist der Botschafter der Ewigkeit, die durch ihn ihre Spur tief in unsere Zeit eingegraben hat. Er ist bei-

des: Mensch im »chronos« und Mensch im »kairos«, Mensch nach unserer Zeitrechnung, geboren, gelitten und gestorben, und er ist Mensch nach der »Zeitrechnung« Gottes, aufgehoben in Ewigkeit im »kairos« der Auferstehung, die wohl ihren Zeitpunkt hatte (»am dritten Tage«), aber auch zugleich der rechte Zeitpunkt für die Wende zum Glauben ist, den alle Menschen gewinnen, die ihm nachfolgen.
Seit Christus lebt die Welt »zwischen den Zeiten«, nicht mehr ganz in der Zeit der Kalender und Uhren, aber auch noch nicht ganz in der Ewigkeit, die erst am Ende der Zeit alles in allem sein wird.

Christoph Hahn

Ausgewählte Bibelstellen

2. Mose 3, 14; Ps. 31, 16; 90, 6; 102, 28; Pred. 3, 1; Hebr. 13, 8

Ergänzende Literatur

Bovet, Th.: Zeit haben und frei sein. Stundenbücher 74, Hamburg 1970
Grüneisen, H.: Bedachte Zeit. Gelnhausen 1970
Lamparter, H. (Hrsg.): Tage, Tempo und Termine. Vom Umgang mit der Zeit. Aussaat-Bücherei, Wuppertal o.J.
Meyer, R. W. (Hrsg.): Das Zeitproblem im 20. Jahrhundert. Sammlung Dalp. Bern 1964
Müller, A. M. K.: Die präparierte Zeit. Stuttgart 1972
Tillich, P.: Das Ewige im Jetzt. Religiöse Reden Bd. 3. Stuttgart 1968
Zink, J.: Deine Zeit und alle Zeit. Ein Buch für die junge Generation. Stuttgart 1964

Fragen zum Thema

1. Was heißt es, wenn mit Christi Geburt die neue Zeitrechnung beginnt?
2. Welche Ereignisse in unserem persönlichen Leben lassen uns »das Ewige im Jetzt« erkennen? Bei welchen geschichtlichen Tatsachen kann man das auch sagen?

Gesprächsergebnis (Ökumenischer Hauskreis)

Frage 1:
Mit der Einführung der neuen, christlichen Zeitrechnung setzt ein neues Geschichtsverständnis ein. Von Christi Geburt an ist Menschen- und Weltgeschichte nicht mehr Ablauf von Ereignissen, sondern sie hat einen Anfang, von dem aus sie auf ein Ziel zugeht. Die Schöpfungsgeschichte (1. Mose 1) setzt keinen Zeitpunkt für den Beginn der Geschichte, sondern will eine Aussage über den Ursprung der Welt machen, sie will eine Antwort geben auf die Frage nach dem Woher der Welt, nicht nach dem Wann. Sie bekennt sich auch zu keinem Ende der Geschichte der Welt und des Menschen. 1. Mose 8, 22 heißt es nur: »Solange die Erde steht . . .« Die neue Schöpfung, die mit Christus beginnt, hat einen Zeitpunkt ihres Anfangs und geht auf einen Endpunkt zu: »Er wird kommen, zu richten die Lebenden und die Toten« (zweiter Glaubensartikel). Wer sich also der christlichen Zeitrechnung anschließt, bekennt sich damit zur Endlichkeit dieser Welt im christlichen Sinne. Allerdings ist dieses Bekenntnis heute, da der ganze Weltkalender der zivilisierten Welt der christlichen Zeitrechnung folgt, weitgehend verdeckt. Dies wird auch daran deutlich, daß sich ganz mühelos die christliche Zählung der Wochentage verändern läßt: seit 1976 ist der Montag der erste Tag der Woche und nicht mehr der Sonntag.

Frage 2:
Dem Festhalten an der christlichen Zeitrechnung steht ein Loslassen, ein Relativieren gegenüber. Einerseits hat die Erforschung des Weltraumes die Erkenntnis gebracht, daß sich Zeit verändern kann. Astronauten würden langsamer altern als Menschen auf der Erde. Andererseits wird die Zeit auch dadurch verändert, daß sie Ewigkeit in sich aufnimmt. Zeitereignisse können also nicht nur nach ihrem Datum, sondern auch nach ihrer Bedeutung Geschichte machen. Das gilt für den einzelnen Menschen wie auch für größere Gemeinschaften wie Staaten und Völker, besonders aber für die Kirche. Oft läßt sich erst nach bestimmten Ereignissen sagen oder bekennen, daß sie im christlichen Sinne »kairos« waren. Es handelt sich dabei um die Momente und Erfahrungen, die Wendepunkte darstellen und vielleicht tiefgreifende Veränderungen heraufführen. Beispiele dafür sind etwa: Ein Mensch gibt bei einem Streit eine hartnäckig verteidigte Position auf und ist zur

Einsicht fähig, daß er selbst auch geirrt habe. Ein ertragenes Leid wird eines Tages durchsichtig für die Erkenntnis, daß man selbst durch es fähig wird, andere Menschen im Leid anzusprechen und ihnen weiterzuhelfen. Eine Ehe wurde in Glück und Vertrauen zueinander begonnen, und dann stellt sich nach Jahren Unglück und Mißtrauen ein, vielleicht durch einen ganz belanglosen Zwischenfall. Die Ratlosigkeit und die Schwäche, der veränderten Lage zu widerstehen, lassen auch diesen Zwischenfall als einen »kairos« erkennen, allerdings im negativen Sinne. Es könnte aber auch darin schon der Anfang eines neuen Weges liegen, auf dem man wieder zueinander findet. In der Beratung wie auch in der Psychotherapie ist es wichtig, solche Wendepunkte als »kairos« verstehbar zu machen.
Für den Christen ist die Taufe der »kairos« des Anfangs. In ihr zeigt sich erstmalig und einmalig die Begegnung von Zeit und Ewigkeit im Leben des Menschen. Damit wird der Mensch empfänglich gemacht (sensibilisiert) für das »Ewige im Jetzt«.

Christoph Hahn

Zusammenfassende Thesen

»Ich habe keine Zeit«, lügen die Menschen. »Was mir wichtig ist, dafür habe ich Zeit«, sagen andere und sagen damit die Wahrheit. »Wie schnell vergeht die Zeit!« sagen alte Menschen. »Wie langsam verstreichen die Stunden!« klagen Leidende. »Raum und Zeit« umschreiben unsere Welt, unser Leben, unsere Geschichte. In ihnen gestalten auch Christen ihr Leben. In ihnen leben sie. Darum sagt ihnen Jesus: »Ich bin das A und das O, der Anfang und das Ende« (wohl räumlich und zeitlich verstanden). Christen glauben, daß ihre Zeit in Gottes Händen steht.

Zukunft

In Luthers Bibelübersetzung, das ist eine überraschende Feststellung, begegnet uns das Wort »Zukunft« verhältnismäßig selten. Vom zukünftigen Zorn ist die Rede (Luk. 3,7) und von der zukünftigen Herrlichkeit (Röm. 5, 2), von der zukünftigen Stadt (Hebr. 13, 14) und von der zukünftigen Welt (Mark. 10, 30), da und dort auch ganz allgemein und unbestimmt von dem, »was zukünftig ist« (Joh. 16, 13; Kol. 2, 17). Das Hauptwort »Zukunft« wird fast ausschließlich im Blick auf das Kommen Christi am Ende der Tage verwendet, so vor allem im 1. Thessalonicherbrief (2, 19; 3, 13; 4, 15; 5, 23), aber auch sonst im Neuen Testament (2. Petr. 1, 16 und 3, 4; 1. Joh. 2, 28; Jak. 5, 7. 8).
In der Zürcher Bibel heißt es an einer Stelle, die Leser der Lutherbibel ganz anders im Ohr haben: »Ich weiß, was für Gedanken ich über euch habe, Gedanken zum Heil und nicht zum Unheil, daß ich euch Zukunft gewähre und Hoffnung« (Jer. 29, 11). Überhaupt kommt das Wort »Zukunft« in neueren und vor allem in zeitgenössischen Übersetzungen sehr viel häufiger vor. Obwohl das Wort »Zukunft« im Mittelalter schon bekannt war, hat es sich erst in den letzten zweihundert Jahren allgemein eingebürgert.

Verheißene Zukunft

Die Bibel ist das Buch der großartigen Verheißungen Gottes. Schon im Alten Testament weht der weite Atem der Hoffnung. Der Glaube Israels war in seinem Kern Vertrauen in die Zukunft, genauer gesagt, auf den Gott, der seinem Volk eine große Zukunft zugesagt hat. Zwar kennt das Alte Testament die Durststrecken des Zweifels und der Verzweiflung angesichts einer ungewissen Zukunft. Aber es überliefert auch die Verheißungen Gottes: vom Gelobten Land, vom kommenden Messias, vom endgültigen Durchbruch der Gottesherrschaft. An diesen Verheißungen hat Israel sich immer wieder aufgerichtet. Gottes Zuspruch ermutigte Israel dazu, der bedrückenden Gegenwart zum Trotz mit Zuversicht in die Zukunft zu blicken.

Auch im Neuen Testament begegnet uns diese »Leidenschaft für die Zukunft« (von Goessel), die an vielen Stellen aufblitzt und durchbricht. Die für den Glauben grundlegende Tat Gottes in Christus hat eine neue Zukunft eröffnet. Die Kirche bezeugt diese Tat. Sie verkündigt aber auch, daß die Vollendung des auf Erden bereits gegründeten Reiches des Friedens, der Versöhnung und der Gerechtigkeit noch aussteht. »Die Zukunft hat schon begonnen«, aber sie ist noch nicht ans Ziel gelangt, »es ist noch nicht erschienen, was wir sein werden« (1. Joh. 3, 2). Die Erwartung, daß von Gott her noch Großes geschehen wird, macht das oft so spannungsvolle Dasein der Christen auf dieser Erde zu einer spannenden Sache.

Umstrittene Zukunft

Gegenwärtig sind die Zukunftsaussichten der Menschheit lebhaft umstritten. In vielen Lebensbereichen hat sich die Lage kritisch zugespitzt. Bevölkerungsexplosion, Welternährungskrise, schwindende Rohstoff- und Energiereserven und Umweltzerstörung — besorgte Stimmen äußern die Befürchtung, die Versorgungssysteme des »Raumschiffs Erde« könnten in absehbarer Zeit bereits zusammenbrechen und der Fortgang der menschlichen Geschichte sei aufs äußerste bedroht.
Es gibt freilich auch Zeitgenossen, die allen bedrohlichen Entwicklungen zum Trotz nach wie vor optimistisch sind. Daran, daß unsere Zukunft Zukunft hat, zweifeln sie keinen Augenblick. Sie sind davon überzeugt, daß sich der Mensch auch diesmal wieder als Stehaufmännchen bewähren wird.
Auffallend ist, daß beide, sowohl die Pessimisten als auch die Optimisten, im Blick auf die Zukunftsaussichten der Menschheit in unseren Tagen Bundesgenossen unter den Christen und Theologen finden. Die einen halten die Krisen, in die sich die Menschheit hineinmanövriert hat, für die »apokalyptischen« Vorboten des Jüngsten Tages. Ihrer Meinung nach kommt es jetzt entscheidend darauf an, die offensichtlich vergehende und zum Untergang verdammte Erde entschlossen hinter sich zu lassen und sich im Glauben auf die nach der großen Weltkatastrophe heraufziehende neue Welt Gottes zu konzentrieren. Denn im Todeskampf der alt und morsch gewordenen Welt kündigen sich bereits die Geburtswehen der von Gott verheißenen Zukunft an: ein neuer Himmel

und eine neue Erde. Die anderen halten es für fragwürdig, wenn die Erfüllung der in der Bibel gegebenen Verheißungen auf den Jüngsten Tag vertagt wird. Ihrer Meinung nach ist der an den Menschen ergangene Auftrag, sich die Erde untertan zu machen, noch nicht erledigt. Unentwegt halten sie Ausschau nach Zeichen der sich schon hier und jetzt durchsetzenden Gottesherrschaft, Zeichen der Versöhnung und des Friedens, der Freiheit und der Freude. Offensichtlich ist die Frage, was wir von der geschichtlichen Zukunft der Menschheit noch zu erwarten haben, zur Zeit auch unter Christen umstritten.

Gewährte Zukunft

Kein Zweifel: Rosaroter Optimismus verbietet sich jedem, der sich an den biblischen Zukunftsverheißungen orientiert und der die biblische Einschätzung menschlicher Möglichkeiten ernst nimmt. Der Mensch hat es nicht in der Hand, die heile Welt von sich aus heraufzuführen. Die verheißene Zukunft ist nicht das Ergebnis seiner Anstrengungen. Sie wird ihm gewährt und zuteil. Unsere Hoffnung richtet sich nicht auf unsere Errungenschaften, sondern auf Gottes Möglichkeiten, die auch dort, wo der Mensch scheitert, noch nicht am Ende sind. Gerade dort, wo Tod und Zerstörung ihre Triumphe feiern, richtet er seine Herrschaft auf. Der weite Horizont der Hoffnung, zu der die Bibel ermutigt, wird verkürzt, wenn sie auf das irdische Überleben der Menschheit beschränkt wird. Denn die Hoffnung auf die von Gott verheißene Zukunft erweist sich am Rande des Abgrundes als »Hoffnung, da nichts zu hoffen ist« (Röm. 4, 18).
Doch noch fataler ist es, wenn Christen und Theologen sich mit denen verbünden, die das Feuer der Weltuntergangsstimmung schüren. Denen, die an Jesus als den Christus glauben, steht es schlecht an, wenn sie im Blick auf die mißliche Lage der Menschheit angesichts der Jahrtausendwende »mit den Wölfen heulen« und »den Teufel an die Wand malen«. Wer — sei es mutwillig oder leichtsinnig — die menschlichen Lebensbedingungen auf Erden zerstört oder tatenlos zusieht, wenn dies geschieht, hat die Bibel bestimmt nicht auf seiner Seite. Denn in diesem Buch wird von der ersten bis zur letzten Seite Gott als ein »Liebhaber des Lebens« vorgestellt. Christen sollten sich von den sogenannten Propheten des Weltuntergangs nicht davon abhalten lassen, ihre Tatkraft für die

Erhaltung menschlicher Lebensbedingungen auf Erden einzusetzen, »solange die Erde steht«. Gott will die Menschen dabeihaben, wenn sich seine Zusagen erfüllen.
Darum wird die Hoffnung auf die von Gott eröffnete Zukunft auch dort verkürzt, wo sie sich ausschließlich auf ihre letzte Erfüllung im Jenseits richtet. Die Erwartung der neuen Welt Gottes und des ewigen Lebens darf nicht zu dem Kurzschluß verleiten, die Erde für abbruchreif zu erklären, die Erde, über die Jesus gegangen ist. Wer untätig zusieht, wie sie mißhandelt und mißbraucht wird, wer ihr die Treue aufkündigt und die irdische Zukunft ausklammert und abschreibt, der macht sich der »Sünde wider die Hoffnung« schuldig (Georges Bernanos). *Klaus Lubkoll*

Ausgewählte Bibelstellen

Jer. 29, 11; Mark. 10, 30; Luk. 3, 7; Joh. 16, 13; Röm. 5, 2; Kol. 2, 17; 1. Thess. 2, 19; 3, 13; 4, 15; 5, 23; 2. Petr. 1, 16; 3, 4; 1. Joh. 2, 28; 3, 2; Hebr. 13, 14; Jak. 5, 7. 8

Ergänzende Literatur

Braun, H.: Artikel »Zukunft« in: Theologie für Nichttheologen, a.a.O.
von Goessel, H. H.: Leidenschaft für die Zukunft. Gladbeck 1968 (vergriffen)
Lubkoll, K.: Der Christ und die Zukunft. Stuttgart 1975
Lubkoll, K.: Der Traum vom besseren Leben. Der Mensch im Schatten des Paradieses. Stuttgart 1974
Marsch, W.-D.: Zukunft. Themen der Theologie 2. Stuttgart 1969
Müller, A. M. K. (Hrsg.): Überlebensfragen. 2 Bände. Stuttgart 1973/74
Evangelischer Erwachsenenkatechismus, a.a.O., S. 871ff

Fragen zum Thema

1. Welche Erwartungen und Befürchtungen bewegen mich im Blick auf die Zukunft?
2. Bekomme ich es mit der Angst zu tun, wenn ich an die Zukunft denke?
3. Welche Wechselbeziehungen bestehen zwischen den Zukunftsaussichten der Menschheit und meinem persönlichen Lebenslauf?

Diskussionsergebnis (Gemeinde- und Akademieabende)

Frage 1:
Die Antworten auf diese Frage sind zwiespältig und widersprüchlich. Es gibt optimistische Stimmen: »Alles wird noch moderner und noch besser werden« oder: »Wir werden weniger arbeiten müssen. Wir werden schöner leben.« Ein Polizeibeamter, etwa Mitte 40, gibt die schlichte Auskunft: »Was ich von der Zukunft erwarte? Politisch: keinen Krieg. Persönlich: daß ich gesund bleibe. Beruflich: weitere Verkürzung der Arbeitszeit.« Es gibt aber auch düstere Befürchtungen: Das menschliche Leben wird schwieriger werden, verworrener, lebensgefährlicher. Ein »Ende mit Schrekken«, meint ein Gesprächsteilnehmer, sei keineswegs auszuschließen.
Diese gegensätzlichen Antworten stellen sich als ein getreues Spiegelbild der leidenschaftlichen Diskussionen dar, die in letzter Zeit von Fachleuten und interessierten Laien im Blick auf die Zukunftsaussichten der Menschheit geführt worden sind. Auch im Zeitalter der Zukunftsforschung bleibt die Zukunft umstritten. Noch immer verlieren sich die Gedanken, mit denen der Mensch eine Brücke von der Gegenwart in die Zukunft zu schlagen versucht, im Dunkel der Ungewißheit.

Frage 2:
Das ist eine sehr persönliche, direkte, fast ein wenig indiskrete Frage. Manche Gesprächsteilnehmer geben unumwunden zu, daß sie manchmal von der Angst überfallen werden: »Abends, wenn es dunkel wird«, oder dann, wenn sie »an das Sterben den-

ken müssen«. Die meisten dagegen erklären im Brustton der Überzeugung, sie hätten keine Angst. Ein Mann, der im vierten Lebensjahrzehnt steht und von Beruf Kraftfahrer ist, beteuert: »Ich habe noch nie Angst gehabt. Wissen Sie, ich war bei den Fallschirmjägern.«

Auffallend und im wahrsten Sinne des Wortes »fragwürdig« ist die Tatsache, daß bei repräsentativen Umfragen nur wenige zugeben, sie hätten Angst vor der Zukunft und vor dem Sterben. Das könnte damit zusammenhängen, daß von manchen Christen die Gleichung aufgestellt worden ist: Angst = Unglaube.

Im Gespräch über diesen Problemkreis werden hilfreiche Gedanken geäußert. Müßten in dieser Sache die Christen nicht besser beraten sein? Das Wort Jesu »In der Welt habt ihr Angst« ist nicht nur eine Feststellung, sondern geradezu eine Erlaubnis. Die Gleichung »Angst = Unglaube« ist dort besonders gefährlich, wo es sich um krankhafte Angst handelt und von daher das Aufsuchen eines Arztes geboten ist. Die Angst ist nicht nur eine Störung, sondern ein Element des Lebens. Die Tatsache, daß die Zukunft uns nicht nur mit Hoffnungen beflügelt, sondern auch Angst einflößt, macht das menschliche Leben zugleich spannungsgeladen und spannungsvoll. Daß die »umstrittene Zukunft« zugleich die »verheißene Zukunft« und die »gewährte Zukunft« ist, macht das menschliche Leben spannend: Wir haben es nicht mit einem toten Götzen zu tun, der nach Schema F verfährt, sondern mit dem lebendigen Gott, dessen Barmherzigkeit alle Morgen neu ist.

Frage 3:

Im Gespräch stellt sich deutlich heraus, daß es offensichtlich angesichts der ungewissen Zukunft Befürchtungen und Ängste gibt, mit denen sich — weil sie menschlich-allzumenschlich sind — auch unsere Vorfahren schon auseinandersetzen mußten. Es gibt aber auch Besorgnisse, die zeitgeschichtlich bedingt sind: drohende Arbeitslosigkeit, durch die Zivilisation heraufbeschworene Krankheiten, das Problem der Kernenergie oder die durch die Menschheit selbst heraufbeschworene Umweltkrise. Ein Schweizer Dichter wird in diesem Zusammenhang zitiert: »Ich fürchte die Russen, die Bombe, den Krebs.«

Aufschlußreich ist, daß die Wechselbeziehungen zwischen den Zukunftsaussichten der Menschheit und dem persönlichen Lebenslauf der jetzt Lebenden sich im Blick auf die kommenden Generationen zuspitzen: Auf der einen Seite sind viele noch immer

in ihrem Handeln von der Zielvorstellung bestimmt: »Meine Kinder sollen es einmal besser haben.« Auf der anderen Seite wird nicht ausgeschlossen, daß das Wort Goethes: »Weh Dir, daß Du ein Enkel bist«, für Menschen, die hundert Jahre später leben als wir, ein Todesurteil werden könnte.
Sowohl im Blick auf den Lebenslauf des einzelnen als auch im Blick auf die künftige Geschichte der Menschheit gibt es Befürchtungen, die sich beim Namen nennen lassen. Es gibt aber auch die ganz allgemeine und undefinierbare Angst vor dem Unbekannten und Unberechenbaren, jene Urangst, die wir nicht abschütteln können, weil und solange wir in der Welt sind. Gerade in diesem Zusammenhang erweist es sich als tröstlich und ausschlaggebend, daß uns, allen Befürchtungen und Ängsten zum Trotz, von Gott eine große Zukunft verheißen und gewährt ist.

Klaus Lubkoll

Zusammenfassende Thesen

Zukunft ist Gesprächsthema in allen Wissenschaftszweigen. Auch in der Kirche. Was morgen sein wird, betrifft alle. Und was morgen sein wird, hängt von allen ab. Christlicher Glaube aber weiß noch mehr: Er weiß um den Gott, der gestern war und heute ist und morgen sein wird, der dies in Jesus Christus in einer Person durch Wort und Tat deutlich macht. Dem, der an Gott in Jesus Christus glaubt, braucht vor morgen nicht bange zu sein, was auch kommen mag. Denn: Wer glaubt, hat Zukunft. Die Zukunft ist der Prüfstein des christlichen Glaubens und der christlichen Gemeinde.
